商务法律实务

袁光亮　主编

中国建材工业出版社

图书在版编目(CIP)数据

商务法律实务/袁光亮主编. 一北京:中国建材工业出版社,2003.8 (21世纪高等教育商务秘书系列教材)

ISBN 978-7-80159-483-9（2017.1重印）

Ⅰ.商… Ⅱ.袁… Ⅲ.①公司法一中国一高等学校一教材②合同法一中国一高等学校一教材③劳动法一中国一高等学校一教材 Ⅳ.D92

中国版本图书馆 CIP 数据核字(2003)第 067052 号

内容简介

本书是为非法律专业的学生编写的法律实务教材,作者在编写本教材过程中,放弃了传统法学教材的编排体例,用较大的篇幅对商务活动主体的权利和义务进行了介绍,并在各章中强调了法律的实用性和操作性,希望读者通过学习,不仅了解一些法律知识,更能把法律作为一种工具并加以利用。

本教材每一章都分三部分:第一部分是法律概述,让读者对商务法律有一基本了解。第二部分是经典案例,介绍判决结果和分析胜败理由,为读者提供正确的处理法律纠纷的思路。第三部分是实务模拟,要求读者在了解法律基础知识后运用法律解决实际问题。该教材既方便教师教,也方便学生学习。

商务法律实务

袁光亮　主编

出版发行：中国建材工业出版社
地　　址：北京市海淀区三里河路1号
邮　　编：100044
经　　销：全国各地新华书店经销
印　　刷：北京鑫正大印刷有限公司
开　　本：787mm×960mm　1/16
印　　张：14.75
字　　数：253 千字
版　　次：2003 年 8 月第 1 版
印　　次：2017 年 1 月第 7 次
定　　价：39.00 元

本社网址：www.jccbs.com.cn
本书如出现印装质量问题,由我社发行部负责调换。联系电话：(010)88386906

21 世纪高等教育商务秘书系列教材编审委员会

主　　任：范立荣
执行主任：范慰慈
副 主 任：侯力学
委　　员：（按姓氏笔画为序）

王世红	王　敏	伊　强	杜永昌
吴欢章	杨重燕	杨继昭	杨硕林
林安杰	周同庆	张金涛	张　虹
张春山	罗宜军	郑彦离	郑德源
郭建庆	胡晓涓	胡鸿杰	顾超雄
姬瑞环	黄良友	程勉中	

秘 书 长：贺　悦

《商务法律实务》

主　　编：袁光亮

序一
——高级商务秘书人才成功之路

我国经济的高速发展，使市场需求发生了显著的变化，从而使人们的职业取向也发生了显著的变化。一些在几年前还难以想象的职业现在开始大量涌现，而过去十分看好的职业却越来越乏人问津。商务秘书就是近年涌现出的一支新兴职业大军。目前，发达国家秘书队伍中商务秘书占绝大多数。随着我国社会主义市场经济体制的建立和逐步完善，商务秘书的需求量将越来越大，我国商务秘书队伍正在迅速发展。

在新形势下，如何学会用开阔的视野和世界的眼光正确地把握商海大潮的大趋势，培养符合新时期各类公司和企业需要的商务秘书人才是当务之急。经济日报集团所属的中国建材工业出版社紧跟形势，抓住机遇，在党的"十六"大精神指引下，组织高等院校从事秘书学科教学的教授、专家、学者编写了一套商务秘书教材。这套系列教材，以"三个代表"重要思想为指导，立足国内商务和教学需要，纵观国际商海风云，借鉴国外经验，归纳综合了目前秘书界研究的新成果，明确了商务秘书的工作内容，强调了商务秘书的基本功和运作能力，对当前商务秘书研究的一些薄弱环节和秘书工作的发展动向等进行了有益的探索，富有新意和特点。

这是一套适合培养高层次商务秘书人才的好教材，它对全面提高商务秘书的素质将发挥重要作用。

郭长宇

2003 年 7 月

（郭长宇先生系教育部国家督学、中国高教学会秘书学会副会长）

序二
——高层次、多视角、实用性强的商务秘书教材

秘书在中国已经成为一个大职业。其中,商务秘书又是秘书大军中需求量增长最快的后起之秀。中国的经济改革催化了商务秘书职业的诞生,而商务秘书职业的形成也标志着中国社会主义市场经济的成熟和完善。

秘书是公司企业中的重要职务。公司企业可以没有副总,但不能没有秘书,可是却有很多从业的秘书(办公室人员就是秘书)没有受过正规培训,这无法适应社会主义市场经济的发展需要。所以,近几年很多高校,特别是高职、高专纷纷开设秘书专业,培养新时期秘书人才,特别是商务秘书人才。那么,如何将一名普普通通的学生培养成为称职的商务秘书人才呢?这首先就需要有一系列符合经济全球化要求的、完整的、高质量的、实用性强的商务秘书教材。

经济日报报业集团所属的中国建材工业出版社在中国高教学会秘书学会协助下,组织了富有教学和实践经验的专家、学者编写了这套商务秘书系列教材,其主要特点是技能性、针对性、商务性、系统性、实用性。"技能性"是指在教材的结构安排上加强了实践性教学的比重,精心设计课程的实训、模拟,以使学生获得从事秘书职业所需的实际知识和技能,并获得进入劳务市场的有关证书。"针对性"是指本系列教材的市场定位非常清晰,填补了商务秘书市场的空白,为大学秘书系和高职、高专秘书专业及时地提供了一系列好教材。"商务性"是指将大量的商务知识贯穿于秘书学科的每一个模块中,使学生在大学阶段就了解经济、了解市场、了解商务。"系统性"是指编委和学者们从市场对秘书的要求出发确定了这套教材的规模和范围,系统地将商务秘书工作囊括其中。"实用性"是指编委和作者们明确将秘书教育定位为职业教育,作者们借鉴国外以能力为基础的秘书教育经验,为读者提供了具有中国特色的有时代感的实用知识和方法。

笔者曾多年在中央机关、国有公司工作,后又投身秘书教育事业,可以说

当过秘书,领导过秘书,培养过秘书,而且深爱着秘书事业。在此我代表中国惟一的一所秘书学院——北京高等秘书学院衷心地感谢教材的主编、编委及各位作者与时俱进、开拓创新,编写出了这套高层次、多视角、实用性强,既便于教学、又便于自学的商务秘书教材。感谢中国建材工业出版社出版了这套好教材。我借此机会,向广大秘书工作者、秘书专业的学员表示良好的祝愿。

王世红
2003 年 7 月

(王世红先生系秘书教育家、中国高等秘书学院董事长)

目 录

第一章 绪 论
一、法与商务法律简述 ……………………………… (1)
二、编写目的 ………………………………………… (10)
三、本教材的内容和结构 …………………………… (11)

第二章 公司法
第一节 公司法概述 ………………………………… (13)
一、公司 ……………………………………………… (13)
二、公司法及其立法宗旨 …………………………… (15)
三、公司法的调整对象 ……………………………… (15)
四、股东的权利和义务 ……………………………… (17)
五、董事的权利和义务 ……………………………… (22)
六、职工的权利和义务 ……………………………… (23)
七、公司的权利和义务 ……………………………… (25)
八、公司纠纷及解决方法 …………………………… (29)

第二节 经典案例 …………………………………… (30)
一、关于股东的有限责任的案例 …………………… (30)
二、关于子公司和分公司法律责任的案例 ………… (31)
三、关于公司名称权的案例 ………………………… (31)
四、关于公司经营范围的案例 ……………………… (32)
五、关于股东的经营决策权的案例 ………………… (33)
六、关于侵犯董事权利的案例 ……………………… (33)
七、关于竞业禁止义务的案例 ……………………… (34)
八、关于发起人责任的案例 ………………………… (35)
九、关于公司债务的案例 …………………………… (35)
十、关于破产清算的案例 …………………………… (36)

第三节 实务模拟 …………………………………… (37)

  一、实务模拟目标 …………………………………………… (37)
  二、案情背景 ………………………………………………… (37)
  三、有关文件 ………………………………………………… (37)
  四、实务模拟题 ……………………………………………… (39)

第三章 合 同 法

第一节 合同法概述 …………………………………………… (40)
  一、合同法及其立法宗旨 …………………………………… (40)
  二、合同与合同订立 ………………………………………… (40)
  三、合同当事人的权利与义务 ……………………………… (45)
  四、合同纠纷及解决方法 …………………………………… (53)

第二节 经典案例 ……………………………………………… (54)
  一、关于合同法基本原则的案例 …………………………… (54)
  二、关于合同法适用范围的案例 …………………………… (55)
  三、关于合同形式的案例之一 ……………………………… (56)
  四、关于合同形式的案例之二 ……………………………… (57)
  五、关于合同条款的案例 …………………………………… (57)
  六、关于合同附随义务的案例 ……………………………… (58)
  七、关于虚假合同的案例 …………………………………… (59)
  八、关于合同变更的案例 …………………………………… (59)
  九、关于合同撤销的案例 …………………………………… (60)
  十、关于合同解除的案例 …………………………………… (61)
  十一、关于对合同重大误解的案例 ………………………… (61)
  十二、关于先合同义务的案例 ……………………………… (62)
  十三、关于扩大损失的案例 ………………………………… (63)
  十四、关于违约责任和侵权责任竞合的案例 ……………… (63)
  十五、关于不可抗力的案例 ………………………………… (64)

第三节 实务模拟 ……………………………………………… (64)
  一、实务模拟目标 …………………………………………… (64)
  二、案情背景 ………………………………………………… (64)
  三、有关文件 ………………………………………………… (65)
  四、实务模拟题 ……………………………………………… (69)

第四章 知识产权法

第一节 知识产权法概述 ……………………………………（70）
一、知识产权法及其宗旨 …………………………………（70）
二、知识产权和单位知识产权主体 ………………………（70）
三、知识产权的保护对象和保护期限 ……………………（74）
四、单位知识产权人的权利和义务 ………………………（75）
五、知识产权纠纷及解决方法 ……………………………（76）

第二节 经典案例 ……………………………………………（77）
一、关于职务作品的案例 …………………………………（77）
二、关于假冒作品的案例 …………………………………（78）
三、关于影视作品的案例 …………………………………（79）
四、关于特殊文字作品的案例 ……………………………（80）
五、关于时事新闻的案例 …………………………………（80）
六、关于商标侵权的案例 …………………………………（81）
七、关于专利侵权的案例 …………………………………（81）
八、关于专利申请权资格的案例 …………………………（82）
九、关于作品合理使用的案例 ……………………………（83）
十、关于网上链接侵权的案例 ……………………………（83）

第三节 实务模拟 ……………………………………………（84）
一、实务模拟目标 …………………………………………（84）
二、案情背景 ………………………………………………（84）
三、有关文件 ………………………………………………（85）
四、实务模拟题 ……………………………………………（85）

第五章 反不正当竞争法

第一节 反不正当竞争法概述 ………………………………（86）
一、不正当竞争和反不正当竞争法 ………………………（86）
二、反不正当竞争法的宗旨和原则 ………………………（86）
三、经营者的权利和义务 …………………………………（86）
四、不正当竞争纠纷及解决方法 …………………………（89）

第二节 经典案例 ……………………………………………（90）
一、关于经营者主体的案例 ………………………………（90）
二、关于公司名称侵权的案例 ……………………………（91）

三、关于网络侵权的案例 ……………………………………… (92)
　　四、关于外包装侵权的案例 …………………………………… (93)
　　五、关于侵犯商业秘密的案例 ………………………………… (93)
　　六、关于知名商品的案例 ……………………………………… (94)
　　七、关于无效专利权的案例 …………………………………… (95)
　　八、关于侵权竞合的案例 ……………………………………… (96)
　第三节　实务模拟 …………………………………………………… (97)
　　一、实务模拟目标 ……………………………………………… (97)
　　二、案情背景 …………………………………………………… (97)
　　三、有关文件 …………………………………………………… (97)
　　四、实务模拟题 ………………………………………………… (101)

第六章　劳动法

　第一节　劳动法概述 ………………………………………………… (102)
　　一、有关劳动法的几个概念 …………………………………… (102)
　　二、劳动法的宗旨 ……………………………………………… (109)
　　三、劳动者的权利和义务 ……………………………………… (109)
　　四、用人单位的权利和义务 …………………………………… (113)
　　五、劳动纠纷及解决方法 ……………………………………… (118)
　第二节　经典案例 …………………………………………………… (120)
　　一、关于劳动法调整范围的案例 ……………………………… (120)
　　二、关于平等就业权的案例 …………………………………… (121)
　　三、关于劳动者身份的案例 …………………………………… (122)
　　四、关于妇女生育权利的案例 ………………………………… (122)
　　五、关于劳动合同免责条款效力的案例 ……………………… (123)
　　六、关于无效劳动合同的案例 ………………………………… (124)
　　七、关于解除劳动合同的案例 ………………………………… (124)
　　八、关于工伤的特殊保护的案例 ……………………………… (125)
　　九、关于工伤补助的案例 ……………………………………… (126)
　　十、关于工资发放的案例 ……………………………………… (127)
　　十一、关于解除劳动合同的案例 ……………………………… (128)
　　十二、关于续签劳动合同的案例 ……………………………… (128)
　　十三、关于用人单位主体资格的案例 ………………………… (129)
　　十四、关于劳动者其他权利的案例 …………………………… (130)

第三节　实务模拟 …………………………………………… (131)
　　　一、实务模拟目标 ……………………………………… (131)
　　　二、案情背景 …………………………………………… (131)
　　　三、有关文件 …………………………………………… (131)
　　　四、实务模拟题 ………………………………………… (135)

第七章　涉外商务法律

　　第一节　涉外商务法律概述 ………………………………… (136)
　　　一、涉外商务活动和涉外商务法律 …………………… (136)
　　　二、涉外合同的特殊条款和涉外合同当事人的特殊
　　　　　义务 …………………………………………………… (139)
　　　三、国际贸易术语确定的涉外合同双方当事人的权利
　　　　　和义务 ………………………………………………… (141)
　　　四、涉外商务纠纷及解决办法 ………………………… (142)
　　第二节　经典案例 …………………………………………… (144)
　　　一、关于涉外合同成立要件的案例 …………………… (144)
　　　二、关于法律适用的案例 ……………………………… (145)
　　　三、关于外贸代理的案例 ……………………………… (146)
　　　四、关于报关义务的案例 ……………………………… (146)
　　　五、关于管辖权和法律适用的案例 …………………… (147)
　　第三节　实务模拟 …………………………………………… (148)
　　　一、实务模拟目标 ……………………………………… (148)
　　　二、案情背景 …………………………………………… (148)
　　　三、有关文件 …………………………………………… (148)
　　　四、实务模拟题 ………………………………………… (149)

第八章　行　政　法

　　第一节　行政法概述 ………………………………………… (150)
　　　一、行政与行政法 ……………………………………… (150)
　　　二、行政法的基本原则 ………………………………… (154)
　　　三、行政主体的权利和义务 …………………………… (155)
　　　四、行政相对人的权利和义务 ………………………… (157)
　　　五、行政纠纷及解决方法 ……………………………… (159)
　　第二节　经典案例 …………………………………………… (162)

一、关于行政许可的案例 …………………………………… (162)
　　二、关于具体行政行为的案例 ……………………………… (162)
　　三、关于特殊行政主体的案例 ……………………………… (163)
　　四、关于行政处罚程序违法的案例 ………………………… (164)
　第三节　实务模拟 ………………………………………………… (165)
　　一、实务模拟目标 …………………………………………… (165)
　　二、案情背景 ………………………………………………… (165)
　　三、有关文件 ………………………………………………… (165)
　　四、实务模拟题 ……………………………………………… (170)

第九章　诉讼法

　第一节　诉讼法概述 ……………………………………………… (171)
　　一、诉讼程序及诉讼法 ……………………………………… (171)
　　二、诉讼法的宗旨 …………………………………………… (171)
　　三、当事人在仲裁中的权利和义务 ………………………… (172)
　　四、当事人在民事诉讼中的权利和义务 …………………… (178)
　第二节　经典案例 ………………………………………………… (190)
　　一、关于起诉前证据保全的案例 …………………………… (190)
　　二、关于人民法院管辖权的案例 …………………………… (191)
　　三、关于举证责任的案例 …………………………………… (192)
　　四、关于诉讼时效的案例 …………………………………… (192)
　　五、关于调解的案例 ………………………………………… (193)
　　六、关于公示催告的案例 …………………………………… (194)
　第三节　实务模拟 ………………………………………………… (195)
　　一、实务模拟目标 …………………………………………… (195)
　　二、案情背景 ………………………………………………… (195)
　　三、有关文件 ………………………………………………… (195)
　　四、实务模拟题 ……………………………………………… (198)

第十章　世界贸易组织法

　第一节　世界贸易组织(WTO)体制概述 ……………………… (199)
　　一、世界贸易组织(WTO)简介 …………………………… (199)
　　二、世界贸易组织(WTO)的职能和世界贸易组织法的
　　　　基本内容 ………………………………………………… (200)

三、世界贸易组织(WTO)的组织机构、决策方式和
　　程序 …………………………………………………（201）
四、世界贸易组织(WTO)的成员方 ………………（202）
五、世界贸易组织(WTO)的基本原则 ……………（202）
六、与货物贸易有关的法律规则 …………………（204）
七、世界贸易组织(WTO)争议解决机制 …………（206）
八、我国加入世贸组织(WTO)后的权利与义务 ……（208）
　第二节　经典案例：欧美香蕉案 ………………………（211）
附件　实务模拟参考思路 ……………………………………（214）

第一章 绪　　论

一、法与商务法律简述

1. 法、法律体系、法律解释和法律规范

(1) 法

什么是法呢？一般认为，法是由一定的物质条件决定的，由国家制定或认可并由国家强制力来保证实施的具有普遍效力的行为规范，具有规范性、稳定性、强制性和普遍有效性的特点。而全部上升为国家意志的行为规范，即赋予法律关系主体各种权利和义务的法律规范，都分布在具体的法律条文中。要想清楚自己的权利和义务，就必须了解这些法律条文。例如，我们知道公民有纳税的义务，但是我们应该如何纳税呢？在我们痛恨某些人偷税、漏税甚至抗税的时候，我们自己是否也在无意中存在着这些行为呢？另外，我们是否知道我们在纳税的同时应该享有哪些权利呢？要想知道这些权利和义务，我们就得了解相应的法律条文。

(2) 法律体系

为了了解法律的具体内容、效力及各自的体系，我们有必要介绍法律体系这一概念。所谓法律体系，也称部门法体系，是指一国的法律按照其所调整的对象和调整方法，可以划分为不同的相对独立的部分，即法律部门，我国目前的法律部门通常包括下列部门：

宪法，主要规定我国的基本制度、公民的基本权利和义务等，包括《宪法》、《选举法》、《特别行政区基本法》等；

行政法，是指调整国家行政管理活动中各种社会关系的法律规范，包括《食品卫生法》、《行政复议法》等；

民法，是指调整作为平等主体之间的财产关系和人身关系的法律，包括《民法通则》、《合同法》、《商标法》、《专利法》、《著作权法》等；

商法，是指调整平等主体间商事关系或商事行为的法律，包括《公司法》、《保险法》等；

经济法，是指调整国家在经济管理中发生的经济关系的法律，包括《中外合资经营企业法》、《反不正当竞争法》等；

刑法，是规定犯罪和刑罚的法律，包括《刑法》、《国家安全法》等；

诉讼法，是有关各种诉讼活动的法律，包括《民事诉讼法》、《仲裁法》、《律

师法》、《法官法》、《检察官法》等;

劳动与社会保障法,是调整劳动关系的法律,包括《劳动法》、《工会法》等;

环境法,是关于保护环境和自然资源、防治污染和其他公害的法律,包括《森林法》、《土地管理法》等。

由于严格的法律体系只是一国国内法构成的体系,所以,不包含完整意义的国际法,但在社会主义市场经济的法律实践中,在实际的商务活动中,国际条约和国际惯例也是调整社会经济关系行为规范的重要组成部分,特别是在我国加入世界贸易组织(WTO)后,这种趋势更加明显,所以,商务法律关系主体也必须对国际条约和国际惯例有所了解。所谓国际条约是指我国作为国际法主体同外国缔结的双边、多边协议和其他具有条约、协定性质的文件,而国际惯例是指以国际法院等各种国际裁决机构的裁判所体现或确认的国际法规则和国际交往中形成的共同遵守的不成文的习惯。

(3) 法律解释

需要注意的是,由于法律的概括性和抽象性,面对复杂具体的现实生活,法律的可操作性总是遇到挑战。例如,宪法规定,公民有劳动的权利,也有劳动的义务,那么应该由谁来保障公民的这一权利呢?又应该由谁要求公民来履行这一义务呢?为了解决类似问题,帮助有关法律主体掌握法律的立法本意和基本原则,正确地理解和适用法律,在现实生活中,存在着大量的法律解释。

①法律解释的概念

所谓法律解释,就是特定的人或组织对特定法律规定意义的说明,例如,宪法第 33 条规定,"中华人民共和国公民在法律面前一律平等",这里的"法律"不但包括宪法和法律,还包括行政法规和地方性法规。合同法规定,"本法自 1999 年 10 月 1 日起施行",那么,合同法施行前成立的合同,应该如何确认其效力呢?最高人民法院的解释是"人民法院确认合同效力时,对合同法实施以前成立的合同,适用当时的法律合同无效而适用合同法合同有效的,则适用合同法"。

②法律解释的类型

法律解释由于解释主体和解释的效力不同,可以分为正式解释和非正式解释。正式解释也叫法定解释,是指由特定的国家机关对法律做出的在法律上具有约束力的解释,通常分为立法解释、司法解释和行政解释;非正式解释,通常也叫学理解释,一般是由学者或者其他个人及组织对法律规定所做出的学术性和常识性的解释,这种解释不具有法律约束力,通常不被作为执行法律的法定依据,但可以作为执行法律的参考。我国目前基本建立了以全国人大常委会为主体的各机关分工配合的法律解释体制。

全国人大常委会所进行的解释,也叫立法解释,一般是对全国人大或全国人大常委会制定的法律条文本身进一步明确界限或做出补充规定,例如,宪法只赋予了全国人大常委会解释宪法的权利。

国家最高司法机关所做的解释,也叫司法解释,是指由国家最高司法机关对在适用法律过程中对具体应用法律问题所做的解释,包括最高人民法院所做的审判解释、最高人民检察院所做的检察解释和最高人民法院与最高人民检察院共同做的联合解释,需要注意的是,最高人民法院的判决,未经法定程序确定,不是司法解释。

国家最高行政机关的解释,也叫行政解释,是指由国务院及其主管部门对有关法律和法规的解释。

地方政权机关的解释,主要是地方国家权力机关对地方性法规的条文本身进一步明确界限或做出补充规定和地方国家行政机关对地方性法规如何具体应用做出解释,但地方国家政权机关无权解释全国范围内都适用的宪法、法律和行政法规。

以上这些法律解释都具有法律效力,也可以理解为俗称的法律,即法律关系主体必须遵守的规范。

(4) 法律规范

法律关系主体要清楚自己享有的权利和承担的义务,更好地适应法治要求,必须要了解这些具体的法律规范,而这些具体的法律规范按照内容分类,可以分为授权性规范、命令性规范和禁止性规范。

授权性规范是指法律关系主体可以做出或要求别人做出一定行为的规范,这种规范具有任意性,即不要求人们必须做出一定行为,也不禁止人们做出一定行为,如《合同法》第四条规定:"当事人依法享有自愿订立合同的权利",对于这种规范,主体有较大的自主权利,通俗地说,根据授权性规范,法律关系主体依法享有权利。

命令性规范和禁止性规范都是义务性规范,其中命令性规范是要求法律关系主体应当从事一定行为的规范,如《公司法》第九条规定:"依照本法设立的有限责任公司,必须在公司名称中标明有限责任公司字样。依照本法设立的股份有限公司,必须在公司名称中标明股份有限公司字样"。禁止性规范是规定法律关系主体不应当从事一定行为的规范,如《劳动法》第十五条规定:"禁止用人单位招用未满十六周岁的未成年人"。这里规定的行为规则的内容是确定的,不允许主体一方或双方任意改变或违反,具有强制性,如果主体不履行这些规范,就要受到一定法律的制裁。也就是说,命令性规范和义务性规范规定了法律关系主体的义务。

掌握了法、法律体系、法律解释和法律规范的概念,我们就可以根据法律对自己的权利和义务有个基本的了解,但是,即使我们掌握全部的法律条文,我们仍然必须面对一个严肃的问题,就是所谓的"法律漏洞"问题。虽然法律本身越来越健全,各种法律解释越来越多地补充法律条文的空白,但"法律漏洞"问题依然存在,甚至可以说"法律漏洞"问题在理论上将长期存在,因为,法律的制定总是会落后于社会生活的发展。那么,当我们面对"法律漏洞"时,我们该怎么办呢?我们能不能从事法律既没有授权也没有禁止的行为呢?如果我们从事了一些法律既没有授权也没有禁止的行为,这些行为究竟是合法的呢?还是不合法的呢?对这些行为的合法性的探讨,也许不仅仅是法律的传统问题,更是法律的现实问题。因为我们国家的法律传统,往往把这种"法律漏洞"作为权利的禁区,但如果借口成文法追求的确定性和稳定性而将"法律漏洞"永远作为权利的禁区,必然导致法律的发展不能同步于社会生活的发展变化,也必然会导致公共权利的无限扩大,导致法律的适用结果的不可预测性,例如两位起诉火车站厕所收费的公民,基于相同的事实和一样的法律,只是因为在不同的法院起诉,就得到了不同的判决结果,这固然违背了有法可依的精神,更是对法律面前一律平等原则的最大挑战。

2. 商务法律、商务法律关系、商务法律行为、商务法律责任

(1) 商务法律

所有法律关系主体必须在法律范围内活动,而商务活动主体也不例外,但由于他们是从事商务活动,更应该清楚和遵守具体的商务法律。那么,什么是商务法律呢?目前尚无权威的观点,依据在商务实务活动中的感性认识,作者认为,商务法律决不是专业的商事法律,而是指调整社会主义市场经济中各主体间商务法律关系和行为规范的法律,也就是在社会主义市场经济中最常用的,也是人们最必须掌握的一些法律,包括民法中的《合同法》、知识产权法中的《著作权法》、《商标法》、《专利法》;商法中的《公司法》;经济法中的《反不正当竞争法》;劳动与社会保障法中的《劳动法》;行政法中的《行政处罚法》、《行政复议法》、《行政诉讼法》(注:从严格的学科分类讲,《行政诉讼法》应该属于诉讼法部门,但为了编写的方便,我们依照通例做了调整);诉讼法中的《仲裁法》、《民事诉讼法》,一些国际条约和商业惯例,以及相应的法律解释。对于这样的界定,从传统的法理学来说,也许是混淆了民事法律、商事法律和经济法律等的界限,但为了满足现实生活中大量非法律专业人士的需要,别无选择。

(2) 商务法律关系

商务法律关系,是指受商务法律规范调整的权利义务关系。

①商务法律关系的特点

商务法律关系具有以下特点：

商务法律关系是依法产生的关系。也就是说，这种关系不是天然存在的，必须是依法产生的，什么人可以参加商务法律活动，参加商务法律活动享有什么权利和承担什么义务，不是先天确定的，而是由具体的商务法律规定的。例如，在2001年商标法修改前，自然人不能申请注册商标，而此后自然人就有了这项权利。

商务法律关系是符合法律规定的社会关系。并不是所有的社会关系都是商务法律关系，只有那些符合法律规定，具有以权利和义务为内容的社会关系，才是商务法律关系。例如，根据涉外经济合同法，自然人签订的涉外经济合同，就不具有法律效力，但根据以后的合同法签订的涉外经济合同，就受法律保护。

商务法律关系是以双方当事人的权利义务为内容，并用强制力保证其实现。如果当事人一方不履行自己的义务，对方可以通过一定的司法机构，要求强制负有义务的人履行义务，或使他承担相当的法律责任。例如，甲企业不履行合同中规定的义务，乙企业即可通过法院强制甲企业履行。

②商务法律关系的要素

任何一个商务法律关系，都包括着主体、客体和内容等三个要素。如果缺少其中一个，就构不成商务法律关系；变更其中任何一部分，就不再是原来的商务法律关系了。

商务法律关系的主体，是指参加商务法律关系，享受权利与承担义务的当事人，法律上承认的商务法律关系主体主要有三种：成年的自然人、法人和其他社会组织。其中法人是指具有权利能力和行为能力，依法独立享有权利和承担义务的组织，应当具备以下条件：依法成立；有独立的财产；有自己的名称、组织机构和场所；能够独立承担责任。

商务法律关系的客体，是指商务法律关系中权利义务所指向的对象，包括物、行为和智力成果三个内容。其中，物是指在法律关系中可以作为财产权利对象的物品或其他财富，行为是指商务法律关系的主体为了行使权利或履行义务而进行的活动，智力成果是指人的脑力劳动的成果。

商务法律关系的内容，是指商务法律关系主体所享有的权利和承担的义务。

(3) 商务法律行为

商务法律行为，是指商务法律关系主体设立、变更、终止其权利和义务的合法行为。

①商务法律行为的特征

在社会生活中,商务法律行为有如下特征:

商务法律行为是当事人为了取得一定的法律后果而进行的行为。这种行为是指具有法律意义的意志表现,也就是指以产生、改变或终止一定的商务法律关系为目的的意志表现。所以,商务法律行为是商务法律关系主体主观上为了引起商务法律关系,而主动进行的一种合法行为,目的是取得一定权利和承担相应义务的法律后果。例如,进行买卖,就是为了在付出一笔价金后,取得一定的商品所有权;订立房屋租赁合同,就是为了在一定期间内获得使用房屋的权利和相应地负担交付租金的义务。

意思表示是商务法律行为的基本特征。这种意思表示必定是为了引起一定的法律后果,即为了今后享受一定的权利和承担相应义务,或者为了改变、结束原先存在的权利义务关系。例如,投保人去保险公司投保财产险,保险公司接受了,双方签订保险合同,保险法律关系就发生了。这个作为法律行为后果的保险合同的成立,是因为双方都有发生保险关系的意思,由于有了双方意思表示的一致才有这个保险合同的产生。没有意思表示就没有法律行为,也就不可能产生商务法律关系。

商务法律行为必须是合法行为。当事人为了能够达到预定的法律后果,他所作的法律行为必须符合或不违背法律的规定,也不能违反社会公共利益,法律才给予他所企图引起的法律后果,他的行为才是商务法律行为。否则,他的行为就被法律禁止;或者不可能取得预期的法律后果,就不是商务法律行为。因此,商务法律行为必须是合法行为。

②商务法律行为的类型

根据不同的标准,商务法律行为可以进行不同的分类:

根据行为人代表方的多少可以分为双方的商务法律行为、多方的商务法律行为和单方的商务法律行为。双方的商务法律行为,是指必须双方当事人的意思表示一致而成立的法律行为。例如,买卖行为、转让知识产权行为等。这种法律行为必须由双方协同进行。但他们各自的具体目的,在绝大多数情况下并不一致。例如,买卖合同中,出卖人要求取得货币,买受人则要求取得商品。在有些情况下,双方具体目的是一致的,如两个公司同意合并成立一个新的公司。多方的商务法律行为,是指在法律关系中有3人、4人、5人或更多人,即三方、四方、五方或更多方的关系。单方的商务法律行为,是指仅依当事人一方的活动,即可引起法律后果的行为。这种法律行为不必要征得对方的同意,例如,债务的免除,不需要任何人同意,就有法律效力。

根据取得权利是否需要付出对价可以分为无偿的商务法律行为和有偿的

商务法律行为。无偿的商务法律行为,是指当事人一方为了对方的利益,履行某项义务时,并不要求对方承担对等的义务。这种商务法律关系是没有对价关系。例如,赠与。有偿的商务法律行为,是指双方当事人在为对方履行某项义务时,有权要求对方为自己承担相应的义务。这种商务法律关系是有对价的。绝大多数商务法律行为都是有偿的。

根据是否以实物交付为有效前提可以分为诺成性商务法律行为和实践性商务法律行为。诺成性法律行为,是指仅以当事人一方的意思表示,经他方承诺即告成立的法律行为。也就是自当事人意思表示一致之时起,法律行为就成立,权利与义务也随之产生。例如,一般的买卖合同成立于当事人达成协议之时,一方违背合同要承担法律责任。实践性法律行为,是指除意思表示外,还需要以实物的交付作为成立要件的法律行为。如不交付实物,仅凭双方当事人意思表示一致,还不能产生权利义务关系。例如一般的赠与,必须把钱或物交付,赠与的法律行为才能成立。否则,赠与人在赠与财产的权利转移之前可以撤销赠与。但我国合同法规定,具有救灾扶贫等社会公益、道德义务性质的赠与合同或者经过公证的赠与合同,赠与人不交付赠与的财产的,受赠人可以要求交付,即赠与人不可以撤销赠与合同。

根据是否需要履行一定方式可以分为要式的商务法律行为和不要式的商务法律行为。要式的商务法律行为,是指要履行一定形式才能成立的法律行为。比如,成立公司、不动产所有权的转移都需要履行一定的手续。不要式的商务法律行为,是指成立这种法律行为不需要任何形式。比如,一般即时结清的买卖合同、公民间的相互借贷。

③商务法律行为的形式

商务法律行为必须通过某种方式把行为人的意思表示反映出来,才能成立。没有某种方式反映,就产生不了法律后果。这种意思表示的方式,就是法律行为的形式。对法律行为采取什么形式,可以由当事人协商决定。有些情况,法律也可直接规定,用法律直接规定的形式,称为法定形式。

商务法律行为的形式主要有以下三类:

口头形式。口头形式,是指用口头谈话的方式进行意思表示,例如,面谈、电话接洽而成立的法律行为。这种形式的优点是简便易行、直接、迅速。缺点是缺乏文字根据,发生争议时不易取得确切的证明。凡价款不多,即时给清的法律行为可采取这种方式。例如,商店里商品的零售买卖。而后果重大、内容复杂的法律行为,不宜采用口头形式。

书面形式。书面形式,是指用写成书面文件的方式进行意思表示,比如,企业之间订立的书面合同。为保证书面文件内容的真实性、可靠性和法律效力,双方当事人必须在文件上签名盖章。书面形式包括以下三种情况:一般书面形式,即见之于笔墨,不论是书写、打字、印刷都可以;经过审核登记的书面形式;经过公证、鉴证的书面形式。书面形式的优点是发生争议时,有凭证根据,对于确定权利义务关系,预防和处理财产纠纷,都具有重要作用;缺点是较麻烦。

推定行为。推定行为,是指当事人用语言文字以外的有目的、有法律意义的积极活动来表达他的意志,称为推定行为。当事人虽然在当时没有用口头或书面形式来进行意思表示,但是从他的积极活动中,可以推定他已表达了关于产生、改变或消灭一定商务法律关系的意志。例如,租赁合同期满以后,承租方继续交付租金,出租方也接受,这就可以推定双方已经取得关于延长原有合同期的协议。推定行为只有在法律有明文规定或在习惯上已为大家所承认的情况下,才能看作是意思表示的一种形式,不能作任意扩大的理解。

(4) 商务法律责任

商务法律责任是指商务法律关系主体由于侵权行为、违约行为或者由于法律规定而应承受的某种不利的法律后果。

①商务法律责任的特点

商务法律责任有两个特点:

承担商务法律责任的最终依据是法律。虽然不同的商务法律关系主体承担商务法律责任的具体原因可能各有不同,但其最终依据是法律。因为一旦商务法律责任不能顺利承担或履行,就需要司法机关裁断。司法机关只能依据法律做出最终裁决。当然,这里讲的法律即可以是正式意义上的法律渊源,也可以是非正式意义上的法律渊源。

商务法律责任具有国家强制性。即商务法律责任的履行由国家强制力保证。当然,正如国家强制力有时是作为威慑力隐蔽于法律实施的幕后一样,在商务法律责任的履行上,国家强制力只是在必要时,在责任人不能主动履行其法律责任时,才会使用国家强制力。

②商务法律责任的本质

商务法律责任是国家对违反法定义务、超越法定权利或滥用权利的违法行为所作的否定的法律评价,是国家强制责任人做出一定行为或不作一定行为,补偿和救济受到侵害或损害的合法利益和法定权利,恢复被破坏的法律关系和法律秩序的手段。

③产生商务法律责任的原因

产生商务法律责任的原因大致有以下三种:

侵权行为,也就是违法行为。如由于侵犯他人的财产权利、人身权利、知识产权等而产生的法律责任。

违约行为,即违反合同约定,没有履行合同法律关系中的作为义务或不作为的义务。

法律规定,也称严格责任,主要指无过错责任。从表面上看,责任人并没有侵犯任何人的权利,也没有违反任何契约义务。仅仅由于出现了法律所规定的法律事实,就要承担某种赔偿责任,如产品致人损害。

④商务法律责任的类型

商务法律责任通常可以分为以下三种:

刑事责任是指商务法律关系主体违反刑事法律所规定的义务而应当承担的不利后果。刑事责任是一种最严重的商务法律责任。这是指,违反刑事法律所规定的义务要比违反其他法律义务承担更为严重的不利后果。在我国,商务法律关系主体承担刑事责任的具体形式包括:被没收财产、被处罚金、被管制、被拘役、服有期徒刑、服无期徒刑、被处死刑等。本教材暂不对这部分内容进行介绍,有兴趣的读者可以自己加以了解。

民事责任是指商务法律关系主体违反民事法律所规定的义务而应当承担的不利后果。民事责任主要分为侵权责任和违约责任。侵权责任是直接商务法律关系主体违反民事法律所规定的义务或侵害了他人的权利而引起的责任。在我国,商务法律关系主体承担民事侵权责任的具体形式包括:停止侵害,排除妨碍,消除危险,返还财产,恢复原状、修理、重作、更换、赔偿损失,消除影响,恢复名誉,赔礼道歉等。违约责任是商务法律关系主体违反与他人订立的合同所规定的义务而引起的责任。商务法律关系主体承担违约责任的具体形式根据合同双方的合同约定或根据对方的要求而表现为支付违约金,进行损害赔偿,继续履行合同义务、采取补救措施等。

行政责任是指因商务法律关系主体违反行政法所规定的义务而引起的责任。商务法律关系主体承担此种责任的具体形式包括:接受警告,交纳罚款,吊销许可证和执照,被责令停业停产等。

⑤对商务法律责任的法律制裁

相应于商务法律责任的种类的划分,法律制裁的种类也划分为刑事制裁、民事制裁、行政制裁三类。

刑事制裁是根据对于违反刑法的商务法律关系主体依其所应承担的刑事责任而施加刑罚的活动。本教材暂不对这部分内容进行介绍,有兴趣的读者可以自己加以了解。

民事制裁是国家对于违反民事法规的商务法律关系主体依其所应承担的民事责任而施加不利后果的活动。民事制裁的形式是多种多样的。例如恢复财产原状、返还原物、排除妨碍;损害赔偿;收缴进行非法活动的财物和非法所得;罚款;支付违约金;责令排除侵害、恢复名誉、赔偿损失;责令具结悔过;告诫;责令停业、停产或搬迁,等等。

行政制裁是国家对于违反行政法规的商务法律关系主体依其所应承担的行政责任而施加不利后果的活动。商务法律关系主体接受的行政制裁主要是指行政处罚。行政处罚是由国家特定的行政机关对于有违反行政管理秩序行为的商务法律关系主体施加不利后果的活动。根据行政处罚法的规定,行政处罚形式包括:警告、罚款、没收违法所得、没收非法财物、责令停产停业、暂扣或吊销许可证、暂扣或吊销执照、行政拘留,以及法律、法规规定的其他行政处罚。

二、编写目的

随着改革开放的深入,社会主义市场经济的发展,特别是在建设法治社会的现代中国,经济活动和利益关系越来越需要法律来引导、规范、约束和保障,法律已经不仅仅是一门象牙塔里的学问,而更是人人必须掌握的一种工具,一种处理甚至驾驭市场经济体制社会中人与人之间、企业与企业之间以及人与企业之间各种关系的工具。为此,作者觉得有责任也有必要将在市场经济中最常用的也是人们最必须掌握的一些法律编写出来,作为供高等学校中的非法律专业学生了解,所以,编写本教材的目的,首先是为了满足这种普及法律的需要。当然,这会带来一个问题,就是只能简单地介绍法律,并且适当地分散内容。

其次,尽管随着"法学热"的兴起,有关法律的专著随处可见,书名为法律实务的书籍也不少,但作者至今没有发现一本《商务法律实务》的普及性教材,即没有一本把商务法律和法律实务结合在一起的教材,所以,不仅是一般的人们,就算是一些法律专业的毕业生,包括学历层次很高的一些毕业生,由于只是生活在象牙塔里,虽然有些还通过了国家司法考试,但对商务法律实务知识,特别是对自己作为法律关系主体所享有的权利和承担的义务却缺乏起码的了解,而这恰恰是正在进入法治社会的人们最需要的。例如,某甲向一个陌生人要钱,如何认定某甲行为的性质呢?是民事行为呢?还是犯罪行为呢?是受民法调整呢?还是受刑法调整呢?根据具体的案例,我们会得出不同的结论。例如,某甲的行为可能是要求赠与,也可能是要求借贷,还可能是索要报酬,这些都属于民事行为的性质,应该受民法调整;但如果某甲的行为是诈骗,或者是敲诈,甚至是抢劫,就属于犯罪行为的性质,应该受刑法调整。从对这种法律实践的探讨,作者相信即使是法律专业的学生也会开阔视野,获得收益。

当然,作为实务课程的教材,本教材注重培养实际操作能力,力求使读者能举一反三,通过学习完成对法律的理解,能够深刻地掌握法律的实质并灵活地运用法律。例如,现在一般人都知道公民有纳税的义务,那么,到底应该如何纳税呢?甲是一位大学教师,如果他该月的工资是3000元,有利息收入1000元,代理案子得了1500元,获取稿酬1500元和保险赔款2000元,他该如何缴税呢?根据所得税法,如果他该月的工资是3000元,那么他应该缴纳205元个人所得税;如果他该月有利息收入1000元,则应该缴纳200元个人所得税;如果他代理案子得了1500元,还应该缴纳140元个人所得税;如果他得了稿酬1500元,那么他也应该缴纳98元个人所得税;但如果他得了保险赔款2000元,他就无须缴纳个人所得税;当然,如果他把该月所有的收入都捐给了希望工程,那么,该月他就不再需要缴纳个人所得税。但是,有些法律条文是无法操作的,如公司法规定,公司中的国有资产的所有权属于国家,这与公司是有独立财产的企业法人的规定相矛盾,作者基本回避了这些问题。当然,作为给高等学校秘书专业学生讲授"商务法律实务"课程的教师,作者在编写本教材时更多地考虑了他们的需要,作为未来的市场经济中各种主体的秘书,他们将要扮演的是领导助手的角色,更多面对的是与单位有关的商务活动,所以,本教材主要介绍了这方面的法律知识,而其他一些非常重要的法律如《宪法》、《民法通则》、《刑法》就没有介绍。如果有兴趣的读者,也可以通过阅读有关法律了解相关的知识。

三、本教材的内容和结构

由于体现法律的工具价值的定位,作者在编写本教材的过程中放弃了传统的法学教材使用的体例,而改用了一种全新的体例,用较大的篇幅对商务活动主体的权利和义务进行了介绍,同时,在各章的编写中强调了法律的实用性和操作性。这样,作者希望读者通过学习,不只是了解一些法律知识,更能把法律作为一种工具并加以利用。本教材的内容为商务法律知识,结构分三个部分:

第一部分是法律概述,即简单扼要阐述商务法律的基本内容,特别是商务法律主体的权利和义务,以及纠纷处理的方式,这是为了让读者对商务法律有基本的了解。这种体例的编写,放弃了传统的法律教材的体例,主要是为了更有利于读者掌握法律。例如,在现实生活中,我们许多人并不清楚银行的性质,往往认为它代表着国家,以为只要把钱存在银行里就不会有风险,但事实上,只要是商业银行,它的性质就是企业,就是公司,而公司法告诉我们,只要是公司,就会有风险,而它的股东,对这种风险只承担有限责任,即使是国家投资的银行,国家也像普通股东一样,只承担有限责任。

　　第二部分是经典案例(其实都是经典判例,由于我国不承认判例,所以作者考虑再三,使用通俗的经典案例概念)。经典案例之所以受到重视也许是因为法律本身的"漏洞"问题,而具体的案例,可以认为是对法律的解释和补充。通过了解案例,了解法律的具体适用,在某种程度上,可以使读者更加清楚地理解法律。所以,为了让读者能够体会同一的法律规定在千姿百态的现实生活中的灵活运用,真正具备使用法律这一工具去解决具体的现实问题(特别是高等学校的学生,也可能是他们今后将要遇到的实际困难)的能力,作者精选了一些经典案例,介绍了判决,并分析了理由,以便为读者提供正确的思路。

　　基于对法的工具价值的理解,为了培养读者在现实生活中灵活运用商务法律的能力,使读者特别是高等学校中所有的非法律专业学生在阅读完本教材后学到的不仅仅是一种学理上的概念,更是掌握一种能使自己在市场经济的波浪中能够扬起法律的风帆顺利前进的工具,特别是希望读者在体会到法律是一种工具的含义后,也能从容地使用这种工具,所以,本教材的第三部分是实务模拟,要求读者自己运用法律解决真实的实际问题,读者通过解决这些问题,无论在法律素养还是在运用法律能力上都无疑会有较大的长进。因为这是作者数年来从事法律教学研究和实务活动的成果积累,作者希望读者能够事半功倍,能在相对较短的时间内在掌握和运用法律方面有较大的提高。

　　需要说明的是,由于我国加入世界贸易组织(WTO)的时间不长,没有相应的资料,所以,这一章的内容,较多地遵循了传统法学教材的体例,因而显得与其他各章的体例有些脱节。

第二章 公司法

第一节 公司法概述

一、公司

1. 公司的概念

公司是依照公司法的规定设立的,以盈利为目的的企业法人。法人就是拥有独立的财产,能够独立参与民事活动,享有民事权利和承担民事义务的组织。可见,公司拥有独立的财产,能够独立参与民事活动,并享有民事权利和承担民事义务。

2. 公司的特征

公司的基本特征如下:

①公司是以盈利为目的的经济组织,这包括两方面的含义:公司独立拥有财产;公司的运作就是为了取得利润。当然,以盈利为目的,不一定就真正能赢利。

②公司具有法人资格,公司与独资企业、合伙企业的区别就在于公司的法人属性,即公司有独立的财产,能独立承担民事法律责任,例如A、B、C三人各出资人民币10万元成立了甲有限责任公司,那么,人民币30万元就不是A、B、C三人的财产,而是甲有限责任公司的财产,同样,对债权人承担责任的是甲有限责任公司,A、B、C三人不对债权人承担责任。需要说明的是,根据现行的公司法,公司中国有资产的所有权属于国家。

③公司是以股东的投资行为为基础设立的,即公司的法人财产是由股东的投资形成的,由于公司的信用基础是财产,所以严禁股东虚假出资、抽回投资等行为。

④公司必须依照法律规定的条件和程序设立,这一特征包括三方面含义:公司的成立必须依据专门的法律,即公司法和其他相关的行政法规;公司设立应符合公司法规定的实质要件,如公司名称、经营场所、资本等;公司的成立必须遵循公司法规定的程序,履行规定的申请和审批手续。

⑤公司必须在审批机关核准的经营范围内开展经营业务。

3. 公司的种类

公司依照不同的标准可以划分为不同的种类:

(1) 依据股东所负的责任不同可以分为有限责任公司和股份有限公司

根据公司法的规定,我国不存在股东承担无限责任的无限公司形式,只存在两种股东承担有限责任的公司形式,就是有限责任公司和股份有限公司。

有限责任公司是指依照公司法的规定设立的,股东以其出资额为限对公司承担责任,公司以其全部资产对公司债务承担责任的企业法人。例如A、B、C三人各出资人民币10万元成立了甲有限责任公司,那么,对债权人承担责任的是甲有限责任公司,而A、B、C三人不对债权人承担责任,三人承担的是有限责任,即出资的责任,由于三人出资额相等,承担的责任也相等,在甲有限责任公司享受的权利也一样。

股份有限公司是指全部资本分成等额股份,股东以其所持股份为限对公司承担责任,公司以其全部资产对公司债务承担责任的企业法人。例如A、B、C三人各出资人民币10万元购买甲股份有限公司的股票,同样,对债权人承担责任的是甲股份有限公司,而A、B、C三人不对债权人承担责任,三人承担的也是有限责任,但由于股票的不稳定性,假设A、B两人购买的股票价格是每股人民币2元,C购买的股票价格是每股人民币1元,那么,A、B两人持有的股票是5万股,而C持有的股票是10万股,虽然三人出资额相等,但所持有的股份不相等,承担的责任也不相等,在甲股份有限公司享受的权利也不一样。

(2) 根据公司的控制和被控制关系划分为母公司和子公司

当一个公司拥有另一个公司的相对多数股份而能够对其加以实际控制时,前者是母公司,后者是子公司。子公司具有法人资格,拥有独立财产,独立享受权利和承担责任。通俗地说,子公司能够独立承担公司债务。母公司可以通过控股拥有若干子公司,而子公司也可以用同样的方法成为别的公司的母公司,这样,公司可以通过层层控制的办法吸收大量资金,成为企业集团。

(3) 根据管辖和被管辖的关系划分为总公司和分公司

本公司一般被称为总公司,本公司管辖下的法人分支机构就是分公司。分公司没有法人资格,没有独立的财产,不独立享受民事权利和承担义务,通俗地说,分公司不能独立承担债务,其权利义务,都应该由总公司享有和承担。但分公司的设立、变更和撤销,也必须向公司登记机关办理相应的登记手续。例如,在山东省设立的甲公司,要在北京市设立分公司,则必须在北京市的工商行政管理机关办理登记手续。

(4) 根据公司的注册成立地不同把公司划分为本国公司和外国公司

凡是依照我国法律在我国登记成立的公司都是本国公司,依照外国法律在境外登记成立的公司,都是外国公司。一般的公司,包括中外合资公司都是中国公司,而外国公司在中国的分支机构,属于外国公司。

二、公司法及其立法宗旨

公司法是调整公司的设立、组织与活动、变更和终止以及股东权利义务的法律规范的总称,包括国务院颁布的一系列规范公司组织和行为的行政法规。狭义的公司法仅指《中华人民共和国公司法》。

公司法的立法宗旨是按现代企业制度规范和强化企业组织,包括企业素质、企业结构和企业功能的强化;提高企业和社会的经济效率,包括减少交易成本和提高经济效益,促进社会主义市场经济体制的建立和发展。

三、公司法的调整对象

公司法的调整对象以规定公司的法律地位和资格、调整公司的经济活动为主要内容,在我国就是指有限责任公司和股份有限公司两种组织形式。

1. 有限责任公司

我国公司法对有限责任公司作了如下规定:

(1) 有限责任公司的概念

有限责任公司是指依照公司法的规定设立的,股东以其出资额为限对公司承担责任,公司以其全部资产对公司债务承担责任的企业法人。

(2) 有限责任公司的特征

有限责任公司的特征如下:

①有限责任公司募股具有封闭性的特点,即有限责任公司的股份不公开发行,不得向社会公开集资,股份转让也受到一定限制,如股东之间有同等条件下的优先购买权,例如,A、B、C三人分别出资人民币30万元、20万元、10万元成立了甲有限责任公司,由于甲公司经营状况恶化,A为了把在甲公司的股份变成现金,就准备以人民币25万元的价格转让给D,这种转让必须征得B或C同意,并且在人民币25万元的价格条件下,应该优先转让给B或C,只有在他们二人都不愿意受让的情况下,才可以转让给D。

②有限责任公司的全部资本不必分成等额股份。

③股东人数受到法律限制,为2人至50人,组织机构设立也较灵活,如小公司不设董事会,而设执行董事。

④有限责任公司兼具人合与资合的性质,即有限责任公司既是资本的组合,也是股东的组合,例如,在大多数情况下,股东表决权的大小依赖于所持股份的多少,但在向外转让股份时,不论所持股份的多少,股东的表决权一律平等,如上例甲公司中A、B、C三人的出资虽然不等,但在讨论股份的转让问题

时,三人的表决权平等。

(3) 国有独资公司

在有限责任公司中,有一种特殊的形式,就是国有独资公司。国有独资公司是指国家授权的投资机构或国家授权的部门单独投资设立的有限责任公司。国务院确定的生产特殊产品或属于特定行业的公司,应当采取国有独资公司的形式。

国有独资公司的特点有:

①投资者主体的单一性和法定性,即投资者只有一个,而且只能是法律规定的国家授权机构。这是国有独资公司与一般的有限责任公司的区别之处。

②投资者责任的有限性,即投资者对公司债务承担有限责任。这是国有独资公司与一般独资企业的区别之处。国有独资公司的国有资产由国家授权机构实施监督管理。国有独资公司的资产转让,由国家授权机构依法办理审批和财产转移手续。

2. 股份有限公司

我国公司法对股份有限公司作了如下规定:

(1) 股份有限公司的概念

股份有限公司是指全部资本分成等额股份,股东以其所持股份为限对公司承担责任,公司以其全部资产对公司债务承担责任的企业法人。股份有限公司是完全的资合公司,即股份有限公司是资本的集合体,实行股份等额化及证券化和转让自由化,对股东身份、资格和最高人数都没有限制,因而能够广集资金,扩大规模。股份有限公司是现代企业制度最典型的形式。

(2) 股份有限公司的特点

股份有限公司的特点是:

①资本证券化,即公司的全部资本必须分成等额股份,公司募股集资的方式是公开的,公司的股份以股票为表现形式,股份原则上是可以自由转让的。

②股东数额无上限。

③公司资本雄厚,设立程序严格,必须经有关部门批准。

④股份公司是典型的资合公司,即个人财产与企业财产相分离,所有权与经营权相分离,如股东只承担出资责任,股东会不参与经营。

(3) 上市公司

上市公司是指符合上市条件并经国务院或国务院授权的证券管理部门批准其发行的股票可以在证券交易所上市交易的股份有限公司,是一种规模较大的股份有限公司。

上市公司必须符合以下法定条件:

①由国务院或其授权的证券管理部门批准并已向社会公开发行股票；

②股本总额不少于5000万元人民币；

③开业时间在3年以上且最近3年连续盈利；

④持有股票面值1000元以上的股东不少于1000人，向社会公开发行的股份达股份总额的25%以上，其中公司股本超过4亿元的，其向社会公开发行的股份的比例为15%以上；

⑤公司在最近3年内无重大违法行为；

⑥财务会计报告无虚假记载；

⑦国务院规定的其他条件。

股份有限公司的股票上市必须遵循下述程序：首先，报请国务院或者国务院证券管理部门批准；其次，被批准的上市公司必须公告股票上市报告，并将其申请文件存放在指定点供公众查阅；第三，向证券交易所提出申请，经批准后，发出上市公告；第四，依照有关法律、法规的规定，将被批准的上市股份投入证券交易所进行交易。

四、股东的权利和义务

1. 股东的权利

需要说明的是，除国有独资的有限责任公司外，公司的股东不仅可以是完全行为能力自然人，也可以是营利性法人，还可以是国家授权投资者。但非自然人股东，必须派出代表行使股东权。股东的主要权利有：

(1) 设立公司的权利

严格地讲，设立有限责任公司的是出资人；设立股份有限公司的是发起人。因为在公司成立前，并没有法律意义上的股东，只是因为习惯的原因，我们也将出资人或发起人的权利或义务作为股东的权利或义务。

(2) 制定和修改公司章程的权利

有限责任公司的章程由全体股东（其实是出资人）订立，股份有限公司由发起人制定公司章程。在公司成立后，股东在必要情况下也可以依法定程序修改公司章程。

(3) 股东(大)会的出席权和表决权

股东可以通过出席股东(大)会并对公司的经营决策等事项行使表决权对公司进行管理。

①有限责任公司的股东可出席有限责任公司的股东会

有限责任公司的股东会是公司的权力机构，由全体股东组成。股东会依照法律和公司章程的规定行使职权。

股东会议为全体股东出席的会议,分为定期会议和临时会议,定期会议按照公司章程的规定按时召开,每年至少一次。临时会议在定期会议闭会期间应股东、董事或监事的提议召开,有权提议召开临时会议的人员为:代表四分之一以上表决权的股东,或者三分之一以上董事,或者任何一名监事。召开股东会议,应提前15天通知全体股东。

除了有关转让股份等特殊情况外,股东会议按出资比例行使表决权,例如A、B、C三人分别出资人民币30万元、20万元、10万元成立了甲有限责任公司,那么,三人的表决权分别是3票、2票、1票。股东会并应当对会议的决定写成会议记录,出席会议的全体股东都应当在会议记录上签名。

②股份有限公司的股东可出席股份有限公司的股东大会

股份有限公司的股东大会由全体股东组成,是公司的权力机构。

股东大会行使以下职权:决定公司的经营方针与投资计划;选举更换董事和有股东出任的监事并决定其报酬;审议批准公司的年度财务预、决算案,利润分配方案和弥补亏损方案;对公司增减注册资本、发行债券做出决议;对公司的合并、分立、解散和清算等事项做出决议;修改公司章程。

股东大会分为股东年会与股东临时会。股东大会每年召开一次年会,有下列情形之一,应当在2个月内召开股东临时会:董事人数不足法定或章程规定人数的三分之二;公司未弥补的亏损达到股本总额的三分之一;持有公司股份10%以上的股东请求召开;董事会认为有必要;监事会提议召开。

股东大会会议由董事会依照公司法规定负责召集,由董事长主持。董事长因特殊原因不能履行职务时,由董事长指定的副董事长或其他董事主持。召开股东大会,应当在30日以前通知全体股东。

股东大会的表决,实行一股一票原则,即每一股份有一表决权,例如A、B、C三人各出资人民币10万元购买甲股份有限公司的股票,如果A、B两人购买的股票价格是每股人民币2元,C购买的股票价格是1元,即A、B两人持有5万股,而C持有10万股,虽然三人出资额相等,但由于所持有的股份不相等,在甲股份有限公司享受的表决权也不一样,分别是5万票、5万票、10万票。

股东大会做出决议,必须经出席会议的股东所持表决权的半数以上通过。对修改公司章程等重大事项,必须经出席会议的股东所持表决权的三分之二以上通过。

股份有限公司的股东可以委托代理人出席股东大会,代理人应当向大会提交股东的授权委托书,并在授权范围内行使表决权。

(4) 选举和被选举为董事、监事的权利

所有股东都有权选举董事、监事,也有权被选举为董事、监事。但有下列情形之一的,不得担任公司的董事、监事:无民事行为能力或者限制民事行为能力;因犯有贪污、贿赂、侵占财产、挪用财产罪或者破坏社会经济秩序罪,被判处刑罚,执行期满未逾五年,或者因犯罪被剥夺政治权利,执行期满未逾五年;担任因经营不善破产清算的公司、企业的董事或者厂长、经理,并对该公司、企业的破产负有个人责任的,自该公司、企业破产清算完结之日起未逾三年;担任因违法被吊销营业执照的公司、企业的法定代表人,并负有个人责任的,自该公司、企业被吊销营业执照之日起未逾三年;个人所负数额较大的债务到期未清偿。

(5) 转让股份的权利

有限责任公司的股东和股份有限公司的股东都可以转让股份,但由于两类公司不同的性质,股份转让也有不同的特点。

① 有限责任公司的股份转让

有限责任公司内部的股份转让不受限制,股东之间可以相互转让部分或全部资本。但由于有限责任公司人合的性质即相对封闭性,股东向股东以外的人转让出资时,必须经全体股东过半数同意。但为了保护股东的转让自由,公司法规定,不同意转让的股东应当购买该转让的出资,如果不购买该转让的出资,视为同意转让。所以,对于股东转让出资的表决,只有两种结果:一是股东行使优先购买权,使对外转让成为对内转让,二是股东同意对外转让,即同意接纳新的股东加入公司。对于已经同意转让的出资,即使已经签订了股权转让协议,有限责任公司的股东在同等条件下有优先购买权。

② 股份有限公司的股份转让

股份有限公司原则上股份转让自由,但发起人认购的股份自公司成立之日起3年内不得转让,董事、监事、经理所持的股份在其任职期间不得转让。股东转让其股份必须在依法设立的证券交易所进行,其中无记名股份的股票只需股东交付股票即发生效力,记名股票需要股东以背书的方式或法律规定的其他方式转让。

(6) 优先认购公司新增的资本或股份的权利

当公司增加注册资本或发行新股时,股东可以优先认购新增的资本或股份。

(7) 查阅权

股东有权查阅公司章程、股东(大)会会议记录和公司财务会计报告,监督公司的经营。

(8) 建议和质询权

股东有权对公司的经营提出建议,有权对董事会(执行董事)、经理的经营行为提出疑问并要求解答。

(9) 诉权

即股东有权对股东(大)会、董事会(执行董事)违反法律、侵害股东合法权益的违法行为和侵害行为向人民法院提起诉讼。

(10) 获取收益的权利

股东有获取收益的权利,其中,有限责任公司的股东按照出资比例分配公司的利润,股份有限公司的股东按照所持股份分配公司的利润,具体方式可参考表决权的内容。

(11) 依法分配公司解散后剩余财产的权利

在公司解散后,如果有剩余财产,股东可以依法分配,其中,有限责任公司的股东按照出资比例分配公司解散后的剩余财产,股份有限公司的股东按照所持股份分配公司解散后的剩余财产,具体方式可参考表决权的内容。

(12) 法律、行政法规和公司章程规定的其他权利

2. 股东的义务

股东的主要义务有:

(1) 确保股东符合法定人数的义务

公司法规定,有限责任公司由 2~50 人的股东出资设立,但国有独资公司股东只有一个,即国家授权投资的机构或国家授权的部门;股份有限公司的股东没有上限,但发起人为 5 人以上,且一半以上在中国境内有住所。股东可以是完全行为能力自然人,也可以是法人或其他经济组织,国家也可以通过授权的机构或部门,成为公司的股东。

(2) 缴纳所认缴的出资或股份并使出资达到法定资本最低限额的义务

股东必须确保公司的注册资本达到法定最低限额,其中:

① 有限责任公司的注册资本

有限责任公司股东认缴的出资,构成公司的注册资本,以生产经营和商业批发为主的有限责任公司,公司的注册资本不得少于 50 万元人民币;以商业零售为主的有限责任公司,公司的注册资本不得少于 30 万元人民币;科技开发、咨询、服务性有限责任公司,公司的注册资本不得少于 10 万元人民币。

② 股份有限公司的注册资本

股份有限公司的股东认缴的股份构成公司的股本总额,股份有限公司的注册资本即实收股本,其总额不得少于 1000 万元人民币,其中采取发起设立方式的,发起人必须认购公司的全部股份;采取募集设立方式的,发起人认购公司的股份不得少于总数的 35%,其余的部分股份必须在法定期限内向社会公开募集并募足。

对于出资不实的公司,公司设立时的股东(即严格意义上的出资人和发起人)对注册资本的差额承担连带责任。

股东出资的形式可以是货币,也可以是实物、工业产权、非专利技术、土地使用权作价出资,但是,以非货币形式出资的,必须由法定验资机构进行评估验资,并且工业产权、非专利技术作价的总金额不得超过公司的注册资本的20%,例如,甲有限责任公司的注册资本是50万元,那么,工业产权、非专利技术作价的总和不得超过10万元,而不是其中的某一项工业产权不得超过10万元。

(3) 制定并遵守公司章程的义务

在公司成立时,必须制定公司章程,公司章程须经全体股东(出资人和发起人)签名、盖章。一般而言,公司章程应该载明公司的名称和住所、公司经营范围、法定代表人姓名等内容。虽然股东可以修改公司章程,但未经法定程序修改,公司章程一经制定并生效,所有股东必须严格遵守。

(4) 确定公司名称和组织机构的义务

股东必须通过股东(大)会确定公司的名称和组织机构,其中公司的名称不得违反法律的规定,公司的组织机构如股东会、董事会(执行董事)、经理、监事会(监事)也必须符合法律的规定。

(5) 选择固定生产经营场所和准备必要生产经营条件的义务

公司法规定,公司必须有固定的生产经营场所和必要的生产经营条件,所以,股东也必须履行此项义务,严禁成立皮包公司。

(6) 履行法定设立程序的义务

有限责任公司设立程序如下:

①由发起人发起设立,并由全体股东拟订公司章程。

②法律法规对设立公司规定必须报经审批的,在设立公司前应该办理审批手续,如经营图书须经文化主管部门审批、经营香烟须经烟草专卖局审批。

③公司的资本总额应由股东在公司设立前全部缴足,现金应存入公司在银行开设的临时账户,实物、工业产权、非专利技术或者土地使用权应办理财产权的转移,不按规定出资的股东应当向已经足额缴纳出资的股东承担违约责任,这一规定其实是个"法律漏洞",无法操作,因为我们知道,在公司依法成立前,不具备商务法律主体资格,无法接受财产。

④股东缴纳出资后,必须经法定验资机构验资并出具证明。

⑤由全体发起人选定的代表或共同委托的代理人向登记机关申请设立登记,(其中必须首先进行公司名称预先核准,登记机关应在10天内核准或驳回,核准公司名称保留期为60天),从登记机关签发营业执照之日起,公司取得法人资格。

股份有限公司设立程序如下:

①报请国务院授权的部门或者省级人民政府批准。

②股份有限公司的设立必须在募足法定注册资本最低限额后 30 日内召集创立大会,由认股人组成。创立大会应有代表股份总数的二分之一以上的股东出席,方可举行。创立大会修改和通过公司章程,选任董事会、监事会成员,对发起人用于抵作股款的财产的作价、公司的设立费用等进行审核。创立大会的决议必须经出席会议的认股人所持表决权的半数以上通过。

③申请设立登记:公司的设立,必须经过国务院授权的部门或者省级人民政府批准。董事会应予创立大会后 30 日内,向公司登记机关申请设立登记。经审核通过,予以登记,发给营业执照,公司即宣告成立。公司成立后,应进行公告。采取募集方式设立的,应将募集股份情况报国务院证券管理部门备案。

(7) 不得抽回出资的义务

股东只能转让股份,但不能抽回出资。例如 A、B、C 三人各出资人民币 10 万元成立了甲有限责任公司,那么,从公司成立起,三人都不得从甲有限责任公司抽回出资,股东要想获得现金,只能通过转让股份来实现。

(8) 对公司承担有限责任的义务

其中有限责任公司的股东以其出资额为限对公司承担有限责任,股份有限公司的股东以其所持股份为限对公司承担有限责任。

(9) 法律、行政法规和公司章程规定的其他义务

五、董事的权利和义务

1. 董事的权利

董事的主要权利有:

(1) 董事会议出席权

公司法规定,董事会议由董事本人出席,董事当然有出席董事会议的权利。

(2) 表决权

董事在董事会会议上,有就所议事项进行表决的权利。

(3) 股东会和董事会临时会议召集的提议权

三分之一以上的董事可以提议召开有限责任公司的股东会和董事会临时会议,一定数量的董事可以提议召开股份有限公司的董事会临时会议(因为公司法没有作明确的法律规定,所以具体数额一般由公司章程规定)。

(4) 通过董事会行使职权而行使的权利

虽然董事会的职权不是董事个人的职权,不能由董事分别行使,但没有董

事，董事会无法行使其职权，并且，董事还可以通过行使议决权来影响董事会的决定。

(5) 法律、行政法规和公司章程规定的其他权利

2. 董事的义务

董事的主要义务有：

(1) 善管义务

董事的善管义务是指作为善良管理人的注意义务，如忠实义务，即要求董事遵守公司章程，忠实履行职务，维护公司利益，不得利用在公司的地位和职权为自己谋取私利；不得利用职权收受贿赂或者其他非法收入，不得侵占公司的财产；不得挪用公司资金或者将公司资金借贷给他人；不得将公司财产以其个人名义或者以其他个人名义开立账户存储；不得以公司资产为本公司的股东或者其他个人债务提供担保。又如保密义务，即董事除依照法律规定或者经股东（大）会同意外，不得泄露公司秘密。

(2) 竞业禁止义务

董事不得自营或者为他人经营与自己公司同类的经营业务，董事如果从事了上述营业或活动的，所得收入应当归公司所有。

(3) 私人交易限制义务

董事除了公司章程规定或股东（大）会同意外，不得同公司订立合同或者进行交易。

(4) 法律、行政法规和公司章程规定的其他义务

六、职工的权利和义务

1. 职工的权利

职工的主要权利有：

(1) 获得报酬的权利

职工可以通过获得工资、奖金，享受单位福利等形式获得与劳动相应的报酬，同时也可以通过购买公司股份获得报酬。

(2) 参与公司管理的权利

职工既可以被聘任为董事，也可以被选举成监事，还可以被任命为行政管理人员等多种方式参加公司的管理。另外，公司法规定，公司研究决定生产经营的重大问题、制定重要的规章制度时，应当听取公司工会和职工的意见和建议。

(3) 列席有关会议的权利

公司法规定，公司研究决定有关职工工资、福利、安全生产以及劳动保护、

劳动保险等涉及职工切身利益的问题,应当事先听取公司工会和职工的意见,并邀请工会或者职工代表列席有关会议。

(4) 依法组织工会的权利

公司职工依法组织工会,开展工会活动,维护职工的合法权益。

(5) 法律、行政法规和公司章程规定的其他权利

2. 职工的义务

职工的主要义务有:

(1) 勤奋劳动的义务

职工应该积极主动地工作,努力提高劳动生产效率。

(2) 缴纳个人所得税的义务

所得税法规定,职工应就工资和薪金所得缴纳个人所得税,工资、薪金所得,以每月收入额减除费用800元后的余额,为应纳税所得额。个人所得税,以所得人为纳税义务人,以支付所得的单位或者个人为扣缴义务人。在两处以上取得工资、薪金所得和没有扣缴义务人的,纳税义务人应当自行申报纳税。工资、薪金所得应纳的税款,按月计征,由扣缴义务人或者纳税义务人在次月七日内缴入国库,并向税务机关报送纳税申报表。

附:个人所得税税率表

级 数	全月应纳税所得额	税率(%)
1	不超过500元的	5
2	超过500元至2000元的部分	10
3	超过2000元至5000元的部分	15
4	超过5000元至20000元的部分	20
5	超过20000元至40000元的部分	25
6	超过40000元至60000元的部分	30
7	超过60000元至80000元的部分	35
8	超过80000元至100000元的部分	40
9	超过100000元的部分	45

(注:本表所称全月应纳税所得额是指依照本法第六条的规定,以每月收入额减除费用800元后的余额或者减除附加费用后的余额。)

(3) 遵守公司规章制度的义务

职工应当遵守公司的规章制度,这对维护职工的社会形象,维护用人单位的利益都是十分重要的。

(4) 提高劳动素质的义务

职工应该通过参加业务培训等形式,不断提高自己的劳动技能,以适应公司业务发展的需要。

(5) 法律、行政法规和公司章程规定的其他义务

七、公司的权利和义务

1. 公司的权利

公司的主要权利有：

（1）拥有自己名称的权利

为了实现公司法人的人格特定化，公司可以拥有自己的名称，公司名称一般含有足以与其他民事主体相区别的标记，并标明公司登记地的地名和公司的法律性质。由于公司名称所具有的识别作用，有利于公司商业信誉的维系和表彰，所以，在法律上，公司名称权既是一种人身权，又是一种财产权，可以作为有偿转让的无形财产，受法律保护，其他民事主体未经允许，不得随意使用。

（2）在公司章程规定的营业范围内开展经营的权利

公司在登记的经营范围内依法享有的自主经营权利，应受到尊重，任何部门和个人都不得干预。

（3）拥有独立财产的权利

公司合法取得的财产权益，应当受到保护，任何组织和个人都不得侵犯。例如 A、B、C 三人各出资人民币 10 万元成立了甲有限责任公司，那么，从公司成立起，未经法定程序，任何第三人不得因为 A、B、C 三人的个人债务从甲公司的财产中主张权利。

（4）发行债券和股票的权利

①公司的债券

公司债券是指公司依照法定条件和程序发行的、约定在一定期限内还本付息的有价证券。公司债券必须载明公司名称、金额、利息等。

股份有限公司、国有独资公司、两个以上的国有企业或者其他两个以上的国有投资主体投资设立的有限责任公司，为筹集生产经营资金，可以发行公司债券。

发行公司债券的条件有：

公司净资产，即有限责任公司的净资产额不低于人民币 6000 万元，股份有限公司的净资产额不低于人民币 3000 万元。

已有公司债，即公司已经发行而未偿还的债券，其累计总额不超过公司净资产额的 40%，已发行债券未募足的或者不能支付本息的，不得再次发行债券。

收益水平，即公司最近 3 年平均每年可分配利润足以支付公司债券一年的利息。

债券利率，即拟发行的债券的利率，不得超过国务院规定的利率水平。

发行债券筹集到的资金，必须用于审批机关批准的用途，不得用于弥补亏

损和非生产性支出。

②股票

股份有限公司可以发行股票,股票的发行价格可以高于或等于股票的票面金额,但不得低于票面金额,即股票发行价格可以是票面金额,也可以超过票面金额。股票应记载公司名称和成立日期、股票种类、票面金额及股票编号。

(5)合并和分立的权利

公司的合并是指两个或两个以上的公司通过签订合并协议,依法定程序合并为一个公司的法律行为,包括吸收合并与新设合并两种方式。在吸收合并中,吸收方保留,成为一个新公司,被吸收方解散,例如,A公司和B公司合并后,A公司继续存在,而B公司解散;新设合并中,合并成立一个新公司,合并各方解散,例如,A公司和B公司合并后,成立C公司继续存在,而A公司和B公司解散。公司的分立是指一个公司分开设立为两个以上的公司,包括公司分解和存续分立两种方式。在公司分解中,原公司解散,在此基础上形成两个以上新的公司,例如,A公司分立后,成立B公司和C公司,而A公司解散;存续分立中,原公司继续存在,由其中分离出来的部分形成新的公司,例如,A公司分立后,成立B公司,而A公司也继续存在。

公司的合并和分立应由各方协商达成协议,并制作资产负债表及财产清单,公告通知债权人,依法向公司登记机关办理变更登记。

公司合并或分立后的权利义务由变更后的公司承担。

(6)终止的权利

公司可以因破产和解散而终止。公司破产是指公司不能清偿到期债务,根据利害关系人的申请,由法院依法宣告公司破产,并对公司进行破产清算的制度;公司解散,是指已经成立的公司,因公司章程或法律规定的事项的发生,而使公司法人资格归于消灭的过程。一般而言,公司的终止意味着股东义务的结束。

(7)转化的权利

公司转化,又称公司变更类型,指公司在不丧失法人资格的前提下转变为另一法定形态的公司。目前我国公司法只规定了有限责任公司向股份有限公司的转化。

所谓公司转化,实际上属于公司为扩大经营规模而进行的转化,这种转化方法,包括股份转换和增资扩股两个环节。所为股份转换,就是将公司原有的股份转换为股份有限公司股份,增资扩股,除了公司的原有股东认购新股外,也可以吸收新的股东或者向社会公开募股。所以从严格意义上讲,公司转化实质上属于股份有限公司设立的一种方式,因而适用股份有限公司设立的有关规定,公司法主要包含了以下三条基本原则:

①有限责任公司的转换,应当适用股份有限公司设立的条件和程序,如注册资本法定最低限额、发起人不得少于5人等,但公司转化在办理登记时,只需要申请变更登记。

②有限责任公司转化时,折合的股份总额应当相当于公司的净资产额,即原有股份在折算成股份有限公司的股份时,必须以原公司的净资产额为基准。

③有限责任公司转化时,向社会募集股份应当依法进行,如申请批准、公告等。

有限责任公司转化后,其原有的债权、债务由转化形成的股份有限公司继承。

(8) 法律、行政法规和公司章程规定的其他权利

2. 公司的义务

公司的主要义务有:

(1) 向股东交付出资证明书或股票的义务

有限责任公司成立后,应当向股东签发由公司盖章的出资证明书。出资证明书应载明下列事项:公司名称;公司登记日期;公司的注册资本;股东的姓名或名称、缴纳出资额和出资日期;出资证明书的编号和核发日期。

股份有限公司成立后,必须遵循平等原则,向股东签发证明股东权利义务的有价证券即股票,但公司成立之前不得向股东交付股票。

(2) 置备股东名册和公开信息的义务

有限责任公司应当置备股东名册,载明下列事项:股东的姓名或名称及住所;股东的出资额;出资证明书编号。

股份有限公司应当置备股东名册,载明下列事项:股东的姓名或名称及住所;股东的出资额;记名股票编号。上市的股份有限公司还必须按照法律、法规的规定,定期公开其财务情况和经营情况,在每会计年度内半年公布一次财务会计报告。

(3) 向股东支付收益或红利的义务

公司获得的收益,在依法缴纳各种税费、提取公积金、公益金后,应该按照出资比例或股东所持股份向股东支付收益或红利。

(4) 合法经营,依法纳税的义务

依照法律规定,企业必须在公司的经营范围内从事经营活动,并缴纳各种税款,主要包括增值税、消费税、营业税和所得税。

在中华人民共和国境内销售货物或者提供加工、修理修配、劳务以及进口货物的公司,应当缴纳增值税,增值税率分别为:销售或者进口货物,基本税率为17%;销售或者进口粮食、食用植物油、自来水、暖气、冷气、热水、煤气、石

油液化气、天然气、沼气、居民用煤炭制品、图书、报纸、杂志、饲料、化肥、农药、农机、农膜和国务院规定的其他货物,税率为13%,出口货物,税率为零;纳税人提供加工、修理修配、劳务,税率为17%。

在中华人民共和国境内生产、委托加工和进口应税消费品的公司,应当缴纳消费税,消费税税目共十一大类,其税率各有不同。第一类、烟,分为以下四小类:其中甲类卷烟包括各种进口卷烟,税率为45%;乙类卷烟税率为40%;雪茄烟税率为40%;烟丝税率为30%。第二类、酒及酒精,分为以下六小类:其中粮食白酒税率为25%;薯类白酒税率为15%;黄酒税率每吨为240元;啤酒税率每吨为220元;其他酒税率为10%;酒精税率为5%。第三类、化妆品包括成套化妆品,税率为30%。第四类、护肤护发品,税率为17%。第五类、贵重首饰及珠宝玉石包括各种金、银、珠宝首饰及珠宝玉石,税率为10%。第六类、鞭炮、焰火,税率为15%。第七类、汽油,税率为每升0.2元。第八类、柴油,税率为每升0.1元。第九类、汽车轮胎,税率为10%。第十类、摩托车,税率为10%。第十一类、小汽车,分为以下三小类:其中小轿车气缸容量在2200毫升以上的(含2200毫升)税率为8%(排气量,下同)、气缸容量在1000毫升—2200毫升的(含1000毫升)税率为5%、气缸容量1000毫升以下的税率为3%;越野车(四轮驱动)气缸容量在2400毫升以上的(含2400毫升)税率为5%、气缸容量在2400毫升以下的税率为3%;小客车(面包车)(22座以下)气缸容量在2000毫升以上的(含2000毫升)税率为5%、气缸容量在2000毫升以下的税率为3%。

在中华人民共和国境内提供应税劳务、转让无形资产或者销售不动产的公司,应当缴纳营业税,营业税税目共九类,其税率也各有不同。第一类、交通运输业,包括陆路运输、水路运输、航空运输、管道运输、装卸搬运,税率为3%;第二类、建筑业,包括建筑、安装、修缮、装饰及其他工程作业,税率为3%;第三类、金融保险业,税率为5%;第四类、邮电通信业,税率为3%;第五类、文化体育业税率为3%;第六类、娱乐业,包括歌厅、舞厅、卡拉OK歌舞厅、音乐茶座、台球、高尔夫球、保龄球、游艺,税率为5%~20%;第七类、服务业,包括代理业、旅店业、饮食业、旅游业、仓储业、租赁业、广告业及其他服务业,税率为5%;第八类、转让无形资产包括转让土地使用权、专利权、非专利技术、商标权、著作权、商誉,税率为5%;第九类、销售不动产,包括销售建筑物及其他土地附着物,税率为5%。

中华人民共和国境内的公司,应当就其生产、经营所得和其他所得缴纳企业所得税,公司的生产、经营所得和其他所得,包括来源于中国境内、境外的所得。公司应纳税额,按应纳税所得额计算,税率为33%。公司的收入总额包括生产、经营收入;财产转让收入;利息收入;租赁收入;特许权使用费收入;股息收入;其他应税收入。

(5) 依法保障职工的权利和合法利益的义务

公司必须保障职工的权利和合法利益,加强劳动保护,实施安全生产;公司应当为本公司工会提供必要的活动条件;公司要采用多种形式,加强公司职工的职业教育和岗位培训,提高职工素质。

(6) 清算的义务

公司在终止前必须进行清算,公司清算是指对被解散和宣告破产的公司了结其一切法律关系并依法分配公司财产的过程。公司清算应由依法成立的清算组来进行。清算组的职权是清理公司财产,编制资产负债表、财产清单和清算方案,通知和公告债权人申报债权,清缴所欠税款,清理公司的债权债务并处理剩余财产,代表公司参与民事诉讼活动。股份有限公司的剩余财产按股东持有股份比例进行分配,有限责任公司的剩余财产按照股东的出资比例分配。财产分配结束后,由清算组制作清算报告,报股东会或主管机关确认,并报公司的登记机关,注销公司并公告公司终止。

(7) 法律、行政法规和公司章程规定的其他义务

八、公司纠纷及解决方法

1. 公司纠纷

公司纠纷是指公司法主体如股东、董事、职工,公司因不特定第三人侵犯自己的合法权益与不特定第三人产生的争议。常见的公司纠纷有:

侵权纠纷,是指公司法主体与不特定第三人因侵权行为发生的争议,如不特定第三人擅自侵犯公司法主体的合法权益,导致双方发生的纠纷;

合同纠纷,是指公司法主体与合同对方当事人因合同而引起的争议,如不同的公司主体间因合同争议导致双方发生的纠纷;

行政纠纷,是指公司法主体对有关行政管理机关所做出的决定不服而引起的争议,如对有关行政机关的处理决定不服而产生的纠纷。

2. 解决方法

解决公司纠纷的主要方法有协商、调解、行政处理、仲裁和民事诉讼五种。

协商是指双方当事人在公司纠纷发生后,在自愿互谅的基础上,按照有关法律的规定,通过直接的协商和谈判,自行达成和解协议,从而使纠纷得到解决的活动。

调解是指公司纠纷发生后,由双方当事人申请,由人民法院、仲裁机构或调解人从中协调,使双方当事人在自愿协商的基础上,互作让步,达成协议,从

而使纠纷得到解决的活动。

行政处理是指公司纠纷有关的当事人或者不特定第三人请求有关行政管理机关处理其公司纠纷或与公司有关的侵权等违法行为的活动。根据《公司法》和其他法律法规的规定,我国现阶段有关公司行政执法主体主要有:工商行政管理机关;国务院证券监督管理部门及其他行政主管部门。

仲裁是指公司纠纷双方当事人在自愿基础上达成协议,将纠纷提交仲裁机构审理,由仲裁机构做出对争议双方均有约束力的裁决的解决纠纷的制度。当事人可以根据仲裁裁决或调解书要求对方承担责任或履行义务,也可请求人民法院强制执行。

民事诉讼是指人民法院在公司纠纷双方当事人的参与下审理和解决公司纠纷案件的诉讼活动。当事人可以请求人民法院做出要求对方承担责任或履行义务的判决书或调解书,并可请求人民法院强制执行。有关由行政纠纷引起的行政诉讼,详见第七章行政法的内容。

第二节 经典案例

一、关于股东的有限责任的案例

经典案例:找不到庙可以找和尚吗?——某丝绸厂诉某贸易公司等合同纠纷案

案情事实:某年某月,某贸易公司等11家企业共同发起设立某服装有限公司,公司成立后即对外开展业务,主要从事成衣的制造和销售。后某服装有限公司与某丝绸厂签订了一份丝绸购销合同,约定某丝绸厂向服装有限公司供应白色丝绸料,货到后3个月支付货款。合同签订后,某丝绸厂按照合同约定将货物运到服装有限公司原料仓库,并在3个月后要求服装有限公司支付货款。而某服装有限公司自成立以来,由于管理不善等原因长期处于亏损状态,已拖欠多笔大额债务而无力偿付。于是,某丝绸厂以某贸易公司等11家企业为被告向人民法院起诉,要求支付货款。

法院判决:驳回原告某丝绸厂的诉讼请求。

案例精点:公司法规定有限责任公司,股东以其出资额为限对公司承担责任,公司以其全部资产对公司的债务承担责任;股份有限公司,股东以其所持股份为限对公司承担责任,公司以其全部资产对公司的债务承担责任。可见,公司独立承担民事责任,股东不对公司的债务直接承担责任。本案中,某服装有限公司由某贸易公司等11家企业发起设立,11家企业的出资形成某服装有限公司的独立财产,该公司应以其独立财产对某丝绸厂的债务独立承担责任,而该公司的股东并非此债权债务的当事人，不应承担清偿债务的责任。

二、关于子公司和分公司法律责任的案例

经典案例：找不到本人可以找其兄弟吗？——远壮公司诉兴鹏公司合同纠纷案

案件事实： 兴鹏公司是新加坡私人企业，某年1月，兴鹏公司依法在北京设立了新加坡兴鹏公司北京办事处，同时在深圳设立独资企业兴达有限公司。同年8月，兴鹏公司北京办事处和兴达有限公司分别与远壮公司签订了体育保健品买卖合同，其中，兴达有限公司收到远壮公司的供货后，便按约给付了全部货款；而兴鹏公司北京办事处因资金周转困难，未支付全部货款。后来，远壮公司多次索款，均未能如愿。于是，远壮公司向法院起诉，要求兴鹏公司北京办事处偿还所欠债务，并要求兴达有限公司承担连带责任。

法院判决： 被告兴鹏公司在判决生效后十日内向原告远壮公司支付所欠货款，驳回原告远壮公司对被告兴达有限公司的诉讼请求。

案例精点： 公司法规定，公司可以设立分公司，分公司不具有企业法人资格，其民事责任由公司承担；公司可以设立子公司，子公司具有企业法人资格，依法独立承担民事责任；依照外国法律在中国境外登记成立的外国公司可以在中国境内设立分支机构，从事生产经营活动，外国公司属于外国法人，其在中国境内设立的分支机构不具有中国法人资格，外国公司对其分支机构在中国境内进行经营活动承担民事责任。本案中，兴鹏公司北京办事处作为外国公司的分支机构，不能独立承担民事责任，应由其总公司兴鹏公司承担民事责任，并可以兴鹏公司北京办事处的财产清偿债务，但远壮公司不能要求兴达有限公司承担连带责任，因为在深圳设立的兴达有限公司，虽然是兴鹏公司的子公司，但属于外资公司中的外商独资企业，是独立的企业法人，不能以其资产为其股东清偿债务。

三、关于公司名称权的案例

经典案例：法定代表人可以任意使用公司的名称吗？——某市取暖设备厂诉周某某、某市电信局侵害名称权纠纷案

案情事实： 周某某原是某市取暖设备厂的股东、厂长，后离开取暖设备厂自行生产锅炉。第二年，市电信局准备出版新版电话号簿，向周某某核实取暖设备厂的产品广告内容有无变化。周某某在取暖设备厂不知情的情况下，以取暖设备厂的名义将原广告中的联系电话变成自己生产锅炉的企业电话。市电信局用电话进行核实后，在新版电话号簿上进行了修改，导致此

后某市取暖设备厂销售量明显下降。某市取暖设备厂获悉后,起诉到人民法院。

法院判决:被告周某某立即停止对原告取暖设备厂名称权的侵害;被告周某某赔偿原告取暖设备厂经济损失。

案例精点:民法通则规定,公司依法享有名称权,盗用、假冒他人名称造成损害的,应当认定为侵犯名称权。本案中,某市取暖设备厂是原告取暖设备厂经登记注册的企业名称,依法应当受到保护,任何单位和个人未经取暖设备厂的许可,不得使用该名称。被告周某某虽然曾任原告取暖设备厂的法定代表人,但在未经取暖设备厂许可的情况下,擅自将取暖设备厂名下的电话或传呼号码改为自己的或者能为自己使用的电话号码、传呼号码,以便获取取暖设备厂名下的业务信息,侵犯了取暖设备厂使用自己名称的权利。取暖设备厂要求周某某承担侵权的民事责任,是合法的,应当支持。需要注意的是,在现实生活中,许多人将法定代表人和法人混为一谈,以为两者含义一样,实际上,法定代表人是自然人,而法人是单位,两者在法律上是完全不同的两个概念。

四、关于公司经营范围的案例

经典案例:公司可以超越经营范围吗?——保丽板厂诉某灯具公司合同纠纷案

案情事实:某灯具公司登记核准的经营范围是:生产、销售特种灯具。某年8月,灯具公司得知某物资公司有一批三合板待销,同时又得知某保丽板厂急需三合板。灯具公司于是与物资公司签订了一份购进三合板的购销合同。同时,灯具公司又与保丽板厂签订了一份三合板购销合同。合同订立后,保丽板厂的货款以汇票形式到位。但在灯具公司到物资公司看货时,方知物资公司无货可供,遂通知保丽板厂退还其货款。保丽板厂遂要求某灯具公司赔偿相应的经济损失。

法院判决:原告保丽板厂与被告某灯具公司所签合同无效,被告灯具公司在判决生效后7日内返还原告保丽板厂货款并赔偿利息及相应经济损失。

案例精点:公司法规定,公司应当在登记的经营范围内从事经营活动;合同法规定,违反法律规定签订的合同为无效合同,合同被确认无效后,当事人应依据该合同所取得的财产,返还给对方,有过错的一方应当赔偿对方因此所受的损失。本案中,灯具公司超越经营范围与保丽板厂订立的三合板购销合同,是无效合同。灯具公司明知其无三合板经营权而与他人签订合同,应承担返还货款,赔偿对方的经济损失的责任。需要注意的是,合同无效自始无效,不适用违约责任条款。

五、关于股东的经营决策权的案例

经典案例：股东的权利不容侵犯！——甲公司诉王某侵犯经营决策权纠纷案

案情事实：某年某月，甲公司和王某经协商决定共同投资成立乙公司，双方为此制订了公司章程。公司注册资本100万元，其中甲公司的出资额为90万元，王某的出资额为10万元，同年6月，乙公司被核准注册设立，由王某任乙公司董事长。9月甲公司法定代表人陈某与王某就乙公司有关变更事项进行洽谈，签署《会议协议》，双方同意甲公司让出乙公司的出资；乙公司更名，由王某办理具体手续；由王某保管乙公司公章等，王某保证在甲公司转让出资和乙公司更名办妥前不以乙公司的名义进行任何商事及相关活动。12月，王某未经股东会通过，擅自修改了乙公司章程，并据此向工商局办理了变更登记。甲公司于是起诉王某侵犯其经营决策权。

法院判决：被告王某侵犯原告甲公司的经营决策权成立。

案例精点：公司法规定，有限责任公司股东会由全体股东组成，股东会是公司的权力机构，决定公司的经营方针和投资计划；公司可以修改章程，修改公司章程的决议，必须经代表三分之二以上表决权的股东通过；董事会执行股东会的决议。本案中，甲公司参与制订公司章程，在公司章程上签名盖章，并实际履行了出资的义务，是公司股东之一，享有作为乙公司股东的一切权利，当然包括经营决策权，其和王某签订的《会议协议》是双方关于乙公司重大事项的决定，应视为股东会决议，王某作为公司董事长，应该对全体股东负责，切实履行其职责，保证该协议的执行。王某不按协议行使职权，超越权限修改公司章程，其侵权行为成立，应该承担过错责任。

六、关于侵犯董事权利的案例

经典案例：董事可以随意任免吗？——李某诉某股份有限公司违法解除董事职务案

案情事实：某股份公司章程规定董事任期每届3年，连选可以连任，李某为该公司的董事，张某为该公司的股东。由于对公司的经营方针不满，张某向李某提出意见，要求改变公司的经营方针，按他的意见制订。李某认为公司的经营方针已由股东大会通过，他无权更改，拒绝了张某的意见。后来，张某与公司其他一些股东以李某不懂经营为由，提议解除李某董事之职。后股东大会通过了该提议，做出了解除李某董事之职的决议。于是，李某起诉到人民法院,要求确认解除其董事职务的决议无效。

法院判决:某股份公司解除李某董事职务的决议无效。

案例精点:公司法规定,股份有限公司的董事任期由公司章程规定,但每届任期不得超过三年。董事任期届满,连选可以连任,董事在任期届满前,股东大会不得无故解除其职务。本案中,李某作为某股份有限公司的董事,按照该公司章程董事每届任期为3年的规定,在任期尚未届满的情况下,根据本案事实,李某既未违反法律、法规或者公司章程的规定,也没有被发现在业务来往中曾给公司造成损失,不能被无故解除职务。至于张某等股东以李某不懂经营作为解除其董事之职的理由,并无证据,不足以构成解除李某董事之职的理由。该股份公司股东大会所做出的关于解除李某董事职务的决议,违反了公司法的规定,所以是无效的。

七、关于竞业禁止义务的案例

经典案例:公司董事的兼职有限制吗?——某市农用机械股份有限公司诉王某、刘某违反竞业禁止义务案

案情事实:王某和刘某均为某市农用机械股份有限公司的董事。某年7月,王某、刘某又与其所任职公司以外的陈某、李某合伙开办一个农机厂,从事小型手扶拖拉机的生产,其产品与某市农用机械股份有限公司的产品相同。第二年,农用机械股份有限公司发现了王某和刘某的这一行为。经股东大会表决,公司决定罢免王某、刘某二人的董事职务。同时,某公司还要求王某和刘某将其与他人合伙经营农机厂期间所得的收入上交公司,二人拒绝,于是起诉到法院。

法院判决:被告王某和刘某将其与他人合伙经营农机厂期间所得的收入上交原告公司某市农用机械股份有限公司。

案例精点:公司法规定,董事、监事、经理应当遵守公司章程,忠实履行职务,维护公司利益,不得利用在公司的地位和职权为自己谋取私利;董事、经理不得自营或者为他人经营与其所任职公司同类的营业或者从事损害本公司利益的活动。从事上述营业或者活动的,所得收入应当归公司所有。本案中,王某和刘某作为某市农用机械股份有限公司的董事,即负有上述法定的义务。但二人又与他人合伙经营与其所属公司同类的营业,且在性质上也是营利的。二人的行为显然违反了关于竞业禁止的规定,应承担由此产生的法律后果。如果二人的竞业行为使公司遭受实际利益损失,那么公司还可要求他们进行赔偿。

八、关于发起人责任的案例

经典案例：发起人也只承担有限责任吗？——某装饰公司诉某房地产开发有限公司等七家企业赔偿纠纷案

案情事实：某年9月，某房地产开发有限公司与其余六家国内企业共同筹划建立某开发股份有限公司。股本总额确定为1200万元，七家发起企业认购其中500万元的股份，其余700万元向社会公开募集股份。由于发起人作为投资的厂房需要装修，因此，由发起人共同协商成立的某开发股份有限公司筹建处向某装饰公司洽购一批装饰材料，货款总计人民币70万元。双方商定：某开发股份有限公司一经成立即向装饰公司一次性付清全部货款。一周后，装饰公司按约将货物运至筹建处指定的仓库。筹建处即将该批装饰材料及办公用品投入厂房的装修。在各项准备工作均已完成的情况下，经国务院证券部门批准，某房地产开发有限公司等七家发起企业在当地报纸上发布招股说明书，进行公开募集。但4个月募集期限已过，仅募集到600万元，公司无法成立。某装饰公司要求某房地产开发有限公司等七家发起企业偿付装饰材料及办公用品货款70万元，七家企业以种种理由相互推脱，拒付货款，于是，某装饰公司诉至人民法院。

法院判决：被告某房地产开发有限公司等七家发起企业于判决生效后十日内向原告某装饰公司偿付装饰材料及办公用品货款70万元，并共同承担连带责任。

案例精点：公司法规定，发行的股份超过招股说明书规定的截止期限尚未募足的，认股人可以按照所缴股款并加算银行同期存款利息，要求发起人返还；公司不能成立时，股份有限公司的发起人应当对设立行为所产生的债务和费用负连带责任。在本案中，某房地产开发有限公司等七家发起企业虽然依法完成了一系列设立行为，但由于出现募股期限届满而股份尚未募足的法定事由，致使发起人的设立行为至此终止，而无法完成设立程序，公司自然不能成立。某开发股份有限公司筹建处因厂房装修而与某装饰公司订立购销合同所欠的债务即属于因公司设立行为而产生的债务，在公司不能成立时，七家发起企业应对某装饰公司的70万元货款承担连带的偿付责任。

九、关于公司债务的案例

经典案例：企业分立后的债务谁承担？——某汽车改装厂诉金属材料公司、机电设备公司、化工轻工公司支付货款纠纷案

案情事实：某汽车改装厂与某金属机电化工公司一直存在汽车购销合同关系，到某年某月某金属机电化工公司分立时，金属机电化工尚欠汽车改装厂

款项 24 万元。某金属机电化工公司分立成金属材料公司、机电设备公司、化工轻工公司时,原公司注销,其某汽车改装厂的债务被主管部门指定由机电设备公司偿付,该公司对此有意见,长期拖欠该款。某汽车改装厂于是起诉到人民法院,请求人民法院判决金属材料公司、机电设备公司、化工轻工公司承担连带清偿货款及迟延利息的责任。

法院判决: 被告机电设备公司、金属材料公司、化工轻工公司自判决生效后七日内向原告某汽车改装厂支付货款及迟延利息,三被告承担连带责任。

案例精点: 公司法规定,公司分立,其财产作相应的分割。公司分立时,应当编制资产负债表及财产清单。公司应当自做出分立决议之日起十日内通知债权人,并于三十日内在报纸上至少公告三次。债权人自接到通知书之日起三十日内,未接到通知书的自第一次公告之日起九十日内,有权要求公司清偿债务或者提供相应的担保。不清偿债务或者不提供相应的担保的,公司不得分立。公司分立前的债务按所达成的协议由分立后的公司承担。本案中,某金属机电化工公司分立之后,虽然由其主管部门指定机电公司清偿某汽车改装厂债务,但由于机电公司并未依协议自觉还款,所以,在金属材料公司、机电设备公司、化工轻工公司对债务承担有异议的情况下,某汽车改装厂可以根据合同法"当事人订立合同后分立的,除债权人和债务人另有约定的以外,由分立的法人或者其他经济组织对合同的权利和义务享有连带债权,承担连带债务"的规定,请求人民法院判决三被告承担连带清偿货款及迟延利息的责任。

十、关于破产清算的案例

经典案例: 破产清算中债务可以提前清偿吗?——某贸易公司诉黄某、李某、张某、陈某、吴某赔偿损失纠纷案

案情事实: 某工贸公司由于市场情况发生重大变化,由股东大会做出决议解散,并选任公司董事陈某、吴某、李某、黄某和张某五人组成清算组。清算组成立后 10 日将公司解散及清算事项分别通知了公司债权人并在报纸上进行了公告。某工贸公司决定解散而开始清算时,尚欠某贸易公司货款 58 万元,但合同约定的付款期限需 6 个月后方到期。某贸易公司在某工贸公司的通知期限内申报了债权。对此,清算组成员发生意见分歧,陈某、吴某主张:虽然欠款尚未到期,但由于公司已解散并进入清算程序,为使某贸易公司利益免受损失,应进行清偿。黄某、李某和张某则主张:贸易公司由于所欠贸易公司货款 6 个月后才到偿还期,因此无义务提前清偿。根据多数人意见,清算组决定不将未到期货款列入清算方案中清偿。4 个月后某工贸公司清算终结,办理了公司注销登记,某贸易公司于是要求清算组成员黄某、李某、张某、陈某、吴某赔偿损失。

法院判决：被告黄某、李某、张某向原告某贸易公司赔偿损失并承担连带责任，驳回原告某贸易公司对被告陈某、吴某的诉讼请求。

案例精点：公司法规定，清算组在清算期间行使下列职权：清理公司财产，分别编制资产负债表和财产清单；通知或者公告债权人；处理与清算有关的公司未了结的业务。未了结的业务，当然也包括未到期债务。清算组成员应当忠于职守，依法履行清算义务；清算组成员因故意或者重大过失给债权人造成损失的，应当承担赔偿责任。本案中，某贸易公司在某工贸公司解散清算过程中，按照通知的期限依法申报了债权，清算组本应进行债权登记，并列入清偿范围，然而，清算组成员黄某、李某、张某以债权未届清偿期为由不对某贸易公司债权进行登记并清偿，致使某贸易公司的货款因某工贸公司被解散注销而无法受偿，造成重大损失。所以某贸易公司可以请求人民法院判令清算组成员黄某、李某、张某承担赔偿损失并承担连带责任。但本案中清算组成员吴某和陈某对损害债权人利益的决定，曾经明确表示异议，不存在过错，所以不必承担赔偿责任。

第三节 实务模拟

一、实务模拟目标

某公司诉北京某食品公司欠款纠纷案原告实务模拟

二、案情背景

2001年3月起，某公司为北京某食品公司供应食品原料，至2001年10月，某食品公司欠款已达10万元。在某公司催款过程中，发现某食品公司实际上已处于停业状态。某公司通过努力，终于找到以下材料。

三、有关文件

1. 欠条

欠 条

经结算，北京某食品公司共欠某公司原料款拾万元整，计人民币100,000元。

特立此条。

北京某食品公司（盖章）
陆乙（签字）
2001年10月18日

2. 北京某食品公司章程

<h3 style="text-align:center">北京某食品有限公司章程（节选）</h3>

为适应社会主义市场经济的要求,发展生产力,依据《中华人民共和国公司法》及有关法律、法规的规定,由高某、陆乙、陆丙三人共同出资,设立北京某食品有限公司,特制定本章程。

……

第三章　公司注册资本

第四条　公司注册资本 50 万元人民币。

……

第四章　股东的姓名、出资方式、出资额

第五条　股东的姓名、出资方式及出资额如下：

姓名　高某　现金 0.9 万元　实物 19.1 万元

姓名　陆乙　现金 0.85 万元　实物 14.15 万元

姓名　陆丙　现金 0.95 万元　实物 15.05 万元

以上三人以合股方式共同出资 50 万元人民币做为设立公司的注册资本。

3. 北京某食品公司法定代表人身份证明

<h3 style="text-align:center">身份证明</h3>

高某,女,1954 年出生,大专学历,身份证号＊＊＊＊＊＊＊＊＊＊＊＊＊＊＊＊＊,电话＊＊＊＊＊＊＊＊＊,住北京市东城区某胡同某号。系北京某食品公司法定代表人。

特此证明

某工商行政管理局（盖章）
2001 年 11 月 30 日

4. 债权债务协议

<h3 style="text-align:center">债权债务协议</h3>

高某、陆乙系夫妻,陆乙、陆丙兄弟二人决定设立北京某食品公司,现对公司成立后的债权债务协议如下：

1. 陆乙承担公司 60% 的债权债务；

2. 陆丙承担公司 40% 的债权债务；
3. 高某不承担公司的债权债务。

以上协议自公司成立之日起生效。

     陆乙（签字）   陆丙（签字）

              1997 年 10 月 14 日

5. 保证书

保 证 书

  我陆甲是陆乙的哥哥，住在通州区某街某号。我承认陆乙因公司经营不善，已拖欠某公司原材料贷款 10 万元。经协商，我同意在一个星期内支付某公司欠款 2 万元，并保证陆乙在三个月内付清剩余欠款 8 万元。如陆乙不能按期偿还，我愿意代替陆乙还债。条件是某公司在三个月内不能找陆乙的麻烦。

                 陆甲（签字）
                2001 年 11 月 30 日

四、实务模拟题

请你为某公司选择被告，并书写民事起诉状。

第三章 合同法

第一节 合同法概述

一、合同法及其立法宗旨

合同法是指由国家权力机关制定的调整平等民事主体之间的合同关系的法律规范,狭义的合同法仅指《中华人民共和国合同法》。

合同法是调整市场经济关系的最基本的法律,主要任务就是规范交易过程,维护交易秩序,实现资源的优化配置,通过合同将产供销合理地联系起来。合同法的立法宗旨主要是保护合同当事人的合法权益,维护正常的社会经济秩序,发展社会主义市场经济,促进社会主义现代化建设。

二、合同与合同订立

1. 合同

(1) 合同的概念

合同是作为平等主体的双方当事人(包括自然人、法人和其他经济组织)为实现一定的经济和民事目的,明确相互权利义务关系的协议。也就是说,合同法所称的合同,仅指狭义的合同,即民法上的债权合同。具有身份关系的协议,不属于合同法上的合同,不受合同法调整。

(2) 合同的特点

合同的特点是:①合同双方或多方当事人之间的协议,即一个合同的主体必须是两个或两个以上,一个主体不能订立合同。②合同当事人的法律地位平等,即合同关系中的主体必须是平等的主体,非平等主体之间形成的协议不属于合同法上的合同,不受合同法的调整。需要注意的是,根据其他法律不平等的主体,也可以成为合同法上的平等主体,如某市经贸委和下属的某县经贸委,虽然在行政法律关系中的地位是不平等的,但如果双方之间形成了买卖关系,就可以成为合同法上的平等主体。③合同以设立、变更、终止当事人之间的权利和义务为目的,即合同的各方当事人签订合同的目的是为了产生一定的法律后果,例如,签订买卖合同的买方当事人之所以签订合同,是为了取得货物,而卖方当事人则是为了获得货币。

(3) 合同的内容

合同的内容是指合同的各项条款,即据以确定合同当事人权利、义务和责任的条文内容。合同的条款包括主要条款和普通条款。本章介绍的是一般合同,有关涉外合同的内容,详见第六章涉外商务法律的内容。

①合同的主要条款

合同的主要条款是指影响合同成立的条款,合同的主要条款有：

双方当事人的姓名和名称。合同当事人的姓名和住所或名称和场所,应该首先列入合同条款,自然人的姓名应该与身份证上的一致,单位的名称必须与公章和工商登记上的名称一致。如是涉外合同,还需注明双方当事人的国籍。否则,如果产生合同争议,就可能因为主体不明确或者主体错误无法主张权利。

标的。合同的标的是合同法律关系的客体,是指合同当事人的权利和义务指向的对象,这一条款是任何合同都不可缺少的条款。合同的标的物可以是货物、货币、行为、智力成果和工程项目等,但法律禁止的行为或禁止转让物不得作为合同的标的,限制流通物一般也不得作为合同的标的。

数量和质量。数量和质量是确定标的的主要条件。数量是以数字和计量单位来衡量标的的尺度,在大宗交易的合同中,一般还规定损耗的幅度和正负尾差。质量是标的的内在素质和外观形态的综合,包括标的的名称、品种、规格、等级、技术要求等,一般而言,有质量标准的,按质量标准进行约定;没有质量标准的,可以凭样品标准或实用无危害标准来规定质量条款。

价款或酬金。价款和酬金是指取得标的物或接受劳务的一方当事人所支付的代价,这是有偿合同的必备条款,而对于无偿合同,价款和酬金条款连普通条款也算不上,一般而言,以物为标的的合同如买卖合同中的对价称为价款,以劳务和工作成果为标的的合同如保管合同中的对价称为酬金。

合同的履行期限、地点和方式。合同的履行期限是指享有权利一方要求对方履行义务的时间范围;合同履行的地点是指合同当事人履行和接受履行规定合同义务的地点,如货物的发送地或送达地;合同履行的方式是指当事人采取什么办法来履行合同规定的义务,如我们常见的一次付款和分期付款就是两种不同的履行方式。这一条款必须确切,现实生活中的许多合同争议与这一条款的不确切有关。

②合同的普通条款

合同的普通条款是指合同主要条款以外的不影响合同成立的条款,实践中往往由当事人协商确定。合同的普通条款有：

违约责任条款。违约责任条款是指约定违反合同义务时应承担的法律责任的合同条款。在合同中明确违约责任的规定,有利于督促当事人自觉履行合同,也有利于发生纠纷时确定违反合同的当事人应承担的责任。但违约责任不以合同约定为条件,即使未约定违约条款,只要一方违约,且造成损失,就要承担违约责任。

争议解决条款。争议解决条款是指约定纠纷发生以后以何种方式解决当事人之间纠纷的合同条款,一般指约定仲裁或诉讼。但合同中未约定这一条款也不影响合同的效力,即使未约定这一条款,当事人在发生合同争议后,也可以采取相应的解决方式。

一般来说,只要合同当事人就合同的主要条款达成一致,即使缺乏普通条款的约定,合同也可以依法成立。

③合同的格式条款

在实践中,往往存在着格式条款。合同的格式条款是指由一方当事人预先制定的,并由不特定的第三人接受的具有完整性的合同条款,这些格式条款既可以是合同的主要条款,也可以是合同的普通条款。例如在现实生活中,一般的房屋买卖合同的固定条款,如合同标的、合同价格等,有些寄存处规定寄存物品丢失只退还寄存费用的内容,这些规定都属于格式条款。由于制定格式条款的一方往往处于优势地位或强势地位,合同条款容易不公平,所以国家往往对格式条款的内容作了限制。如合同法规定,采用格式条款订立合同的,提供格式条款的一方应当遵循公平原则确定当事人之间的权利和义务,并采取合理的方式提请对方注意免除或者限制其责任的条款,按照对方的要求,对该条款予以说明。格式条款如有提供格式条款一方免除其责任、加重对方责任、排除对方主要权利的,该条款无效。

附:买卖合同格式

买方:

卖方:

买方与卖方就下列物品的买卖协商协议一致,订立以下条款共同遵守。

1. 产品名称、商标、型号、厂家、数量、金额、供货时间及数量。

产品名称	牌号商标	规格型号	生产厂家	计量单位	数量	单价	合计	备注
合计金额:								

2. 质量要求、技术标准:_____。

3. 交货时间、地点、方式:_____。

4. 运输方式及费用负担:_____。

5. 合理损耗及计算方法：_____。
6. 包装标准、包装物的供应及回收：_____。
7. 验收标准、方法及提出异议期限：_____。
8. 随机备品、配件、工具数量及供应方法：_____。
9. 结算方式及期限：_____。
10. 产品的保修期及售后服务：_____。
11. 违约责任：_____。
12. 解决合同纠纷的方式：**本合同在履行过程中发生争议，由当事人双方协商解决。协商不成，当事人双方同意由某仲裁委员会仲裁解决。**
13. 其他约定事项。

买方	卖方
单位名称（章）	单位名称（章）
单位地址：	单位地址：
法定代表人：	法定代表人：
委托代理人：	委托代理人：
电话：	电话：
电报挂号：	电报挂号：
开户银行：	开户银行：
账号：	账号：
邮政编码	邮政编码

有效期限：　年　月　日至　年　月　日

(4) 合同的分类

根据不同的标准，可以对合同进行不同的分类。

①根据合同的成立是否以交付标的物为要件，合同可分为诺成性合同和实践性合同。诺成性合同是指双方当事人就合同的主要条款达成一致意见即告成立的合同，如动产买卖合同。实践性合同是指在交付标的物前不发生效力的合同，如借用合同，只有在出借人将借用物体交付借用人时，合同才成立。

②根据合同成立是否需要特定的形式，将合同分为要式合同和不要式合同。要式合同是指缺乏形式要件就不能成立和生效的合同，如不动产转让合同，必须采用书面形式合同才能成立；不要式合同是指法律没有特别规定而当事人也没有特别约定采用特殊形式的合同，即合同形式不影响合同的成立及效力的合同，如一般的动产买卖合同。

③根据双方当事人的权利和义务的分担方式，合同分为双务合同和单务

合同。双务合同是指合同当事人双方互相享有权利、相互承担义务的合同,如买卖合同。单务合同是指合同一方当事人只享有权利而不承担义务,而另一方当事人只承担义务而不享有权利的合同,如借用合同。

④根据双方当事人取得权利有无代价,可将合同分为有偿合同和无偿合同。有偿合同是指一方当事人享有合同规定的权益,需向对方当事人偿付相应代价的合同,如买卖合同。无偿合同是指一方当事人只享有权益而不必向对方当事人偿付相应的代价的合同,如赠与合同。

⑤根据两个合同之间的主从关系,合同分为主合同与从合同。主合同是指不依赖于他合同而独立存在的合同,从合同是指以他合同的存在为前提的合同。如为担保借款而订立抵押合同,则借款合同为主合同,抵押合同为从合同。

(5) 合同的形式

根据我国法律的规定,我国合同有以下三种形式:

①书面形式。包括合同书、信件和用数据电文如电报、电传、传真、电子数据交换和电子邮件等有形地表现所载内容的形式。一般的合同都采用书面形式,法律、行政法规规定采用书面形式的,应当采用书面形式。当事人约定采用书面形式的,应当采用书面形式。法律、行政法规规定应当办理批准、登记等手续生效的,依照其规定。

②口头形式。即时履行的合同可以采用口头形式,但采用口头形式并不意味着不能产生任何文字的凭证,如商店的购物小票等,这种小票只能视为合同成立的证明,而不是合同本身。

③其他形式。由于合同法没有明确规定,目前也没有相应的司法解释,不同的学者对此有不同的理解,我们认为主要是指推定行为形式,如甲方送货上门、乙方直接付钱也可以成为合同的形式,但这种合同形式只适用于交易习惯许可时,而不能普遍适用。

需要注意的是,由于电子商务的迅猛发展,新型的交易方式、商业模式应运而生,传统的商务活动可以通过网络来进行,出现了以电子数据交换、电子邮件等能够完全准确地反映双方当事人意思表示一致的电子信息的形式。通过计算机互联网订立的商品、服务交易合同,即电子商务合同。按照我国合同法的规定,电子商务合同属于书面形式的合同。由于电子商务合同的特殊性,合同法规定,当事人采用信件、数据电文等形式订立合同的,可以在合同成立之前要求签订确认书,签订确认书时,合同成立。

2. 合同的订立

(1) 合同订立的原则

首先是合法的原则,即当事人订立合同不得违反国家法律和政策的规定,不得侵犯国家和社会公共利益和第三人的合法权益,这种合法不仅包括合同内容的合法,也包括合同的主体合法,还包括签订合同的程序合法;其次是平等自愿、协商一致的原则,即任何一方当事人不得利用优势地位强迫对方当事人签订合同。

(2) 合同订立的条件

一是需有两个或两个以上的当事人,且当事人以一定的形式表达出设立、变更、终止、权利义务关系的愿望;二是合同的标的需要确定、可能,如具体的某一批货物、能实际使用或获得,而月球不能成为合同的标的;三是当事人的意思表示需一致,即合同当事人达成订立合同的真实合意,构成重大误解和显失公平的合同就不是真实的意思表示。

三、合同当事人的权利与义务

1. 合同当事人的权利

合同当事人的主要权利有:

(1) 订立合同的权利

订立合同的权利是指当事人有权订立合同,包括发出要约的权利和做出承诺的权利。

要约是一方当事人向另一方当事人发出的订立合同的意思表示,发出要约的一方为要约人,另一方是受要约人。作为一种意思表示,可以书面形式做出,如信函、电报、电传、传真、电子邮件等,也可以用对话形式做出,如大街上的吆喝,还可以采取直接的行为做出,如送货上门。要约的内容必须包括足以决定合同成立的主要条款,如价格条款、标的物条款、质量条款等,即只要受要约人做出完全同意的意思表示,合同就能成立。

承诺是受要约人向要约人做出的对要约完全同意的意思表示。承诺须与要约的内容保持一致,如果承诺对要约内容进行实质性变更的,便不构成承诺,而视为一项新要约或反要约。所谓实质性变更是指有关合同标的、数量、价款等合同主要条款的变更。承诺的形式一般要与要约的形式相同,并且必须以明示的方式做出。承诺自到达要约人时起生效,在承诺到达要约人之前,也可以撤销承诺,迟到的承诺被视为一项反要约或新的要约。

一项合同经过要约和承诺,就可以依法成立。合同成立的方式主要有:①协议成立。绝大多数合同,只要合同当事人就合同的主要条款达成一致,合同即成立,例如一般的书面合同,都是从双方签字盖章起成立,但电子商务合同的成立时间为承诺的到达时间,即承诺的数据电文进入收件人的指定系统的时间。②确认成立。一些特殊的合同,如通过数据电文方式签订的合同,包括信件、电报、电传、电子邮件、电子数据交往等方式订立的合同,如果一方要求签订确认书的,只有签订了确认书,合同才成立。(3)批准成立。即法律或行政法规规定由国家批准或登记的合同,只有经过国家有关机关批准或登记,合同才成立。

(2) 履行和要求对方履行已经成立的合同的权利

合同依法成立后,当事人不但有权履行合同,还有权要求对方履行合同约定的义务,如果对方不履行合同义务,合同当事人可以追究对方的违约责任。

①违约责任

违约责任又称违反合同的责任,是指合同当事人一方或双方不履行或不完全履行合同应依法承担的相应的民事责任。违约责任的构成条件包括:

有违约行为。即有不履行合同和不完全履行合同的行为的存在,这种不履行既包括不履行合同约定的义务,也包括不履行法律直接规定的义务。例如,开发商出售的房子,无论合同是否有约定,必须有门,否则,就是违约行为。

有损害事实。这种损害事实既包括直接损失,也包括间接损失。所谓间接损失是指当事人可以预期的损失,当事人不能预期的损失不属于间接损失。例如,开发商建筑的房子,原料和人工费就是直接损失,正常出售可以获取的利润就是间接损失,但如果开发商说房子的利润又可以盖房子,又可以带来利润,这就不属于间接损失了。

违约行为与损害事实间有因果关系。也就是说,损害事实应当是违约行为造成的,如果损害事实不是由于违约行为造成的,则不存在承担违约责任的问题,如果开发商出售的房子被第三人损坏了,则开发商不承担违约责任。

②违约责任的补救措施

违约补救措施主要有:

支付违约金。违约金是指由法律或合同规定的,当一方当事人因过错不能履行或不能完全履行合同时,应向对方支付一定数额的货币。违约金是我国合同违约责任中最常见的一种责任形式,应该相当于违约造成的损失,约定的违约金过分高于或低于造成的损失的,当事人可以请求人民法院或仲裁机构予以适当减少或增加。

支付赔偿金。赔偿金是当事人因过错违约给对方造成损失,在没有规定违约金或违约金不足弥补损失时,支付给对方当事人的补偿费。支付赔偿金的条件是:合同当事人一方有违约行为,且主观上有不履行合同或不完全履行合同的故意或过失;合同当事人另一方有违约损失;合同中没有约定违约金,也没有约定损害赔偿的计算方法。支付赔偿金的范围,应相当于另一方因此受到的损失,包括直接损失和间接损失,对于因对方违约而受到损失的一方没有及时采取防止损失扩大的适当措施致使损失扩大的,无权就扩大的损失要求支付赔偿金。需要注意的是,经营者对消费者提供商品或服务有欺诈行为的,不适用合同法支付赔偿金的规定,而应当按照消费者权益保护法双倍返还的规定赔偿损失。

继续履行合同。违约方已支付违约金或赔偿金的,并不免除其继续履行合同的义务,非违约方有权要求违约方继续履行合同义务。合同法规定,一方不履行非金钱债务或履行非金钱债务不符合约定的,对方可以请求强制继续履行。但是,法律上或事实上不能履行的;债务标的不适于强制履行的或履行费用过高的,不适用强制继续履行。

支付迟延支付金额的利息。当事人一方未按期支付合同规定的应付金额或与合同有关的其他应付金额时,另一方有权要求支付金额的利息。

③违约责任的免除事由

在法律明文规定或当事人有特别约定的情况下,当事人对其不履行合同或迟延履行合同不承担违约责任。违反合同责任的免除事由有:

不可抗力。根据我国合同法的规定,因不可抗力原因致使合同不能履行或不能完全履行时,可免除当事人的责任。不可抗力是指当事人在订立合同时不能预见、对其发生及后果不能避免并不能克服的事件。不可抗力包括来自自然界和人类社会的事件和行为。因不可抗力而不能履行合同的全部或者部分义务的当事人一方,应当把它因不可抗力事件而不能履行合同的全部或者部分义务的情况及时通知另一方,以减轻可能给对方造成的损失;并且应当在合理的期间内提供有关机关出具的证明。

货物本身的自然性质、货物的合理损耗。由于货物本身的性质引起的减量、变质及货物的合理损耗,引起合同的不适当履行,有关合同当事人可免除责任。这种事由的合同当事人的免除主要发生在运输合同、仓储合同等合同中。

债权人的过错。由于债权人的过错导致合同的不履行或者不适当履行的,合同债务人有免除合同责任,如由于债权人的故意躲避导致合同债务人无法履行给付义务,则债务人不承担违约责任。

④违约责任和侵权责任的竞合

因当事人一方的违约行为,侵害了对方人身、财产权益的,受损害方有权要求其承担违约责任或者侵权责任。需要说明的是,对于因为合同行为同时造成的侵权责任和违约责任,当事人只能选择有利的一种请求权,而不能同时主张两种权利。例如,因购买的机器发生故障导致人身伤亡或财产损失的,既可以根据合同法追究违约责任,如要求支付违约金,进行损害赔偿等;也可以根据产品质量法追究侵权责任,如要求修理、重作、更换,赔偿损失等。

(3) 约定履行合同的担保的权利

合同法规定的担保有：

定金。定金是指签订合同的一方当事人，为了证明合同的成立和保证合同的履行，按照合同约定先给付对方一定数量的货币。定金具有预先支付性和惩罚性，即：合同履行后，定金应收回或抵作价款；如果给付定金一方不履行合同时，无权要求返还定金；接受定金一方不履行合同时，应当双倍返还定金。现实生活中，常常有订金的提法，但订金不是一个法律概念，不具有定金的法律特征。

保证。保证是指合同当事人以外的第三人以自己的财产担保合同一方当事人履行义务的行为。保证合同一方当事人履行义务的人为保证人，被担保履行义务的人为被保证人。当被保证人不履行合同时，按照担保约定由保证人履行或者承担连带责任。

抵押。抵押是指合同义务方或者第三人向权利方提供财产作为抵押物，以保证义务人按期履行合同义务的行为，但抵押不能转移作为抵押财产的占有。当义务人不履行义务时，权利人有权将抵押物低价或变卖，并且优先于其他债权人受到补偿。不动产和交通工具等的抵押，抵押合同自有关主管机关登记之日起生效，换言之，拿不动产和交通工具作抵押，如果没有办理抵押登记手续，抵押合同没有法律效力。

质押。质押是指为了保证合同的履行，合同义务人或第三人将其动产或者权利移交权利人占有，当义务人不履行合同义务时，权利人有将其占有的财产优先受偿的权利。质押的标的是动产和权利凭证，并且需要转移质物的占有。在质押合同中，出质人和质权人不得约定在合同履行期届满、质权人未受清偿时，质物的所有权转为质权人所有。其中，汇票、本票、支票、债券、提单、仓单和存款单等的质押，自权利凭证交付之日起生效；以股份、股票出质的，自证券登记机构办理登记时起生效；以商标专用权、专利权、著作权中的财产权等知识产权出质时，自有关管理部门登记时起生效。

留置。留置是指合同一方当事人按照合同的约定占有另一方当事人的财产，在对方当事人不履行合同义务时，依照法律的规定扣留该财产，并以该财产折价或者以该财产的变卖价款优先受清偿的担保形式，留置权的标的是动产。留置物折价或者变卖、拍卖后，其价款超过债权数额的部分归合同另一方当事人所有，不足部分仍由合同义务人清偿。

(4) 要求同时履行合同的权利

要求同时履行合同义务的权利，也称同时履行抗辩权，是指合同当事人互负债务，没有先后履行顺序的，应当同时履行。一方在对方履行之前或者对方履行债务不符合约定时有权拒绝其履行要求。

(5) 中止合同履行的权利

中止履行合同的权利,也称不安抗辩权,是指合同一方当事人有对方不能履行合同的确切证据或对方当事人履行合同的能力有严重缺陷时,有权暂时停止履行合同。一般而言,当事人互负债务,有先后履行顺序,先履行一方应先履行债务,但先履行一方,有确切证据证明对方有下列情形之一的,可以中止履行:经营状况严重恶化;转移财产、抽逃资金,以逃避债务;丧失商业信誉;有丧失或者可能丧失履行债务能力的其他情形。为了防止合同当事人滥用这项权利,合同法规定必须在对方出现预期违约时才能采取该措施,并且必须及时通知对方,否则就构成违约行为,应承担违约责任。并且,当对方提供担保时,则先履行一方不能中止履行合同。例如,甲公司和乙公司签订了一份货物买卖合同,其中甲公司是供货方,如果甲公司在履行合同时发现乙公司已经面临破产,即使供货也无法获得货款,就可以要求乙公司提供担保,如果乙公司不提供,则甲公司可以停止供货,但如果乙公司能够支付货款,则甲公司构成违约,并且,如果乙公司提供了担保,则甲公司必须履行合同义务。

(6) 变更合同的权利

我国合同法上所指的合同变更是指狭义的合同变更,即合同关系的客体和内容的改变,是指合同当事人对合同的各项条款的修改、补充和限制。

①合同变更的类型

合同的变更可分为协议变更和裁决变更。协议变更是双方当事人协商一致对合同所作的变更,双方未达成一致意见或对合同变更的内容约定不明确的,不发生变更的效力。当合同存在重大误解或显失公平时,合同当事人可以向人民法院或仲裁机构申请裁决变更合同,但是否变更,由裁决机构认定,裁决机构做出变更合同的裁决,即发生变更合同的效力。

②合同变更的后果

合同的变更一般不涉及合同已经履行的部分,而是对未履行的部分发生法律效力。合同变更后,当事人不再按照原合同的内容履行,而按照变更后的合同履行。双方自愿协商变更合同的,受损失的一方有权要求对方赔偿损失。

(7) 转让合同的权利

转让合同其实就是广义的合同变更中的主体变更,也就是在不改变合同内容的情况下,变更合同的债权人或合同的债务人。

①合同转让的类型

转让合同包括合同权利的转让、合同义务的转让和合同权利义务的概括转让。合同权利的转让是指合同债权人将合同权利全部或部分转让给第三人,这种转让不须取得合同债务人的同意,但应通知债务人,否则,债务人可以拒绝履行。合同义务的转让是指合同义务人将合同义务的全部或部分转移给第三人,这种转让应当取得债权人的同意,否则转让无效。合同权利义务的概括转让是指合同一方当事人经对方同意将合同权利义务一并转让给第三人,这种转让必须取得对方的同意。

②合同转让的后果

合同转让一般由合同当事人达成协议或通知对方或取得对方同意即可,合同转让后,当事人按照转让后的合同履行。

(8) 代位求偿的权利

因债务人怠于行使其到期债权,对债权人造成损害的,债权人可以向人民法院请求以自己的名义代位行使债务人的债权,但该债权专属于债务人自身的除外。代位权的行使范围以债权人的债权为限。债权人行使代位权的必要费用,由债务人负担。

(9) 申请撤销合同的权利

撤销合同是指由于法定原因享有撤销权的一方合同当事人请求撤销合同效力。

①可撤销合同的类型

可撤销合同包括：

因重大误解而订立的合同。重大误解,是指误解人做出意思表示时,对涉及合同法律效果的重大事项存在着认识上的显著缺陷,其后果是使误解人受到较大损失,以致于根本达不到缔约目的,包括对合同性质的误解,如将借贷合同误认为赠与合同;对标的物本身的误解等。例如,拍卖公司高价拍卖署名唐伯虎的作品,如果唐伯虎确有其人,但又不是明代的著名画家,则拍卖公司的行为不构成欺诈,而竞买该画的行为则属于重大误解的行为。在司法实践中,动机的误解一般不构成重大误解。

显失公平的合同。显失公平,是指合同双方当事人的权利义务明显不对等,对一方过分有利,而对另一方过分不利。显失公平的构成要件是：双方当事人的权利义务明显不对等;这种不对等超出了法律允许的限度,严重违反了公平原则;这种不对等是非基于对方的自愿,而是对方处于没有经验或紧迫的情况下造成的。如果双方当事人均出于自愿,即使合同双方的权利义务明显不对等,也不构成显失公平。

一方以欺诈、胁迫手段或乘人之危订立的合同。这类合同,只要未损害国家利益的,也可以撤销。

②可撤销合同的除斥期间和后果

可撤销的合同,只有当事人申请撤销时,人民法院或仲裁机构才能做出撤销的裁决。撤销权的除斥期间为1年,即撤销权自债权人知道或者应当知道撤销事由之日起一年内行使。自债务人的行为发生之日起五年内没有行使撤销权的,该撤销权消灭。

可撤销合同因撤销权人是否行使了撤销权而不同:第一、撤销权人放弃了撤销权或在除斥期间未行使撤销权,可撤销合同具有法律效力,双方应依法履行合同义务;第二、撤销权人行使了撤销权的,可撤销合同从合同签订之日就不具有效力,未履行的合同不再履行,已履行的合同应停止履行,已经取得的财产,应返还对方;有过错的一方,还应该赔偿损失,如果双方都有过错,则各自承担相应的责任。

③第三人申请撤销合同的情况

因债务人放弃其到期债权或者无偿转让财产,对债权人造成损害的,债权人可以请求人民法院撤销债务人的行为。债务人以明显不合理的低价转让财产,对债权人造成损害,并且受让人知道该情形的,债权人也可以请求人民法院撤销债务人的行为。撤销权的行使范围以债权人的债权为限。债权人行使撤销权的必要费用,由债务人负担。被撤销的合同没有法律效力。

(10)解除合同的权利

合同的解除是指合同订立后,尚未全部履行之前,当事人提前终止合同,使合同关系归于消灭。

①合同解除的类型

合同解除,根据解除方式,可分为单方解除和协议解除;根据解除的原因,可分为约定解除和法定解除。

约定解除可分为两种情况:一种是在合同中约定了解除条件,一旦该条件成立,合同解除,如赠与合同当事人约定受赠与人大学毕业就不再赠与,受赠与人大学毕业可视为解除合同的条件;另一种是当事人未在合同中约定解除条件,但在合同履行完毕前,经双方协商一致而解除合同。

法定解除是指出现法律规定的事由而由享有解除权的一方当事人解除合同。法定解除的解除事由有:因不可抗力致使不能实现合同目的的,当事人可以解除合同,虽然发生了不可抗力,但仍能履行的,则不能解除合同。在履行期限届满前,当事人一方明确表示或者以自己的行为表示不履行主要债务的,对方可以解除合同。当事人一方迟延履行主要债务,经催告后在合理期限内仍未履行的,对方可以解除合同。当事人一方迟延履行债务或者有其他违约行为致使履行合同会严重影响订立合同所期望的经济利益时,对方可不经催告解除合同。法律规定的其他情形。

②解除合同的后果

合同约定解除从约定的解除条件成立时或双方协商一致时生效,合同约定解除不发生溯及力。由于合同法定解除属于单方法律行为,因此解除合同自通知到达对方时发生效力,如对方当事人有异议,可以请求人民法院或仲裁机关确认合同效力。如果法律、法规要求办理批准、登记手续的,当事人应当办理有关手续,否则不发生解除的效力。合同解除后,尚未履行的,不得履行;已经履行的,当事人可以要求恢复原状,赔偿损失。也就是说,合同法定解除发生溯及力。

(11) 请求确认合同无效的权利

无效合同是指虽经当事人订立,但不能产生有效合同的法律后果,不受国家保护的合同。

①无效合同的类型

按照我国法律和司法实践,无效合同主要有以下几种:因欺诈而订立的且损害国家利益的合同;因胁迫而订立的且损害国家利益的合同;恶意串通,损害国家、集体或第三人利益的合同;违反法律、行政法规中的强制性规定的合同;违反社会公共利益的合同;以合法形式掩盖非法目的的合同;自始不能履行的合同。

②无效合同的后果

无效合同由人民法院或仲裁机构确认,从合同订立时起就没有法律约束力,当事人双方确立的权利义务关系随之无效。合同尚未履行的,不得履行;正在履行的,应当立即终止履行。无效合同的法律后果包括:

返还财产。合同被确认无效的,当事人依据合同取得的财产,应返还给对方,如果标的物已不存在,应该作价抵偿。

赔偿损失。合同被确认无效后,有过错的一方应赔偿对方因此受到的损失,如果双方都有过错,各自承担相应的责任,即按各自责任的轻重,分别承担经济损失中与其责任相适应的份额。

追缴财产归国家所有或者返还集体或第三人。因当事人故意损害国家利益或社会公共利益而导致的无效合同,其取得的财产归国家所有或者返还集体或第三人。双方故意的,收归国有;只有一方故意的,故意一方取得的财产返还非故意一方,非故意一方取得的财产收归国有。

(12) 法律、行政法规规定和在合同中约定的其他权利

2. 合同当事人的义务

合同当事人的主要义务有:

(1) 受要约约束的义务

就要约人来说,自发出要约时起要受要约的约束,即在要约的有效期限内,要约人不得随意更改要约的内容,不得撤回要约,否则,由此而给受要约人造成损失,必须承担赔偿责任,但在要约到达受要约人以前,要约人可以撤回

要约,如用电传撤销信函等,撤销要约的通知和要约同时到达的,也可以撤销要约。要约一经撤销,便对要约人失去了约束力。另外,如果受要约人拒绝要约,或者在要约的有效期限内未作承诺,要约自动失去效力。

在日常生活中,存在着要约邀请,也叫要约引诱,就是邀请他人向自己发出要约的行为,这是一种事实行为,没有法律意义,不存在要约的约束力,如寄送超市的价目表、拍卖广告等,但要约邀请如果足以误导对方,也应承担相应的责任。例如,根据司法解释,商品房的销售广告和宣传资料为要约邀请,但是出卖人就商品房开发规划范围内的房屋及相关设施所作的说明和允诺具体确定,并对商品房买卖合同的订立以及房屋价格的确定有重大影响的,应当视为要约。该说明及允诺即使未载入商品买卖合同,亦当视为合同内容,当事人违反的,应当承担违约责任。

(2) 履行合同的义务

履行合同既是权利,也是义务。合同的履行是指合同的当事人依照合同的约定,全面完成各自承担的义务的行为。合同依法成立即具有法律约束力,当事人应当全面履行合同约定的义务。

合同履行必须遵循以下原则:①实际履行的原则。实际履行包括履行主体正确和履行标的正确,即合同当事人应当按照约定的合同的标的履行合同,不得以其他标的替代合同标的,不得擅自变更或解除合同。②适当履行原则。适当履行包括履行时间正确、履行地点正确和履行方式正确,即合同当事人应当按照合同约定的数量、质量、履行期限、地点和履行方式履行义务。

(3) 履行合同附随义务的义务

一般而言,合同当事人除了履行合同约定的义务,还应该履行法定的附随义务,包括合同成立前(这类义务也称先合同义务)缔约人双方互相接触磋商逐渐产生和合同履行完毕后(这类义务也称后合同义务)双方当事人必须遵守的义务,如互相照顾、互相保护、互相通知、诚实信用、保守商业秘密等义务,以及防止损失扩大的义务。例如,合同法规定,当事人在订立合同过程中知悉的商业秘密,无论合同是否成立,不得泄露或者不正当地使用;泄露或者不正当地使用该商业秘密给对方造成损失的,应当承担损害赔偿责任。

(4) 法律、行政法规规定和在合同中约定的其他义务

四、合同纠纷及解决方法

1. 合同纠纷

合同纠纷是指合同双方当事人因行使合同权利或履行合同义务过程中产生的争议。常见的合同纠纷有:

因一方或双方当事人不履行合同或不完全履行所产生的纠纷,是指一方或双方当事人在合同签订后,由于种种原因,如客观上不能履行合同或主观上不想履行合同,导致合同不能履行或不能完全履行所产生的纠纷;

因一方或双方当事人要求撤销合同所产生的纠纷,是指一方或双方当事人在合同签订后,发现存在撤销合同的事由,要求或请求撤销合同所产生的纠纷;

因一方或双方当事人要求确认合同无效所产生的纠纷,是指一方或双方当事人在合同签订后,发现存在导致合同无效的事由,要求或请求确认合同无效所产生的纠纷。

2. 解决方法

解决合同纠纷的主要方法有协商、调解、行政处理、仲裁和民事诉讼五种。

协商是指合同双方当事人在合同纠纷发生后,在自愿互谅的基础上,按照有关法律和合同条款的规定,通过直接的协商和谈判,自行达成和解协议,从而使合同纠纷得到解决的活动。

调解是指合同纠纷发生后,由双方当事人申请,由人民法院、仲裁机构或调解人从中协调,使双方当事人在自愿协商的基础上,互作让步,达成协议,从而使纠纷得到解决的活动。

行政处理是指合同纠纷有关的当事人或者不特定第三人请求有关行政管理机关处理其合同纠纷或与合同有关的侵权等违法行为的活动。根据《合同法》和其他法律法规的规定,工商行政管理部门和其他有关行政主管部门在各自的职权范围内,依照法律、行政法规的规定,对利用合同危害国家利益、社会公共利益的违法行为,负责监督处理。

仲裁是指合同纠纷双方当事人在自愿基础上达成协议,将纠纷提交仲裁机构审理,由仲裁机构做出对争议双方均有约束力的裁决的解决纠纷的制度。合同当事人可以请求仲裁机构做出要求对方履行合同义务、撤销合同和确认合同无效的仲裁裁决或调解书,并根据仲裁裁决请求人民法院强制执行。

民事诉讼是指人民法院在合同纠纷双方当事人的参与下审理和解决合同纠纷案件的诉讼活动。合同当事人可以请求人民法院做出要求对方履行合同义务、撤销合同和确认合同无效的判决,并根据判决书或调解书请求人民法院强制执行。有关因行政处理引起的行政诉讼的内容,详见第八章行政法的内容。

第二节　经典案例

一、关于合同法基本原则的案例

经典案例:对方违反诚实信用原则怎么办?——某印刷厂诉某实业公司

加工承揽合同案

案情事实：某印刷厂于某年3月与某实业公司签订了加工医药纸盒合同，约定由印刷厂为实业公司生产医药纸盒。合同签订后，印刷厂积极筹备，落实了场地，组织了30多名职工准备从事加工，并于5月18日将依图制作的10个样品盒送达实业公司。实业公司未经仔细检验即认为不合格。6月14日第二批样品送达，实业公司经检验认为合格，但以"合同标的大，须进行实地考察，而公司人手紧"为由，拒绝履行合同。此后，印刷厂多次函电催告，实业公司均置之不理。于是，印刷厂以违背诚实信用原则为由起诉到法院，要求实业公司赔偿损失。

法院判决：被告某实业公司赔偿原告某印刷厂经济损失。

案例精点：合同法规定，依法成立的合同，受法律保护，当事人行使权利、履行义务应当遵循诚实信用原则。本案中的加工医药纸盒合同主体合格，当事人双方意思表示真实，合同内容亦无违法和不当之处，因而，该加工合同为有效合同，对双方均有约束力，当事人应依合同的约定履行各自的义务。合同签订后，某印刷厂为履行合同进行了积极的准备，落实了场地，组织了30多名职工，并按期送达了样品，而且，在实业公司"未经仔细检验即认为不合格"后，某印刷厂又积极采取了补救措施，这些都说明，某印刷厂对履行合同是有诚意的。然而，某实业公司在某印刷厂提供合格样品后继续以种种理由拒绝履行合同，足以说明某实业公司从订立合同时起就缺乏履行合同的诚意，违背了诚实信用原则，应当承担相应的法律责任。

二、关于合同法适用范围的案例

经典案例：只要对方提供服务就适用消费者权益保护法吗？——王某、张某诉某宾馆赔偿纠纷案

案情事实：1999年8月，王某、张某之女王张某为参加药品交流会来沪，入住某宾馆，经宾馆服务总台登记后，领入客房，当天下午在该客房被犯罪分子仝某（已被判死刑并执行）杀害，随身携带的钱财被劫走。经公安机关查明，仝某在进入宾馆期间，某宾馆未对其作访客登记，且对其行踪也未能引起注意。某宾馆是四星级涉外宾馆，内部有规范的管理制度，并安装着安全监控设施。其制订的《某宾馆质量承诺细则》置放于客房内，内有"24小时的保安巡视，确保您的人身安全"、"若有不符合上述承诺内容，我们将立即改进并向您赔礼道歉，或奉送水果、费用打折、部分免费，直至赔偿"等内容。王某、张某起诉至法院，要求适用消费者权益保护法审理本案。

法院判决：根据合同法，被告某宾馆于本判决生效之日起10日内给付原

告王某、张某赔偿费人民币8万元。

案例精点：合同法规定，经营者对消费者提供商品或者服务有欺诈的，依照消费者权益保护法承担损害赔偿责任。本案中，某宾馆提供的服务并没有欺诈的情形，不属于合同法规定的适用消费者权益保护法的情形。另外，消费者权益保护法"经营者提供商品或者服务，造成消费者人身伤害的，应当赔偿"规定，是指经营者的商品或服务直接导致消费者受到损害的情形，而本案王张某之死，并非由某宾馆提供的服务直接造成，故不属于消费者权益保护法规定的情形。王某、张某主张对本案适用消费者权益保护法调整，于法有悖。宾馆的服务性行为，以向旅客提供与收费相应的住宿环境和服务，来获取旅客付出的报酬，所以，宾馆与旅客之间的关系是合同关系，应当适用合同法来调整。根据最高人民法院的司法解释，合同法实施以前成立的合同发生纠纷起诉到人民法院的，而当时没有法律规定的，可以适用合同法的有关规定，本案发生在合同法施行以前，当时的法律对此类合同纠纷缺乏明确规定，所以，对本案可以适用合同法。

三、关于合同形式的案例之一

经典案例：必须是书面合同吗？——某书店诉某培训中心合同纠纷案

案情事实：某书店某年8月接到某培训中心的电话，询问有没有关于某执业资格考试的辅导教材，如有，要1000册。某书店答复"马上到库里查查，如果有明天给你回电话。"第二天，某书店便将有书的消息，呼在了某培训中心负责人的汉显BP机上，并将1000册书以铁路托运的方式，寄给了某培训中心。可是某培训中心因为已经从其他书商那里以特别优惠的价格搞到了1000册，因此，以没有签订书面合同为由拒收这1000册书。某书店于是起诉到法院，要求某培训中心履行合同。

法院判决：被告某培训中心于判决生效起七日内向原告某书店支付书款。

案例精点：合同法规定，当事人订立合同，有书面形式、口头形式和其他形式三种。从本案的实际情况看，某书店与某培训中心并未约定必须采取书面形式，法律也并未规定图书的购销合同必须采取书面形式，因此，某书店同某培训中心之间以电话和寻呼的方式商定购书事宜。合同法规定，依法成立的合同，自成立时生效。本案中，由于双方的意思表示一致，订立的购书1000册的合同已经成立，对双方当事人都具有约束力。既然某书店已经履行了合同义务，某培训中心也应该依法履行相应的合同义务。

四、关于合同形式的案例之二

经典案例：可以在网上订立合同吗？——某木制品加工厂诉某实业有限公司加工承揽合同案

案情事实：某实业有限公司已经注册了电子信箱（E—mail）："jrsy@Jrsy.com.cn；某木制品加工厂也注册了电子信箱（E—mail）："hymq@hymq.com.cn"。某年3月5日上午，某实业有限公司给某木制品加工厂发出要求购买该厂生产的办公家具的电子邮件一份，电子邮件中明确了如下内容：(1)需要办公桌8张，椅子16张；(2)要求在3月12日之前将货送至某实业有限公司；(3)总价格不高于15000元。电子邮件还对办公桌椅的尺寸、式样、颜色作了说明，并附了样图。当天下午3时35分18秒，某木制品加工厂也以电子邮件回复某实业有限公司，对某实业有限公司的要求全部认可。某年3月11日，某木制品加工厂将上述桌椅送至某实业有限公司，但某实业有限公司拒绝收货。某木制品加工厂起诉到法院，要求某实业有限公司履行合同。

法院判决：被告某实业有限公司于判决生效起七日内向原告某木制品加工厂支付货款。

案例精点：本案涉及一类新型的合同，即伴随数字化信息时代的来临而出现的电子合同。在电子交易的过程中，参加交易的双方是以交换电子数据信息的方式来达成或进行商业交易的，这种电子数据信息从严格意义上来讲，与电报、电传、传真是不同的。我国合同法规定，书面形式是指合同书、信件和数据电文（包括电报、电传、传真、电子数据交换和电子邮件）等可以有形地表现所载内容的形式。可见，电子数据交换和电子邮件也是书面形式的一种，是具有法律效力的。本案中，某木制品加工厂和某实业有限公司通过发送电子邮件形成了购销合同法律关系，且某木制品加工厂已经按照合同规定的履行期限将货物送到某实业有限公司，已经履行了自己的合同义务，只要某木制品加工厂交付的货物没有质量问题和其他不符合双方约定的情形，某实业有限公司就必须履行相应的合同义务。

五、关于合同条款的案例

经典案例：必须签订合同的全部条款吗？——某实业公司诉某房地产公司房屋租赁合同案

案情事实：某实业公司与某房地产公司签订了房屋租赁合同，双方约定，某实业公司每月付给某房地产公司5万元的租金，租期为3年。合同还约定3个月之内，某房地产公司将办公楼内的杂物腾空，等某实业公司付过第一个月的租金之后，便可进驻。可等某实业公司带着第一个月的租金，找某房地产公司要求进驻时，某房地产公司已经将办公楼租给了另外一个台商。某实业公司找某房地产公司说理，某房地产公司答复："我们签的合同缺乏许多条款，所以不能认为合同已经成立，把办公楼租给台商，这是我们的自由，由于合同没有违约责任的具体规定，所以我们不承担任何责任。"某实业公司于是起诉到法院，要求某房地产公司承担违约责任。

法院判决：判令被告某房地产公司向原告某实业公司支付违约金。

案例精点：合同法规定，合同的内容由当事人约定，可见，只要合同具备了主要条款，如双方当事人的姓名和名称、标的、价款或酬金、履行期限、地点和方式等内容，合同就可以成立。本案中，某实业公司和某房地产公司之间的房屋租赁合同既有标的，又有租金、期限，还包括租用的方式等等，已经具备了合同的主要条款，且双方的意思表示一致，合同内容也符合法律规定，所以已经成立并且生效。如果某房地产公司违反合同义务，就应当承担违约责任。

六、关于合同附随义务的案例

经典案例：送完货就万事大吉了吗？——某百货公司诉某造纸厂合同纠纷案

案情事实：某年某月，某百货公司与某造纸厂经协商签订了一份合同，约定由某造纸厂向某百货公司提供10吨卫生纸，交货地点为某百货公司附近的码头。合同签订后，某造纸厂按期将卫生纸送到码头上，某百货公司的工作人员在船上核实了卫生纸的数量质量后，给送货人开具了收条。由于某百货公司派去的汽车没有能够一次运完，就要求某造纸厂的船在码头稍等一会，某造纸厂的送货人员表示同意。在等待的过程中，某造纸厂送货的工作人员接到了某造纸厂的电话，要求其返回某造纸厂去送下一批货物。于是某造纸厂的工作人员就将剩余的3吨卫生纸卸下船，堆放在码头上，将船开回到某造纸厂。在某百货公司回来取货之前，恰好赶上一场雷阵雨，将剩下的卫生纸全部淋湿。某百货公司要求某造纸厂赔偿损失，某造纸厂认为已经完成了送货义务，拒绝承担责任，双方发生争议，某百货公司遂起诉到法院。

法院判决：判令被告某造纸厂向原告某百货公司赔偿损失。

案例精点：合同法规定，当事人应当按照约定全面履行自己的义务，合同的权利义务终止后，当事人应当遵循诚实信用原则，根据交易习惯履行通知、协助、保密等义务。在本案中，某造纸厂将货物送到了码头，某百货公司开具了收条，某造纸厂已经履行了交货义务，双方的合同义务已经履行完毕。但基于诚实信用原则，某造纸厂仍然应当在交付了货物之后承担一定的附随义务

（合同法上的附随义务，既包括履行合同前的先合同义务，也包括履行合同后的后合同义务），该义务包括相互通知、协助等义务。所以，虽然本案中的某造纸厂已经完成了合同规定的交付货物的义务，但由于双方原来合同关系的存在，仍然应当负担一定的照料、保管义务。某造纸厂违反此项义务，同样要承担相应的责任。

七、关于虚假合同的案例

经典案例：虚假的担保条款有效吗？——工商银行某支行诉某物资公司和某空调公司借款合同担保纠纷案

案情事实：某物资公司与工商支行工作人员勾结，非法侵占工商银行某支行资金800万元。因某物资公司无力偿还，某支行将该800万元作挂账处理。为挽回损失，某支行同意某物资公司补办贷款手续，将某物资公司所欠800万元转为贷款，并要求某物资公司提供担保。在某支行派人与某物资公司人员一道去某空调公司核保时，双方对空调公司声称贷款用途是为联合建房。空调公司遂同意为该笔借款提供担保。"贷款"期满后，某物资公司仍无力偿还该800万元欠款本息，某支行遂起诉某物资公司和某空调公司，但某物资公司已被某市工商行政管理局依法注销。

法院判决：驳回原告工商银行某支行的诉讼请求。

案例精点：合同法规定，依法成立的合同，自成立时生效，并受法律保护，担保法的规定是，担保合同是主合同的从合同，主合同无效，担保合同无效。本案中，某物资公司与某支行签订的借款合同是一份虚假合同，某支行没有依此合同将贷款给某物资公司，某物资公司亦没有实际得到和支配该借款。双方签订的借款合同，属于无效合同，不应受到法律保护。作为无效合同的从合同，自然也无效，其无效的法律后果，应由某支行自行承担。至于某物资公司此前所欠工商支行的800万元本息，由于该公司已被工商行政管理部门依法注销，应由某支行另行追偿。某物资公司和某支行隐瞒事实真相，"借新还旧"，骗取某空调公司在违背其真实意思表示的情况下进行担保，某空调公司不应对本案"借款"承担担保责任。

八、关于合同变更的案例

经典案例：履行中的合同条款可以改变吗？——某服装厂诉某服装公司合同纠纷案

案情事实：某服装公司于某年10月7日与某服装厂签订了一份服装购销合同，约定：由某服装厂供给某服装公司男式西服500套，女式西服500套。

后某服装公司因故向某服装厂函告将所订购的服装数量减半的请求,某服装厂以书面形式回复表示接受。12月20日,某服装厂依约向某服装公司交付货物,其中男服300套,女服200套,而某服装公司因销售形势不好,以货物数量减半是指男女服装各减半同为250套为由拒收。双方因此发生争议。

法院判决:原告某服装厂和被告某服装公司按原合同条款继续履行合同。

案例精点:合同法规定,当事人对合同变更的内容约定不明确,不发生合同变更的效力,即合同被视为未变更。本案中,某服装公司函告某服装厂,提出将订购数量减半,也就是要求变更原合同中的数量条款,某服装厂答复接受,说明双方已对变更合同数量条款达成合意,但由于双方并未明确合同数量减半,是男、女服装数量各减少一半,还是服装总量减少一半。可见,正是由于双方对合同数量条款变更的具体内容约定得不明确,所以不具备变更合同要求的条件,合同实际上没有发生变更,为此某服装厂应当按原合同履行自己的合同义务,即供给某服装公司男式西服500套,女式西服500套。

九、关于合同撤销的案例

经典案例:第三人也可以撤销别人的合同吗?——某钢厂诉某房地产公司撤销合同案

案情事实:某房地产公司长期拖欠某市钢厂的货款90万元。钢厂曾多次催要,房地产公司均以资金紧张为由推辞。某年9月钢厂再次致函房地产公司,要求其尽快还款,否则将向法院起诉。房地产公司见无法逃避,遂与钢厂协商愿意将其约值90万元的一幢二层临街房交给钢厂,充抵欠款,钢厂同意。某年12月,某房地产公司董事长张某和其任某灯具商店经理的表弟郭某协商以60万元的价格将该房售与某灯具商店。钢厂闻此消息,即派人到房地产公司要求以该楼房抵欠款,房地产公司则以该楼房已出售为由予以拒绝。某钢厂于是起诉到法院。

法院判决:撤销被告某房地产公司与某灯具商店的房屋买卖合同。

案例精点:合同法规定,债务人以明显不合理的低价转让财产,对债权人造成损害,并且受让人知道该情形的,债权人可以请求人民法院撤销债务人的行为。本案中,房地产公司和钢厂商量以楼房充抵欠款,其后房地产公司在该楼房按照当时的市场价格约值90万元的情况下却以60万元的价格将其卖给灯具商店,是一种明显的逃避债务的行为,且房地产公司董事长和灯具商店经理系表兄弟,对于该灯具商店经理郭某而言,其对房地产公司低价转让楼房的目的是逃避债务这一点是清楚的。在这种情况下,钢厂可以通过行使撤销权,要求人民法院撤销房地产公司与灯具商店间买卖楼房的合同。

十、关于合同解除的案例

经典案例：怎样解除合同？——德国某汽车制造厂诉中国某汽车制造厂合同纠纷案

案情事实： 某年10月，德国某汽车制造厂与中国某汽车厂签订了一份共同出资经营中德某汽车制造厂的合营协议，协议对双方的出资额和出资方式作了约定。合同签订后，双方即向中方上级主管部门提出申请，并获得批准，中德某某汽车有限公司正式成立于次年1月。后中国某汽车厂向德国某汽车制造厂发函要求延长出资期限，德国某汽车制造厂不同意该项要求，多次催款。至次年4月，中国某汽车厂仍未缴清出资，德国某汽车制造厂遂起诉解除合营协议。

法院判决： 解除双方签订的合营协议，判决被告中国某汽车厂向原告德国某汽车制造厂支付违约金和赔偿金。

案例精点： 合同法规定，当事人一方迟延履行主要债务，经催告后在合理期限内仍未履行或者有当事人一方迟延履行债务或者有其他违约行为致使不能实现合同目的时，对方可以解除合同。本案中，德国某汽车制造厂与中国某汽车厂签订合资经营企业合同后，经过批准机关批准，该合同有效成立，但中国某汽车厂未按合同规定履行其按期缴付出资的义务，在催告后1个月内，仍未缴清出资，德国某汽车制造厂期望通过合营企业取得经济利益的合同目的不可能实现，可以解除该合营协议，并要求对方承担违约责任和赔偿损失。

十一、关于对合同重大误解的案例

经典案例：重大误解等于欺诈吗？——薛某诉某商城买卖合同纠纷案

案情事实： 某年冬，某大型商城推出销售"世界八大奇迹，秦始皇兵马俑"的广告，出售兵马俑仿制品，文物收藏爱好者薛某闻讯后到该商城以2.4万元的价格购买了三尊秦始皇兵马俑。此后，薛某以某商城发布虚假广告、欺诈消费者为由起诉到法院，要求退货并加倍赔偿。

法院判决： 撤销双方的买卖合同，原告薛某在判决生效后退还三尊兵马俑，被告某商城在判决生效后退还货款。

案例精点： 合同法规定，因重大误解订立的合同，当事人一方有权请求人民法院或者仲裁机构变更或者撤销，一方以欺诈的手段使对方在违背真实意思的情况下订立的合同，受害方有权请求人民法院或者仲裁机构变更或者撤销。最高人民法院关于贯彻执行《民法通则》若干问题的意见第六十七条规定，一方当事人故意告知对方虚假情况，或者故意隐瞒真实情况，诱使对方当事人做出错误意思表示的,可以认定为欺诈行为。本案中,某商城的促销广告称销售"秦始皇兵马俑"不构成欺诈,因为构成欺诈必须具备以下条件:(1)欺诈方具有欺诈的故意,即主观上有恶意;(2)欺诈方实施了欺诈性质的行为;(3)被欺诈的一方因欺诈而产生了错误的认识;(4)被欺诈人因错误认识而做出了意思表示,而本案中某商城的促销广告及商品标签有仿制品字样,不存在欺诈的故意。同时,秦始皇兵马俑是无价之宝的文物,某商城不可能以每件8000元的低价出售,薛某在购买时应当清楚这个道理,所以薛某购买兵马俑的行为只能属于重大误解的行为,此外,薛某主观上具有购买文物的故意,不符合消费者权益保护法规定的消费者身份,也不适用双倍返还货款的条款。

十二、关于先合同义务的案例

经典案例:不成立的合同也有责任吗?——某开发公司诉凯威公司合同纠纷案

案情事实:某年某月,凯威公司和某开发公司协商达成"关于凯威公司赴上海考察事宜"的协议。协议约定:(1)凯威公司决定派以Tom为首的5人小组赴上海考察,为方便办理手续,由某开发公司发出邀请函。(2)在上海期间费用暂由某开发公司支付,待合资后从利润中提取补给某开发公司。如不能合资,凯威公司将给予某开发公司所垫付的资金或以其他形式弥补给某开发公司所受到的损失。考察期间,双方在上海市签订合资兴建"康乐世界"合同一份。合同约定:凯威公司投资150万元人民币,某开发公司投资350万元人民币,合资期限为15年,合同须报市对外经济贸易委员会审批生效。合同签订后,由于未获批准而终止,于是某开发公司通知凯威公司终止合同。事后,双方就考察费用一事,发生争议。

法院判决:被告凯威公司向原告某开发公司支付考察费用,并支付迟延利息。

案例精点:合同法规定,当事人行使权利、履行义务应当遵循诚实信用原则。对在订立合同的过程中违背诚实信用原则给对方造成损失的行为,应当承担损害赔偿责任。对当事人这种因缔约而造成损失的处理,一般有两种途径:一是依法由有过错的一方或双方当事人承担缔约过失责任;二是依当事人事先约定而承担。本案中双方当事人就缔结合资合同来上海考察的费用一事,事先达成协议,约定合资成立时,由利润中补给某开发公司,合资合同不成立时,由凯威公司给付或以其他形式弥补某开发公司损失,所以,虽然双方当事人的合资合同未依法成立并生效,但这不妨碍双方达成的"关于凯威公司赴上海考察事宜"的协议的效力,凯威公司应依此对有关费用予以给付。

十三、关于扩大损失的案例

经典案例：扩大的损失谁承担？——长白山公司诉平安保险分公司赔偿纠纷案

案情事实： 某年12月，长白山公司在某汽车有限公司以2万美元购置某品牌新车一辆，办理牌照后，即日向平安保险某分公司投保车辆损失险。平安保险分公司承保后，出具了"机动车辆保险单"。同年12月30日，汽车行驶过程中出现交通事故，部分损坏，经当地交通部门现场勘查确认事故由司机负全部责任。为减少修理费用，平安保险某分公司决定直接从国外进口配件，导致修复延期约3个月。为赔偿问题，长白山公司经与平安保险分公司协商未果，遂起诉到法院。

法院判决： 被告平安保险某分公司承担原告长白山公司投保汽车的扩大损失。

案例精点： 合同法规定，当事人一方违约后，对方应当采取适当措施防止损失的扩大；没有采取适当措施致使损失扩大的，不得就扩大的损失要求赔偿。本案中，投保汽车出险后，平安保险某分公司为了减少损失，决定由其直接进口配件，并因此造成投保汽车迟延修理，导致原告长白山公司的损失的扩大，此扩大损失是由于平安保险某分公司的决定造成的，应由其承担。

十四、关于违约责任和侵权责任竞合的案例

经典案例：鱼与熊掌可兼得吗？——某制造厂诉某经销部侵权纠纷案

案情事实： 某制造厂于某年10月，与某经销部签订一份购买电机合同。合同中约定，某经销部向某制造厂供应5台电机。合同生效后，双方均履行了合同义务。但某制造厂一职工使用电机时，因电机一部件带电而触电身亡。经省标准局鉴定，电机在运行中，由于起动器中接触口进线有一相接触不良，导致职工在操作时触电死亡。于是，某制造厂起诉到法院，要求追究某经销部的侵权责任和违约责任。

法院判决： 判令被告某经销部赔偿原告某制造厂停产损失；判令被告某经销部承担原告某制造厂死亡职工的抚恤费、丧葬费、死者亲属误工工资及死者生前扶养人的生活费；驳回原告要求退还货款并支付违约金的诉讼请求。

案例精点： 合同法规定，因当事人一方的违约行为，侵害对方人身、财产权益的，受损害方有权要求其承担违约责任或者依照其他法律要求承担侵权责任。对于这种既是违约行为又是侵权行为的行为，受害人在要求损害赔偿时，可以选择一种对其有利的请求权，但二者只能选择其中一种。本案中，某

制造厂既可以要求某经销部退还不合格产品并支付违约金,也可以要求赔偿停产损失和承担死亡职工的抚恤费、丧葬费、死者亲属误工工资及死者生前扶养人的生活费等,但两项不能同时主张。

十五、关于不可抗力的案例

经典案例:什么是不可抗力?——法国某公司诉厦门某公司合同纠纷案

案情事实: 法国某公司与厦门某进出口公司于1997年5月订立一买卖合同,约定由厦门公司提供300吨的芦笋罐头,每箱15.50美元。合同签订后,厦门公司接到中国出口商品广州交易会《1998年春季交易会远洋地区罐头出口价格表》,规定每箱单价不低于19.70美元。6月,国家外经贸部又正式通知最低出口价,并通知以此为据核发许可证。厦门公司于是向法国公司提出变更合同价格条款,对方未予同意,厦门公司遂以不可抗力为由拒不履行合同。法国某公司于是请求法院判令厦门公司依约履行合同。

法院判决: 被告厦门某公司依照合同约定以每箱15.50美元向原告法国某公司供应芦笋罐头300吨。

案例精点: 合同法规定,因不可抗力不能履行合同的,根据不可抗力的影响,部分或者全部免除责任,合同法所称的不可抗力,是指不能预见、不能避免并不能克服的客观情况。所谓的不能预见、不能避免,并不能克服的情况,通常包括自然灾害(如地震、水灾、旱灾等)和某些社会性因素(如战争、社会动荡等)。本案中,厦门公司作为一个外贸公司,多年参加广交会,应当熟知每年的芦笋罐头出口都在广交会上定价,对外贸易管理部门也会在每年的广交会结束后制定最低限价并以此和出口许可证挂钩的商业惯例。厦门公司应当能预见到合同价格能否得到批准的情形,所以,本案中的《罐头出口价格表》及外经贸部的最低价格管制失去了不可预见的特征,不构成不可抗力。

第三节 实务模拟

一、实务模拟目标

某大学文化中心与某工贸公司仲裁案仲裁员模拟

二、案情背景

某年9月12日,某大学文化中心与某工贸公司签订了装饰合同,约定:某工贸公司为承包方,工程总造价243万元;某大学文化中心应在某年9月20日前,按总造价,给某工贸公司支付材料款的40%;合同第10条规定本合同由双方代表签字盖章公证后即可生效。这份合同双方签字盖章的当天,某大学要求文化中心通知某工贸公司停止执行该合同,某工贸公司则坚持要求执行该合同。其后,某工贸公司同意按149.9万元的投资规模与某大学文化中心重新签订合同进行协商,但却拒绝某大学文化中心按邀请招标方式选择承包方。11月4日,某工贸公司进入现场,组织施工,某大学强行制止。因此,某工贸公司根据合同中的仲裁条款于次年3月7日向某仲裁委员会提出仲裁申请。

三、有关文件

1. 仲裁申请书

仲裁申请书

申请人:某工贸公司(以下简称为乙方)。

地址:略。

法定代表人:略。

被诉人:某大学文化中心(以下简称为甲方)。

地址:略。

法定代表人:略

案由:合同纠纷。

仲裁请求:

1. 要求被诉人履行装饰合同;

2. 责令被诉人支付违约金11.1万元;

3. 由于被诉人之过错,给申请人所造成的损失753452.17元予以赔偿。

事实与理由

某年9月12日,某工贸公司与某大学文化中心在"平等互利、协商一致、等价有偿、诚实信用"的原则下自愿签订了装饰合同一份。其合同规定"第4.1条:合同签定后,甲方应在某年9月20日前,按装饰预算表》总造价,支付乙方其中材料款的40%。第6.2条:合同签定后乙方立即组织工人进驻工地,运材料到现场,进行外加工活,不得有误"、"第9.5条:若甲乙双方出现纠纷、争议,应本着平等互利、互让原则解决不能解决时应在合同签定所在地仲裁机关进行裁决"。

同年10月25日,甲方将施工图纸等技术资料交乙方。11月3日甲方将施工现场大门钥匙交乙方。11月4日乙方即组织施工人员进入工地开始施工,并根据甲方代表的要求对现场进行卫生间的拆除与改建。在乙方正常施工进行了第 21 天后的 11 月 24 日下午 6 时左右,甲方派人擅自闯入工地,强行拉闸停电并驱赶工人。我乙方工地负责人立即上前阻止,但阻止不下,亦强行将我乙方人员赶出工地,大门被其查封。乙方代表即提出要求:第一,工地是甲方的,进入工地的钥匙是甲方交给乙方的,如查封要等甲方人来,对材料、机具等进行情清点造册登记后方能查封。第二,暂时停工可以,但施工人必须留在现场,看管施工机具和原材料等。此时甲方人到现场对其行为坐视不理,故当晚 7 时左右强行封门、更为严重的是次年元月 10 日上午 9 时左右,甲方派人将工地封条撕毁,将现场乙方堆放的原材料及其施工机具等全部拉走、现场材料及机具等价值的 35670 元。放于何处,不知去向 至今甲方未通知乙方。

某年 11 月 25 日甲方通知乙方次日就施工事宜进行商定,次日 (26 日)我方准时去参加会议,但甲方到会后不诚心协商,采取种种借口不仅不让乙方施工人员进入工地,也不承担由此给乙方所造成的经济损失。

截止目前、由于甲方单方面撕毁合同给乙方造成以下直接经济损失 864452.17 元。

故此,特申请你会依法仲裁。

此致

某仲裁委员会

申请人:某工贸有限公司(盖章)

某年 3 月 5 日

2. 答辩状

答辩状

答辩人:某大学文化中心。

法定代表人:略。

答辩人于某年 3 月 7 日收到某仲裁委员会转来申请人某工贸公司提起合同纠纷之一案的仲裁申请书副本,现提出如下答辩。

某年 8 月间,答辩人就装饰工程与申请人等数家承建单位协商,申请人极力争取。但答辩人始终难以查明申请人的资质和信誉状况。某年 9 月 12 日,答辩人与申请人签署了合同文本,同时双方在合同第 10 条第 1 款中确定,待合同公证后生效同日,答辩人上级主管的某大学得知该项投资巨大的校内项目,未按制度审批,违反校方规定,立即向答辩人提出合同不得生效意见,答辩人随即通知申请人,不再对合同进行公证。

然而,申请人对答辩人提出的合理要求拒不接受,反而以未经公证生效的合同为要挟,采取种种手段企图逼迫答辩人就范。在合同的主要条款尚未协商完备时,申请人强行要求承建,答辩人有权予以拒绝,这是建筑装修市场符合常理之事。申请人在合同协商签订中的具体行为,已使双方丧失了合作的基础和诚意。

某年9月中旬答辩人准备重新招标,申请人得知后极力阻拦。某年11月4日,申请人竟然擅自进入现场,在没有任何施工手续的情况下,强行组织所谓的"施工",企图造成合同已实际履行的事实。答辩人当即制止,申请人或是拒绝或是避而不见。答辩人不得已专门发文通知了申请人,制止其违法行为。申请人仍然拒不听从劝告,进而开始损毁财物设施。

由于申请人非法带领民工闯入校内,随意堆放易燃物品,严重影响校内治安与安全,学校公安处依据职责清理现场,要求申请人到达现场处理,申请人置之不理。由此造成的一切责任均与答辩人无关。责任由申请人自负。

申请人擅入校内,强行所谓"施工",假借合同为名,实为损毁财产。申请人的逻辑是:让其干也得干,不让其干也得干;不管你是新建装修,还是需重新装修,其想怎么干就怎么干,价格由其说了算,申请人拒绝劝阻,仅数天就造成学校损失67864.18元(陆万柒仟捌佰陆拾肆元壹角捌分),申请人的非法行为,给答辩人造成了巨大损失,严重侵害了答辩人的权益。依照《民法通则》第117条、第134条之规定,申请人必须将现场恢复原状。

据上述答辩,答辩人请求仲裁庭依法驳回申请人的无理要求,依法裁定申请人承担其故意损毁答辩人财产的民事赔偿责任。

此致

某仲裁委员会

答辩人:某大学文化中心(盖章)

某年3月19日

3. 反申请书

反申请书

反申请人:某大学文化中心

法定代表人：略

地址：略

被反申请人：某工贸公司

法定代表人：略

地址：略

反申请请求事项：

1. 请求勘察现场，对损失进行裁决。

2. 申请裁定被反申请人承担反申请人直接损失 67864.18 元。

3. 由被反申请人承担反申请仲裁费用。

事实与理由：

某年 5 月 9 日，全国大学生体育运动会将在我市开幕。这次盛况空前的运动会由我省举办，规模很大，项目较多，省里给我校安排了繁重的接待任务，主要由反申请人承担此项重任。然而，由于仲裁双方当事人的纠纷，致使本应能够投入使用的项目不能使用，使安排全国体育代表团团队发生困难，长期拖延势必给反申请人造成巨大损失。3～4 月，反申请人因此损失近 30 万元。鉴于以上紧急状态，反申请人请求仲裁庭尽快勘察纠纷现场，及早做出允许反申请人将现场投入正常经营的裁决，防止长期停用给反申请人造成巨大的经济损失。

某年 11 月 4 日，被反申请人急于获取该项目，擅自进入现场，对反申请人的反复劝阻、制止置之不理，强行组织所谓的"施工"，将新近建成、内饰一新的现场损毁。被反申请人的这种非法行为，给反申请人造成直接损失 67864.18 元，依据《民法通则》第 117 条、第 134 条之规定，反申请人请求仲裁庭依法裁定被反申请人承担故意损毁反申请人财产的民事赔偿责任。

此致

某仲裁委员会

反申请人：某大学文化中心（盖章）

某年 4 月 19 日

4. 反请求答辩书

反请求答辩书

答辩人：某工贸公司

地址：略

法定代表人：略

答辩人于某年4月30日收到某仲裁委员会转来被申请人某大学文化中心的反请求书,现申请人就被申请人提出的反请求书提出答辩如下:

被申请人在其答辩书及反请求书中口口声声称申请人急于获得该项目,擅自进入餐厅,强行组织施工的说法是不成立的。双方某年9月12日签订装饰合同,合同签订后,在被申请人的要求下,申请人进入现场施工长达21天之久,在这么长的时间里,被申请人现场代表也多次到现场指导申请人的施工,被申请人在反请求申请书中所言,被申请人提出反请求67864.18元的赔偿要求,恰恰是申请人施工的部分损失。该项目长期停用造成的损失,是由被申请人的违约责任造成的,理应由被申请人自行承担。另外,被申请人在反请求书中提出对项目投入正常使用防止长期停用造成巨大损失做出先行裁决的请求,申请人是不同意的,项目长期停用的过错责任是由被申请人造成的,而项目能否正常使用,是该案双方争议的焦点。鉴于此,为了便于仲裁庭全面了解案情,做出公正的裁决,申请人建议仲裁庭驳回被申请人的反申请书。

此致

某仲裁委员会

某工贸公司(盖章)

某年5月13日

四、实务模拟题

作为仲裁员,请做出仲裁裁决并说明理由。

第四章 知识产权法

第一节 知识产权法概述

一、知识产权法及其宗旨

知识产权法是调整在创造、利用智力成果过程中所产生的各种社会关系的法律规范总称，主要包括《中华人民共和国著作权法》、《中华人民共和国商标法》、《中华人民共和国专利法》。

我国知识产权法的宗旨是适应我国改革开放的需要和国际知识产权保护的新趋势，确认和保护知识产权人的合法权益，维护全社会的利益，促进社会主义市场经济的发展。

二、知识产权和单位知识产权主体

1. 知识产权

知识产权是指人们对通过脑力劳动创造出来的智力成果所依法享有的权利，具有创造性、独占性、兼具人身权和财产权的双重性以及时间和地域的限制性的特点，包括著作权、商标权和专利权，其中商标权和专利权也合称工业产权。

（1）著作权
①著作权的内容
著作权也称版权，是指作者及其他著作权人依法对作品享有的权利，其中包括人身权和财产权两大类。人身权是指作者享有的与人身密不可分的权利，如发表权、署名权、保护作品完整权等；财产权是指作者及其他著作权人依法对其作品享有的使用和获得报酬的权利，如发行权、复制权、允许他人使用作品并由此获得报酬的权利。与商标权和专利权不同的是，著作权无须申请，完成创作即标志着享有著作权。

②我国对著作权的保护
我国公民、法人或者其他经济组织的作品，不论是否发表，依照著作权法都享有著作权，并受著作权法保护，例如，中国人某甲完成了《论知识产权》的创作，无论其是否发表，某甲均对《论知识产权》享有著作权。

③著作权的权利限制

著作权人的权利受法律保护,但在下列情况下使用作品,可以不经著作权人许可,不向其支付报酬,但应当指明作者姓名、作品名称,并且不得侵犯著作权人依照本法享有的其他权利:为个人学习、研究或者欣赏,使用他人已经发表的作品;为介绍、评论某一作品或者说明某一问题,在作品中适当引用他人已经发表的作品;为报道时事新闻,在报纸、期刊、广播电台、电视台等媒体中不可避免地再现或者引用已经发表的作品;报纸、期刊、广播电台、电视台等媒体刊登或者播放其他报纸、期刊、广播电台、电视台等媒体已经发表的关于政治、经济、宗教问题的时事性文章,但作者声明不许刊登、播放的除外;报纸、期刊、广播电台、电视台等媒体刊登或者播放在公众集会上发表的讲话,但作者声明不许刊登、播放的除外;为学校课堂教学或者科学研究,翻译或者少量复制已经发表的作品,供教学或者科研人员使用,但不得出版发行;国家机关为执行公务在合理范围内使用已经发表的作品;图书馆、档案馆、纪念馆、博物馆、美术馆等为陈列或者保存版本的需要,复制本馆收藏的作品;免费表演已经发表的作品,该表演未向公众收取费用,也未向表演者支付报酬;对设置或者陈列在室外公共场所的艺术作品进行临摹、绘画、摄影、录像;将中国公民、法人或者其他经济组织已经发表的以汉语言文字创作的作品翻译成少数民族语言文字作品在国内出版发行;将已经发表的作品改成盲文出版。以上这些规定,也适用于对出版者、表演者、录音录像制作者、广播电台、电视台的权利的限制。

需要注意的是,设置或者陈列在室内的艺术作品,未经许可,不得进行临摹、绘画、摄影、录像;外国公民、法人或者其他经济组织已经发表的作品,中国公民、法人或者其他经济组织已经发表的但不以汉语言文字创作的作品,未经许可,不得翻译成少数民族语言文字作品在国内出版发行;中国公民、法人或者其他经济组织已经发表的以汉语言文字创作的作品,未经许可,不得翻译成少数民族语言文字作品在国外出版发行;未发表的作品,未经许可,不得翻译成少数民族语言文字作品在国内出版发行。

依法禁止出版、传播的作品,不受保护。

(2)商标权

商标权,是指商标权人对注册商标包括商品商标、服务商标、集体商标和证明商标依法享有的各项权利,包括独占使用权、许可使用权、商标转让权和续展权。注册商标的专用权,以核准注册的商标和核定使用的商品为限,例如,某公司注册的使用在饮料上的商标,如果使用在电视机上,就不是注册商标。未经注册的商标和未经核定使用的商品,不受商标法保护,也就是说,商标权的获得是基于国家的授权,所以,要获得商标权,必须向商标局提出商标注册申请。需要说明的是,除了国家规定必须使用注册商标的商品,如烟草、人用药品,其他商品可以不使用注册商标,但未注册商标一般不受商标法保护。例如,某公司在其生产的饮料上使用某商标,如果未经注册,即使他人使用了该商标,该公司也不能依据商标法得到保护,但不受商标法保护,并不意味着不受法律保护。

注册商标的专用权,受法律保护,但销售不知道是侵犯注册商标专用权的商品,能证明该商品是自己合法取得的并说明提供者的,不承担赔偿责任。

(3)专利权

专利权,是指专利权人在法律规定的期限内对其发明创造所享有的申请权和专有权,包括申请权、独占权、许可权、转让权、标记权和放弃权等。这种权利具有专有性、地域性和时间性的特征。与商标权一样,专利权的获得也是基于国家的授权,要获得专利权,必须向专利局提出专利申请。未获得专利权的技术,不受专利法保护。例如,某公司发明的某种饮料,如果没有获得专利权,那么,一旦该技术被公开,即使他人使用了该发明,该公司也不能依据专利法得到保护,同样,不受专利法保护,并不意味着不受法律保护。

专利权依法受法律保护,但下列行为,不视为侵犯专利权:①专利权人制造、进口或者经专利权人许可而制造、进口的专利产品或者依照专利方法直接获得的产品售出后,使用、许诺销售或者销售该产品的;②在专利申请日前已经制造相同产品、使用相同方法或者已经作好制造、使用的必要准备,并且仅在原有范围内继续制造、使用的;③专为科学研究和实验而使用有关专利的。此外,为生产经营目的使用或者销售不知道是未经专利权人许可而制造并售出的专利产品或者依照专利方法直接获得的产品,能证明其产品合法来源的,不承担赔偿责任。

有关涉外知识产权的内容,详见第七章涉外商务法律的内容。

(4)世界贸易组织(WTO)关于知识产权的界定

世界贸易组织(WTO)对知识产权的界定比我国广泛,包括:版权和邻接权;商标权;地理标志权;工业品外观设计权;专利权、集成电路布图设计(拓扑图)权;未披露过的信息专有权。随着我国和国际的接轨,我国的知识产权的范围会不断扩大。有关世界贸易组织(WTO)的内容,详见第十章世界贸易组织法的内容。

2. 单位知识产权主体

自然人可以依法成为知识产权的主体,除了自然人,单位依法也可以成为知识产权主体,包括单位著作权主体、单位商标权主体和单位专利权主体。

(1)单位著作权主体

单位著作权主体的两种情况:①单位是作者。一般而言,只有自然人才是事实上的作者,但我国著作权法规定,由法人或者其他经济组织主持,代表法人或者其他经济组织意志创作,并由法人或者其他经济组织承担责任的作品,法人或者其他经济组织视为作者。②单位是著作权人。主要是利用法人或者其他经济组织的物质技术条件创作,并由法人或者其他经济组织承担责任的工程设计图、产品设计图、地图、计算机软件等职务作品;法律、行政法规规定或者合同约定著作权由法人或者其他经济组织享有的职务作品,作者享有署名权,单位是著作权人。

(2)单位商标权主体

只要提出商标注册申请并依法被核准注册享有商标专用权的单位,包括法人和其他经济组织,都可以成为单位商标权主体。合法受让获得商标权的单位,也可以是商标权人。转让注册商标的,转让人和受让人应当签订转让协议,并共同向商标局提出申请。受让人应当保证使用该注册商标的商品质量。转让注册商标经核准后,予以公告。受让人自公告之日起享有商标专用权。需要说明的是,在2001年商标法修改前,我国只允许单位成为商标权主体,现在,自然人也可以成为商标权主体。

(3)单位专利权主体

专利权的主体包括发明人、专利申请权人、专利权人,但我国专利法规定,只有自然人才能成为发明人,所以单位成为专利权主体有以下两种情况:单位是专利申请权人;单位是专利权人。

单位在以下情况可以成为专利申请权人:

①职务发明的发明人所在单位。专利法规定,执行本单位的任务或者主要是利用本单位的物质技术条件所完成的发明创造为职务发明创造。职务发明创造申请专利的权利属于该单位;申请被批准后,该单位为专利权人。所谓执行本单位的任务,是指在本职工作中做出的发明创造;履行本单位交付的本职工作之外的任务所做出的发明创造;退职、退休或者调动工作后1年内做出的,与其在原单位承担的本职工作或者原单位分配的任务有关的发明创造。所谓本单位,包括临时工作单位。所谓本单位的物质技术条件,是指本单位的资金、设备、零部件、原材料或者不对外公开的技术资料等。

②专利申请权人的合法受让人。单位可以通过合同转让等方式获得专利申请权成为专利申请权人。

依法通过专利局的审批程序,并由专利局授予专利权的单位,是专利权人,合法受让获得专利权的单位,也可以是专利权人。

转让专利申请权或者专利权的,当事人应当订立书面合同,并向国务院专利行政部门登记,由国务院专利行政部门予以公告。专利申请权或者专利权的转让自登记之日起生效。中国单位或者个人向外国人转让专利申请权或者专利权的,必须经国务院有关主管部门批准。

三、知识产权的保护对象和保护期限

对于单位知识产权的内容、保护对象和保护期限,著作权法、商标法和专利法分别做了不同的规定。

1. 单位著作权的保护对象和保护期限

单位著作权的保护对象是作品,包括下列形式创作的文学、艺术和自然科学、社会科学、工程技术等作品:①文字作品;②口述作品;③音乐、戏剧、曲艺、舞蹈、杂技艺术作品;④美术、建筑作品;⑤摄影作品;⑥电影作品和以类似摄制电影的方法创作的作品;⑦工程设计图、产品设计图、地图、示意图等图形作品和模型作品;⑧计算机软件;⑨法律、行政法规规定的其他作品。但法律、法规,国家机关的决议、决定、命令和其他具有立法、行政、司法性质的文件,及其官方正式译文;时事新闻;历法、通用数表、通用表格和公式不是著作权法上的作品。

单位著作权的保护期限为 50 年。

2. 单位商标权的保护对象和保护期限

单位商标权的保护对象是指经商标局核准注册的商标,即获准注册的区别于他人的一种具有显著性的标志,包括商品商标、服务商标、集体商标和证明商标。任何能够将自然人、法人或者其他经济组织的商品与他人的商品区别开的可视性标志,包括文字、图形、字母、数字、三维标志和颜色组合,以及上述要素的组合,均可以作为商标申请注册。申请注册的商标,应当有显著特征,便于识别,并不得与他人在先取得的合法权利相冲突。例如,如果他人在服装上注册了"绿豆"商标,一般不得再注册"黄豆"商标。

下列标志不得作为商标使用:同中华人民共和国的国家名称、国旗、国徽、军旗、勋章相同或者近似的,以及同中央国家机关所在地特定地点的名称或者标志性建筑物的名称、图形相同的;同外国的国家名称、国旗、国徽、军旗相同或者近似的,但该国政府同意的除外;同政府间国际组织的名称、旗帜、徽记相同或者近似的,但经该组织同意或者不易误导公众的除外;与表明实施控制、予以保证的官方标志、检验印记相同或者近似的,但经授权的除外;同"红十字"、"红新月"的名称、标志相同或者近似的;带有民族歧视性的;夸大宣传并带有欺骗性的;有害于社会主义道德风尚或者有其他不良影响的。县级以上行政区划的地名或者公众知晓的外国地名,不得作为商标。但是,地名具有其他含义或者作为集体商标、证明商标组成部分的除外;已经注册的使用地名的

商标继续有效。例如,现在的企业不能将自己的产品的商标注册为"北京",但某企业生产的电视机的注册商标为"北京",该商标继续有效。

下列标志未经过使用取得显著特征,并便于识别的,不得作为商标注册:仅有本商品的通用名称、图形、型号的;仅仅直接表示商品的质量、主要原料、功能、用途、重量、数量及其他特点的;缺乏显著特征的。例如,不得给足球注册"足球"商标,也不得给纯净水注册"水"商标。

注册商标的有效期为10年,自核准注册之日起计算。注册商标可以续展,每次续展注册的有效期也是10年,但续展没有次数限制。

3. 单位专利权的保护对象和保护期限

单位专利权的保护对象依法享有专利权的发明、实用新型和外观设计。专利法所称发明,是指对产品、方法或者其改进所提出的新的技术方案;实用新型,是指对产品的形状、构造或者其结合所提出的适于实用的新的技术方案;外观设计,是指对产品的形状、图案或者其结合,以及色彩与形状、图案的结合所做出的富有美感并适于工业应用的新设计。

授予专利权的发明和实用新型,应当具备新颖性、创造性和实用性;授予专利权的外观设计,应当同申请日以前在国内外出版物上公开发表过或者国内公开使用过的外观设计不相同和不近似,并不得与他人在先取得的合法权利相冲突。

对下列各项,不授予专利权:科学发现;智力活动的规则和方法;疾病的诊断和治疗方法;动物和植物品种;用原子核变换方法获得的物质。但对动物和植物品种的生产方法,可以授予专利权。

根据我国专利法的规定,发明专利权的期限为20年,实用新型专利权和外观设计专利权的期限为10年,均自申请日起计算。

四、单位知识产权人的权利和义务

1. 单位知识产权人的权利

单位知识产权人的主要权利有:

(1)依法申请、享有和转让知识产权的权利

知识产权人不但可以申请商标权和专利权,享有著作权、商标权和专利权,也可以依法转让自己的商标权和专利权。

(2)独占使用或许可他人使用自己的知识产权并获得报酬的权利

知识产权人不但可以自己使用自己的知识产权,也可以许可他人使用自己的知识产权,在许可他人使用自己的知识产权时,可以要求他人支付报酬。

(3)维护自己合法的知识产权的权利

当其他人和单位非法侵犯自己合法的知识产权时,单位知识产权人既可以向有关行政执法主体举报,也可以请求人民法院判令对方承担停止侵害、消除影响和公开赔礼道歉以及赔偿损失等民事责任。根据《著作权法》、《商标法》、《专利法》和其他法律法规的规定,我国现阶段的有关知识产权的行政执法主体主要有著作权行政管理部门、商标局、商标评审委员会、工商行政管理部门、专利行政管理部门、专利复审委员会等。

(4)法律、行政法规规定的其他权利

2. 单位知识产权人的义务

单位知识产权人在依法享有权利的同时,必须承担相应的义务,单位知识产权人的主要义务有:

(1)保证知识产权合法性的义务

知识产权人要行使知识产权,必须首先保证自己的知识产权的合法性,如不得出版、传播法律、法规禁止出版、传播的作品;不得使用法律、法规禁止使用的商标;不得从事违反国家法律、社会公德或者妨害公共利益的发明创造。

(2)履行法定义务的义务

知识产权人要享有知识产权,必须履行相应的法定义务,如在并且只在核准注册商品上使用注册商标;保证使用商标的商品质量;按规定缴纳商标和专利的各种费用;在受让或被许可使用他人的知识产权时,支付相应的报酬,如果知识产权人不履行法定的义务,就可能丧失自己的知识产权。

(3)法律、行政法规规定的其他义务

五、知识产权纠纷及解决方法

1. 知识产权纠纷

知识产权纠纷是指知识产权人因行使知识产权或不特定第三人侵犯自己的知识产权与不特定第三人产生的争议。常见的知识产权纠纷有:

归属权纠纷。是指主体之间就谁是真正的知识产权人谁应该具有知识产权所发生的争议,如是单方知识产权人还是共同知识产权人等纠纷。

侵权纠纷。是指知识产权人与不特定第三人因侵权行为发生的争议,如未经知识产权人许可,擅自使用其知识产权,导致双方发生的纠纷。

合同纠纷。是指知识产权转让、许可使用等合同中各方当事人因合同而引起的争议,如受让方超越合同授权导致双方发生的纠纷。

行政纠纷。是指当事人对知识产权行政管理机关所做出的决定不服而引起的争议,如对有关行政机关的处理决定不服而产生的纠纷。

2. 解决方法

解决知识产权纠纷的主要方法有协商、调解、行政处理、仲裁和民事诉讼五种。

协商是指双方当事人在知识产权纠纷发生后,在自愿互谅的基础上,按照有关法律的规定,通过直接的协商和谈判,自行达成和解协议,从而使纠纷得到解决的活动。

调解是指知识产权纠纷发生后,经双方当事人申请,由人民法院、仲裁机构或调解人从中协调,使双方当事人在自愿协商的基础上,互作让步,达成协议,从而使纠纷得到解决的活动。

行政处理是指知识产权纠纷有关的当事人或者不特定第三人请求知识产权行政管理机关处理其知识产权纠纷或与知识产权有关的侵权等违法行为的活动。

仲裁是指知识产权纠纷双方当事人在自愿基础上达成协议,将纠纷提交仲裁机构审理,由仲裁机构做出对争议双方均有约束力的裁决的解决纠纷的制度。当事人可以根据仲裁裁决或调解书要求对方承担责任或履行义务,也可请求人民法院强制执行。

民事诉讼是指人民法院在知识产权纠纷双方当事人的参与下审理和解决知识产权纠纷案件的诉讼活动。当事人可以请求人民法院做出要求对方承担责任或履行义务的判决书或调解书,并可请求人民法院强制执行。有关因行政纠纷或行政处理引起的行政诉讼的内容,详见第八章行政法的内容。

第二节 经典案例

一、关于职务作品的案例

经典案例:为单位完成的作品就归单位吗?——王某等诉某审计局职务作品纠纷案

案情事实:为培训审计干部,某审计局业务处王某等人提议编一本《审计实用手册》,经主管领导及审计局党组同意,作为业务处的一项工作任务,开始组织编写。由王某任主编,业务处全体人员及其他单位有关人员20人参加了编写。王某与某出版社签订了"自费出版合同",合同上加盖审计局业务处印章。合同签订后即向全国征订,并约定书出版后用书款向出版社支付费用。由于在编写过程中的会议费、差旅费由审计局报销,王某和某审计局对《审计实用手册》的著作权归属产生了争议。

法院判决:《审计实用手册》系职务作品,著作权归王某等原告所有,但被告审计局在该书完成两年内有优先使用权。

案例精点：著作权法规定，由法人或者其他经济组织主持，代表法人或者其他经济组织意志创作，并由法人或者其他经济组织承担责任的作品，法人或者其他经济组织视为作者；公民为完成法人或者其他经济组织工作任务所创作的作品是职务作品，除主要是利用法人或者其他经济组织的物质技术条件创作并由法人或者其他经济组织承担责任的工程设计图、产品设计图、地图、计算机软件等职务作品和法律、行政法规规定或者合同约定著作权由法人或者其他经济组织享有的职务作品外，著作权由作者享有，但法人或者其他经济组织有权在其业务范围内优先使用。本案中，王某以及其他人员共同编写的《审计实用手册》，虽然审计局为编写工作会议报销了会议费、差旅费，但审计局并未拨出编写《审计实用手册》的专门资金，也不对《审计实用手册》一书承担责任，编写者与审计局之间也没有关于该书著作权归审计局的约定，因此《审计实用手册》的著作权不属于单位所有。

二、关于假冒作品的案例

经典案例：拍卖假冒作品构成侵权吗？——吴某诉上海某店、香港某拍卖公司出售假冒其署名的美术作品纠纷案

案情事实：上海某店和香港某拍卖公司约定于某年10月在香港联合主办近代中国书画拍卖会，拍卖会召开前夕，某拍卖公司将其征集和某店提供的拍卖品编印成《图录》，并由上海某店将此《图录》赠送给上海有关单位和个人，《图录》中有在港客户赵某委托某拍卖公司拍卖的署名吴某的画《毛泽东肖像》。吴某获悉上述情况后认为，自己从未画过《毛泽东肖像》，于是，要求制止对该画的拍卖。香港某拍卖公司接到上海某店转告的吴某的意见后，当即请香港有关专家对此作品进行了鉴定，认为吴某称假的理由不能成立；并由委托人赵某对此画的真实性做了担保。于是，拍卖公司出具证明，称有关作品的代理、宣传、竞拍等事项均由本公司照章办理，与上海某店无关。10月下旬，由某拍卖公司和上海某店联合主办的中国近代字画及古画拍卖会在香港举行，《毛泽东肖像》以52.8万港元成交。次年6月，经公安部鉴定，落款非吴某署名，于是，吴某以上海某店、某拍卖公司侵害其著作权为由向法院提起诉讼。

法院判决：被告上海某店、被告香港某拍卖公司共同严重侵犯了原告吴某的著作权，应停止侵害；两被告在《人民日报（海外版）》、《光明日报》上载文向原告吴某公开赔礼道歉，消除影响；两被告共同赔偿原告损失人民币7.3万元，其中上海某店赔偿吴某2.7万元，某拍卖公司赔偿吴某4.6万元。

案例精点：著作权法规定，著作权包括署名权，即表明作者身份，在作品

上署名的权利;制作、出售假冒他人署名的作品的,应当根据情况,承担停止侵害、消除影响、赔礼道歉、赔偿损失等民事责任。本案讼争作品《毛泽东肖像》,落款非吴某署名,是一幅假冒吴某署名的美术作品。上海某店与香港某拍卖公司在依协议联合主办的拍卖活动中公开拍卖了假冒吴某亲笔署名的美术作品,共同构成了对吴某著作权的侵害。另外,上海某店、某拍卖公司不听劝阻,执意拍卖属于有严重侵权行为的画件,应当依法承担民事责任。鉴于该画是由某拍卖公司直接接受委托,上海某店曾数次转达作者的意见等事实,某拍卖公司对本案的侵权行为负有主要责任,上海某店系拍卖联合主办单位之一,也应负一定责任,并相互承担连带责任。

三、关于影视作品的案例

经典案例:电视台可以随意播放影视作品吗?——某影视社诉某县电视台著作权纠纷案

案情事实: 五集蒲剧电视连续剧《西厢记》,是由某影视社与中央电视台影视部共同投资、联合拍摄的录像作品。双方约定:该剧的无线电视播放和发行权属某影视社所有,有线电视的版权和版权收益归中央电视台影视部。经双方商定,中央电视台予以播放。某县电视台在中央电视台播放时录制了全剧,并在其无线电视台上播放,同时插播了商业广告。于是,某影视社以侵犯著作权为由起诉到法院,请求判令某县电视台停止侵害、消除影响、公开赔偿道歉,并赔偿经济损失。

法院判决: 被告某县电视台赔偿原告某影视社经济损失;被告某县电视台应在原侵权范围内向原告某影视社赔礼道歉、消除影响。

案例精点: 著作权法规定,作者享有著作权,合作创作的作品,著作权归合作者共同享有;电视台播放他人的电影作品和以类似摄制电影的方法创作的作品、录像制品,应当取得制片者或者录像制作者许可,并支付报酬;播放他人的录像制品,还应当取得著作权人许可,并支付报酬。本案中,某影视社与中央电视台影视部共同投资、联合拍摄了五集蒲剧电视连续剧《西厢记》,依照著作权法的规定及双方约定,某影视社对五集蒲剧电视连续剧《西厢记》享有无线电视播放权和发行权,以及许可他人播放并获得报酬的权利。某县电视台出于商业目的,未取得著作权人的许可,也未向著作权人支付报酬,就擅自使用他人作品,无论其对影视社与中央电视台之间的约定是否知情,都是侵权行为,应当承担停止侵害、消除影响、公开赔礼道歉、赔偿损失等民事责任。

四、关于特殊文字作品的案例

经典案例：计算机软件有著作权吗？——金辰公司诉智业公司著作权纠纷案

案情事实： 金辰公司经依法登记，于某年7月起享有某软件的著作权。后来金辰公司发现写明联系人为孙某某的软件介绍一份，该介绍中开列了数百种软件，其中有某软件。金辰公司向某公证处申请证据保全公证，并在公证员在场的情况下购买了由孙某某当场拷贝的电脑秘书软件6盘，某软件1盘，共付款192元，孙某某当场开具了智业公司的发票。智业公司在某区工商局登记档案中明确记载孙某某为该公司的雇员之一。孙某某在经营中以智业公司的名义进行产品销售活动，使用该公司的账号和发票。金辰公司于是起诉智业公司侵犯其著作权。

法院判决： 被告智业公司侵犯原告金辰公司著作权成立。

案例精点： 依据著作权法的规定，计算机软件也是作品，享有著作权，使用他人作品应当同著作权人订立许可使用合同，未经著作权人未明确许可、转让的权利，另一方当事人不得行使。本案中孙某某在经营中未经著作权人许可实施了对某软件的宣传和销售，构成对金展公司软件著作权的侵犯。由于孙某某是智业公司的雇员，且在交易过程中使用了智业公司的账号和发票，该销售行为应认定为智业公司实施的行为，应由智业公司承担民事责任。

五、关于时事新闻的案例

经典案例：节目预告表是时事新闻吗？——某影视报社诉某工人报社电视节目预告表使用权纠纷案

案情事实： 某影视报社的某自治区广播电视报创刊后，某影视报社与中国电视报社签订协议，由中国电视报社向某影视报社提供中央电视台节目预告表，由某影视报社在其报纸上刊登或转载并支付稿酬。某影视报社又与某电视台口头协商将其一周的电视节目预告表由某影视社刊登，某影视社支付稿酬。某工人报社未经某影视报社同意，以节目预告表也是时事新闻为由，从某年起，每周星期一在其报纸上转载某影视报社报纸中刊登的中央电视台、某自治区电视台一周电视节目预告表。某影视报社于是向法院提起诉讼，请求法院判令某工人报社立即停止侵权行为，公开赔礼道歉，赔偿经济损失。

法院判决： 被告某工人报社立即停止在其报纸上刊登某自治区广播电视报的一周电视节目预告表的侵权行为；被告某工人报社赔偿给原告某影视报社经济损失；被告某工人报社在该报向原告某影视报社公开赔礼道歉。

案例精点： 著作权法规定，时事新闻不受著作权法保护，那么节目预告表是时事新闻吗？著作权法中的时事新闻，是指报社、通讯社、广播电台、电视台等新闻机构对近期国内外政治事件或社会事件的报道。本案中的一周电视节目预告表是电视台为了让观众预先知道在一周内的节目以便供其届时选择收看的预报，不属于著作权法的时事新闻。国家新闻出版署《关于广播电视节目预告转载问题的通知》规定，各地报纸可以转载广播电视报所刊当天和第二天的广播电视节目预告，但不得一次转载或摘登一周或一周以上的广播电视节目预告。本案中某工人报社不经某影视报社许可，擅自转载一周电视节目预告表，违反了该通知的规定，应承担民事责任。

六、关于商标侵权的案例

经典案例： 只在部分产品上使用别人的商标构成侵权吗？——某服装公司诉某制衣公司侵犯商标权纠纷案

案情事实： 某年3月，某服装公司经国家商标局核准，依法注册了"普顿"文字商标。核定使用的商品类别为第25类：服装。商标注册证号为第732880号。某制衣公司在某年6月为中复电讯公司加工制作了一批工服。在其加工制作的裤子上，使用了带有"普顿"商标及某服装公司厂名的裤腰衬里。某服装公司于是请求法院依法判令某制衣公司在《北京晚报》上公开致歉、消除影响；并赔偿经济损失。

法院判决： 被告某制衣有限公司立即停止侵权行为；被告某制衣公司于判决生效之日起7日内以书面形式向原告某服装有限公司赔礼道歉，并支付赔偿金。

案例精点： 商标法规定，经商标局核准注册的商标为注册商标，商标注册人享有商标专用权，受法律保护。未经商标注册人的许可，在同一种商品或者类似商品上使用与其注册商标相同或者近似的商标的，属于侵犯注册商标专用权，依法应承担侵权责任。本案中，某服装公司是"普顿"商标的注册人，依法对该注册商标享有专有使用权。某制衣公司未经某服装公司许可，虽然只在其加工制作的某一批裤子上使用了"普顿"商标，其行为仍构成侵犯某服装公司的商标权，应对其侵犯某服装公司商标权的行为承担民事责任。

七、关于专利侵权的案例

经典案例： 可以随意引进别人的技术吗？——某机械厂诉某有限公司专利侵权案

案情事实： 某机械厂为解决生产中带锯床锯带容易断裂的问题，试制成功了一种"锯带弹性导向支架",并于某年5月向中国专利局申请专利,第二年4月被授予了实用新型专利权。与此同时,某机械厂开始制造、使用并销售装有"锯带弹性导向支架"的带锯床。由于装有这种"锯带弹性导向支架"的带锯床在使用中大大提高了锯带的使用寿命,市场销售情况良好,某有限公司未经某机械厂同意,决定引进该技术,并直接在市场上销售其生产产品。某机械厂发现后,就向人民法院提起了诉讼。

法院判决:被告某有限公司侵犯原告某机械厂专利权成立。

案例精点:专利法规定,未经专利权人许可,实施其专利,是侵犯专利权。本案中,某机械厂申请"锯带弹性导向支架"专利,经中国专利局审查后获得了专利权,"锯带弹性导向支架"系某机械厂的专利,受专利法保护。某有限公司未经某机械厂同意,制造、销售带有"锯带弹性导向支架"的带锯床,违反了专利法的规定,构成专利侵权,应承担相应的法律责任。

八、关于专利申请权资格的案例

经典案例:发明人就是专利权申请人吗?——神州中心诉简某专利申请权人资格纠纷案

案情事实:神州中心的法定经营范围中包括新技术的研究、开发,其工作人员简某针对现有某型号采油树的缺点,开发了一种新型采油树的构思,并投入研制,于某年元月份设计出草图。该技术成果征得了有关方面专家的认可。同年3月,机械专业高级工程师杨某为使该设计更为合理、完整,对其草图主动地、创造性地进行了改进,保留了草图中合理部分,否定了其中不符合实际的设想,完善了其中不明确的构思。8月,简某以自己和杨某为申请人向中国专利局提出实用新型专利申请。神州中心于是起诉要求确认其专利权申请人资格。

法院判决:原告神州中心为该新型采油树的专利权申请人。

案例精点:专利法规定,执行本单位的任务或者主要是利用本单位的物质技术条件所完成的发明创造为职务发明创造,职务发明创造申请专利的权利属于该单位;申请被批准后,该单位为专利权人。本案中,杨某作为"神州中心"聘任技术人员,在聘任期间就公司分配的任务从事工作,与简某共同完成的"一种采油树"技术成果,应属于职务发明创造,职务发明的专利申请权应属于该单位,简某和杨某都不得擅自以专利权申请人向中国专利局提出实用新型专利申请。

九、关于作品合理使用的案例

经典案例：什么是作品的合理使用？——某录音录像公司诉某电影学院侵犯作品专有使用权纠纷案

案情事实：某录音录像公司于某年某日与汪某签订合同，合同规定汪某允许某录音录像公司对其拥有版权的作品《受戒》进行影视改编及拍摄。同年，某电影学院文学系某学生为完成改编课程作业，将汪某的小说《受戒》改编成电影剧本，第二年，某电影学院组织该院学生联合摄制电影《受戒》并在某电影学院小剧场内放映一次，用于教学观摩。某电影学院此后组团携《受戒》等片参加法国朗格鲁瓦国际学生电影节，放映了《受戒》影片，并对外公开出售少量门票。某录音录像公司认为某电影学院公然侵权，于是起诉到人民法院。

法院判决：判决生效后十日内，被告某电影学院向原告某录音录像公司以书面形式赔礼道歉（致歉内容需经本院审核）。被告某电影学院制作的电影《受戒》拷贝及录像带自本判决生效之日起只能在其学院内供教学使用，不得投入公知领域。本判决生效后十日内被告某电影学院赔偿原告某录音录像公司经济损失人民币一万元。

案例精点：著作权法规定，著作权受法律保护，使用他人作品应当同著作权人订立许可使用合同。著作权法也规定，为学校课堂教学或者科学研究，翻译或者少量复制已经发表的作品，属于作品的合理使用，可以不经著作权人许可，不向其支付报酬，但应当指明作者姓名、作品名称，并且不得侵犯著作权人依照本法享有的其他权利，不得出版发行。本案中，某录音录像公司通过合同，依法取得的以摄制电视剧、电影方式改编小说《受戒》的专有使用权受法律保护，未经该专有使用权人的许可，其他任何人均不得以同样的方式改编、使用该作品，否则即构成对该专有使用权的侵犯。被告某电影学院从教学实际需要出发，根据汪某的同名小说《受戒》改编的电影剧本，组织应届毕业生摄制毕业电影作品，用于评定学生学习成果，属于著作权的合理使用。但某电影学院将电影《受戒》送往法国参加朗格鲁瓦国际学生电影节，并出售了少量门票，这已超出在本校内课堂教学使用的范畴，违反了著作权法的规定，构成了对某录音录像公司依法取得的小说《受戒》专有使用权的侵犯。

十、关于网上链接侵权的案例

经典案例：链接他人的作品是侵权吗？——博公司诉讯公司、汤公司侵犯作品专有使用权纠纷案

案情事实：博公司于某年12月与作者周某签订合同，约定某公司在此后的6年里,在全球范围内独家拥有周某作品的电子版权。次年6月,讯公司与作公司签订合同,约定双方合作为汤公司开办的汤网站设计文学频道和制作有关栏目内容,约定讯公司与汤公司应在汤网站文学频道的显著位置显示其文学频道的合作伙伴为作公司"某作家网",并制作链接;作公司保证其签订和履行合同对任何第三方均不构成侵权或违约。之后,双方合作开设了中国文学频道,在该频道内设有名为"周某的网"栏目,并与某作家网上的周某的两部小说集设置了链接。博公司通过汤网站发现上述作品在网上传播后,提起了诉讼。讯公司和汤网站立即取消了与某作家网的链接。

法院判决: 驳回原告博公司的诉讼请求。

案例精点: 著作权法规定,著作权受法律保护,未经著作权人许可,复制、发行、表演、放映、广播、汇编、通过信息网络向公众传播其作品的,应承担侵权责任。最高人民法院关于审理涉及计算机网络著作权纠纷案件适用法律若干问题的解释规定,受著作权法保护的作品,包括著作权法规定的各类作品的数字化形式,著作权法对著作权各项权利的规定均适用于数字化作品的著作权,将作品通过网络向公众传播,属于著作权法规定的使用作品的方式,著作权人享有以该种方式使用或者许可他人使用作品,并由此获得报酬的权利。本案中,博公司通过签订合同,取得了周某作品电子版的专有使用权,"某作家网"未经许可擅自使用他人作品,已经构成侵权,讯公司、汤公司未经著作权人许可,也构成侵权。但根据当时(2000年)的法律规定,作品使用人如果没有侵权的故意,就不承担侵权的民事责任,所以,法院做出了驳回博公司诉讼请求的判决。如果讯公司、汤公司的行为发生在现在,则需要承担侵权责任。

第三节 实务模拟

一、实务模拟目标

某制药公司诉某医院、某保健品公司、李某商标侵权纠纷案被告代理人实务模拟。

二、案情背景

近年来,某制药公司、某医院、某保健品公司都在生产以百合为原料的产品,如"摩罗丹"、"摩罗宝"、"摩罗汤"、"摩罗豆"等。在注册了"摩罗丹"商标后,某年某月某日,某制药公司在某市高级人民法院起诉某保健品公司、李某商标侵权,三个月后,某制药公司又在某省某市中级人民法院起诉某医院、李某商标侵权。

三、有关文件

民事起诉状

原告：某制药公司

住址：某市某路某号

法定代表人：某某　职务：经理

被告：李某，男，汉族，某年某月某日生。

被告：某保健品公司

住址：某市某区某路某号

法定代表人：李某　职务：经理

诉讼请求：1. 判令被告停止商标侵权；

　　　　　2. 判令被告赔礼道歉；

　　　　　3. 诉讼费由被告承担。

事实与理由：原告长期生产国家著名药品"摩罗丹"，并以"摩罗丹"在国家商标局获准注册。近年来，两被告未经原告允许，擅自共同生产"摩罗"系列产品，包括"摩罗宝"、"摩罗汤"、"摩罗豆"等近二十种产品，侵犯了原告的商标权，给原告造成重大经济损失，原告多次找被告协商，被告不理，特起诉于法院，请依法支持原告诉讼请求。

　　　　　此致

某市高级人民法院

某制药公司（盖章）

某年某月某日

四、实务模拟题

作为被告李某的代理人，请确定代理思路。

第五章 反不正当竞争法

第一节 反不正当竞争法概述

一、不正当竞争和反不正当竞争法

1. 不正当竞争

不正当竞争,是指经营者违反反不正当竞争法规定,损害其他经营者的合法权益,扰乱社会经济秩序的行为。所谓经营者,是指从事商品经营或者营利性服务的法人、其他经济组织和个人。

2. 反不正当竞争法

反不正当竞争法,是调整在制止不正当竞争过程中产生的社会关系的法律规范的总和。狭义的反不正当竞争法,是指《中华人民共和国反不正当竞争法》。

二、反不正当竞争法的宗旨和原则

1. 反不正当竞争法的宗旨

反不正当竞争法的宗旨有三:一是保障社会主义市场经济的健康发展,二是鼓励和保护公平竞争,制止不正当竞争,三是保护经营者和消费者的合法权益。竞争机制是市场经济最基本、最重要的运行机制,是其他市场经济规律赖以发挥作用的基础,反不正当竞争法的首要目标是保护竞争机制,使整个社会经济能够有序运转。

2. 反不正当竞争法的原则

我国反不正当竞争法的基本原则有:(1)自愿、平等、公平原则。其中自愿是指经营者不得强迫、胁迫、利诱进行交易,平等是指经营者应相互尊重对方的独立地位,公平是指市场应该是开放的,经营者参加竞争的机会是均等的。(2)诚实信用、遵守公认商业道德的原则。即经营者进行经济活动是应当出于正当的商业动机,以符合商业道德的手段实现其经济目的。

三、经营者的权利和义务

1. 经营者的权利

经营者的主要权利有:

(1) 依法经营的权利

经营者可以依法经营,向社会提供商品和服务。

(2) 监督、追究和举报不正当竞争行为的权利

国家鼓励、支持和保护一切组织和个人对不正当竞争行为进行社会监督,当然包括鼓励、支持和保护经营者对不正当竞争行为进行社会监督;对违反反不正当竞争法规定、侵害经营者正常经营的不正当竞争行为,受害当事者有权追究;对以下不正当竞争行为,经营者有权向行政执法主体举报:

①公用企业或其他依法享有独占地位的经营者的限制竞争的行为。这是指供电、供水、邮政、电信等行业的经营者,应当遵守国家的法律规定,不得利用自身的优势地位限定他人购买其指定的经营者的商品,以排挤其他经营者的公平竞争,也不得侵害消费者的合法权益。

②政府机构的限制竞争行为。政府及其所属部门不得滥用行政权力,限定他人购买其指定的经营者的商品,限制其他经营者正当的经营活动。政府及其所属部门不得滥用行政权力,限制外地商品进入本地市场,或者本地商品流向外地市场。

③其他经营者违反反不正当竞争法从事的不正当竞争行为。

其中,以上第一、第二类行为,在国外属于垄断行为,受反垄断法调整,但我国还没有制定反垄断法,所以也归入不正当竞争行为,受反不正当竞争法调整。

所谓行政执法主体,是指经法律法规授权,执行法律、法规和规章,可以对公民、法人或其他经济组织等行政管理相对人做出具有法律效力决定的行政机关。我国反不正当竞争法的执法主体具有统一性和广泛性并存的特征。所谓统一性,指反不正当竞争有一个法律明确规定的行政主管机关,即工商行政管理局;所谓广泛性,指有权进行这方面管理的还有其他许多由法律法规授权的机关。反不正当竞争法规定,县级以上人民政府工商行政管理部门对不正当竞争行为进行监督检查;法律、行政法规规定由其他部门监督检查的,依照其规定;各级人民政府应当采取措施,制止不正当竞争行为,为公平竞争创造良好的环境和条件。

根据反不正当竞争法和其他法律法规的规定,我国现阶段反不正当竞争行为的监督检查部门主要有:工商行政管理局;专利局;技术监督局;物价局;卫生局和医药局;国务院证券委员会和中国证券监督管理委员会;文化局和新闻出版部门;城建局和建设部门;烟草、交通、铁道、民航、邮电、公用事业部门和监察部门。各行政执法主体可以依照有关的部门法律、法规和反不正当竞争法的规定对不正当竞争行为进行查处。

（3）法律、行政法规规定的其他权利

2. 经营者的义务

经营者的主要义务有：

（1）不得在经营过程中搭售商品或附加其他不合理条件的义务

这是指经营者在提供商品和服务时不得凭借其优势地位，违背交易人的意愿进行搭售或附加其他不合理的条件，如限定消费者在购买某一种商品时必须同时购买其他商品或服务，或者附加限制转售价格、转售地区等条件。

（2）不得串通投标的义务

这主要包含两种情况：一是投标者不得非法串通，抬高标价或者压低标价，损害招标者利益，二是投标者和招标者不得相互勾结，以排挤竞争对手的公平竞争，损害其他投标者利益。

（3）不得使用欺骗性交易方法的义务

经营者不得采用下列不正当手段从事市场交易，损害竞争对手：假冒他人的注册商标；擅自使用知名商品特有的名称、包装、装潢，或者使用与知名商品近似的名称、包装、装潢，造成和他人的知名商品相混淆，使购买者误认为是该知名商品；擅自使用他人的企业名称或者姓名，引人误认为是他人的商品；在商品上伪造或者冒用认证标志、名优标志等质量标志，伪造产地，对商品质量作引人误解的虚假表示。所谓知名商品，是指在市场上具有一定的知名度，为相关公众所知悉的商品。在我国，认定知名商品的机构是国家工商总局和人民法院。知名商品的装潢，当然也可以包括非注册商标。

（4）不得进行商业贿赂的义务

经营者不得为争取交易机会，采用财物或者其他手段进行贿赂以销售或者购买商品，不得暗中给予能够影响市场交易的有关人员以财物或其他好处，如佣金、回扣、折扣等。但经营者销售或者购买商品，可以以明示方式给对方折扣，也可以给中间人佣金。经营者给对方折扣、给中间人佣金的，必须如实入账；接受折扣、佣金的经营者也必须如实入账。

（5）不得发布和利用虚假广告的义务

经营者不得利用广告或其他使公众知道的方法，对产品的质量、制作成分、性能、用途、生产者、有限期限、产地等作引人误解的虚假宣传，以影响消费者的客观判断，广告的经营者不得在明知或者应知的情况下，代理、设计、制作、发布虚假广告。

（6）不得侵犯商业秘密的义务

经营者不得采取不正当的手段非法地获取不为公众所知悉、能为权利人带来经济利益、具有实用性并经权利人采取保密措施的经营信息和技术信息，包括他人未申请专利的非专利技术和技术秘密。如以盗窃、利诱、胁迫或其他不正当手段获取权利人的商业秘密;披露、使用或允许他人使用以盗窃、利诱、胁迫或其他不正当手段获取权利人的商业秘密;违反约定,披露、使用或允许他人使用其所掌握的权利人的商业秘密等。

(7) 不得进行掠夺性定价的义务

经营者不得以挤垮竞争对手为目的,以低于成本的价格销售商品的行为。但以下行为不构成掠夺定价的情况:销售鲜活商品的;处理有效期限即将到期的商品或其他积压商品;季节性降价;因清偿债务、转产、歇业降价销售的商品。

(8) 不得举行不正当有奖销售行为的义务

经营者销售商品或者提供服务时,不得有附带性地向购买者提供物品、金钱或其他经济上的利益行为。不正当有奖销售包括欺骗性有奖销售、巨奖销售和利用有奖销售手段推销质次价高的商品,其中欺骗性有奖销售是指采用谎称有奖或者故意让内定人员中奖的欺骗方式进行有奖销售,巨奖销售是指在抽奖式销售中最高奖的金额超过人民币5000元。

(9) 不得诋毁对手的商业信誉的义务

经营者不得捏造事实、散布虚假事实对竞争对手的商业信誉造成损害。但如果经营者散布的是真实信息,即使对竞争对手的商业信誉造成损害,也不属于不正当竞争行为。

(10) 法律、行政法规规定的其他义务

四、不正当竞争纠纷及解决方法

1. 不正当竞争纠纷

不正当竞争纠纷是指经营者在经营过程中与不特定第三人因不正当竞争行为产生的争议。常见的不正当竞争纠纷有:

侵权纠纷。是指经营者与不特定第三人因侵权行为发生的争议,如不特定第三人擅自侵犯经营者的合法权益,导致双方发生的纠纷;

合同纠纷。是指经营者与合同对方当事人因合同而引起的争议,如不同的经营者间因合同争议导致双方发生的纠纷;

行政纠纷。是指经营者对行政执法主体所做出的决定不服而引起的争议,如对有关行政机关的处理决定不服而产生的纠纷。

2. 解决方法

解决不正当竞争纠纷的主要方法有协商、调解、行政处理、仲裁和民事诉讼五种。

协商是指双方当事人在不正当竞争纠纷发生后,在自愿互谅的基础上,按照有关法律的规定,通过直接的协商和谈判,自行达成和解协议,从而使纠纷得到解决的活动。

调解是指不正当竞争纠纷发生后,经双方当事人申请,由人民法院、仲裁机构或调解人从中协调,使双方当事人在自愿协商的基础上,互作让步,达成协议,从而使纠纷得到解决的活动。

行政处理是指不正当竞争纠纷有关的当事人或者不特定第三人请求有关行政管理机关处理其不正当竞争纠纷的活动。

仲裁是指不正当竞争纠纷双方当事人在自愿基础上达成协议,将纠纷提交仲裁机构审理,由仲裁机构做出对争议双方均有约束力的裁决的解决纠纷的制度。当事人可以根据仲裁裁决或调解书要求对方承担责任或履行义务,也可请求人民法院强制执行。

民事诉讼是指人民法院在不正当竞争纠纷双方当事人的参与下,审理和解决不正当竞争纠纷案件的诉讼活动。当事人可以请求人民法院做出要求对方承担责任或履行义务的判决书或调解书,并可请求人民法院强制执行。有关因行政纠纷或行政处理引起的行政诉讼的内容,详见第八章行政法的内容。

第二节　经典案例

一、关于经营者主体的案例

经典案例:事业单位是经营者吗?——宜昌市妇幼保健院不服宜昌市工商行政管理局行政处罚决定案

案情事实:某市保健院为全额拨款的全民所有制卫生事业单位,服务对象面向社会,开设内、外、妇、儿、皮肤、医疗美容、口腔等诊疗科目。自某年11月至次年8月期间,保健院在药品采购活动中,先后收受宜昌市医药公司等药品经销企业给付的一笔款项计5万元,收受价值4000元的空调一台,以上收受的款、物,分别计入了该院财务账的其他收入科目和固定资产科目中。后某市工商局在对保健院的药品购销活动进行检查时发现这一问题,通过立案、调查后向保健院送达了行政处罚决定告知书。保健院在法定期间内未行使陈述、申辩权。于是,工商局做出行政处罚决定,以保健院收受款、物的行为违反了反不正当竞争法的规定为由,决定对保健院处罚款1万元。行政处罚决定书送达保健院后,保健院不服,以自己不是经营者为由提起诉讼。

法院判决:维持被告某市工商局的行政处罚决定。

案例精点:反不正当竞争法规定,经营者是指从事商品经营或者营利性服务的法人、其他经济组织和个人。本案中,某市保健院虽属全额拨款的全民所有制卫生事业单位,但从其业务活动看,所提供的医疗服务和销售的药品都是有偿的,因此属于经营者反不正当竞争法所称的经营者。反不正当竞争法也规定,经营者销售或者购买商品,可以以明示方式给对方折扣,可以给中间人佣金。经营者给对方折扣、给中间人佣金的,必须如实入账。接受折扣、佣金的经营者必须如实入账。这里所说的账,是指按照财会制度设立的、能够如实反映经营活动的账目,不是指除此以外的其他账目。某市保健院虽然将在药品采购活动中收受药品经销企业给付的款、物入了账,但所入的并非反映药品购销活动的经营账,而是其他账目。这种入账方式,不能如实反映接受款、物与采购药品之间的联系,不能反映所购药品的实际成本,不能如实反映双方之间的经营活动。因此以这种入账方式接受款、物,对于药品经营活动来说,还是账外的、暗中的。反不正当竞争法还规定,经营者采用财物或者其他手段进行贿赂以销售或者购买商品,不构成犯罪的,监督检查部门可以根据情节处以一万元以上二十万元以下的罚款,有违法所得的,予以没收。某市工商局据此对某市保健院处以罚款1万元,于法有据。

二、关于公司名称侵权的案例

经典案例:张冠可以李戴吗?——某足球俱乐部诉某公司侵害名称权纠纷案

案情事实: 某足球俱乐部系社团法人,其下属某足球队曾获得过全国足球联赛冠军。某年3月,某公司与某广告有限公司签定了一份广告合约,约定广告公司为特雷通公司在《某体育报》上制作10×35厘米黑色通栏广告两次,广告资料由某公司提供。广告内容中,除了介绍某公司的产品外,还使用了某足球俱乐部的名称。某足球俱乐部发现该广告后,即与某公司交涉,要求某公司立即停止侵害、赔礼道歉并赔偿经济损失。某公司不同意,某俱乐部遂向人民法院提起诉讼。

法院判决: 被告某公司在判决生效之日起10日内,在《某体育报》刊登启事,向原告某足球俱乐部赔礼道歉并赔偿原告某足球俱乐部经济损失5万元。

案例精点: 反不正当竞争法规定,经营者不得擅自使用他人的企业名称,引人误认为是他人的商品。因为在商品经济社会中,名称能够带来商业上的利益,名称也就是名称权人的一项无形财产。任何人想通过使用他人名称获取商业利益,必须经过名称权人的同意,否则不但构成对名称权的侵权,也构成不正当竞争。本案中,某足球俱乐部对自己的名称享有法人名称权,其下属的某足球队在某年度的全国足球联赛中获得冠军,提高了其名称的知名度,使这一名称不再仅仅是某足球俱乐部享有独立法人人格的标志,还具有了象征荣誉,在一定条件下能够发挥号召公众作用的属性。被告某公司在未经名称权人同意的情况下,将专属于某足球俱乐部所有的名称使用在其商业广告中,已构成侵权和不正当竞争,应当承担相应的法律责任。

三、关于网络侵权的案例

经典案例:网站间链接会构成侵权吗?——某网络公司诉某软件公司不正当竞争纠纷案

案情事实:某网络公司与某软件公司均为经营计算机网络信息服务的企业法人。某网络公司于某年2月开办了网站,某软件公司在此前也开设了网站,在两公司开设的网站中均有金融信息服务内容。为向公众提供外汇交易服务信息,某网络公司通过与某银行北京分行合作,制作了"某银行北京市分行外汇币种走势图",在自己网站的外汇频道中发布。同年6月中旬,某软件公司在其所开设的网站上,越过某网络公司网站主页,直接对在该网站外汇中心频道内的走势图设置了链接,将其链置自己网站外汇中心栏目下,在链接期间某软件公司没有对被链走势图整体显示状态进行修改。8月中旬,某软件公司与某网络公司取得联系,在得知对方不同意此链接行为后,随即自行取消了链接。但在是否构成不正当竞争行为问题上,双方发生争议。

法院判决:被告某软件公司未经许可不得在所开办的网站上对原告某网络公司网站发布的"外汇币种走势图"建立链接,被告某软件公司于本判决生效后10日内向原告某网络公司书面赔礼道歉;被告某软件有限公司向原告某网络公司支付赔偿金5000元。

案例精点:反不正当竞争法规定,经营者在市场交易中,应当遵循自愿、平等、公平、诚实信用的原则,遵守公认的商业道德。在互联网上,对于网站之间相互设置链接,普遍认同的观点是经双方协商或得到许可,因为,作为企业法人的网站经营者,为了在激烈的竞争环境下存在和发展,必然要在智力、财力等方面做出投入,如果允许这种投入的结果被他人无限制的随意使用,不仅对做出投入的经营者是不公平的,从长远看,也会对互联网业的健康发展造成危害,所以,网站经营者应当按照诚实信用和公平竞争的法律原则规范自己的经营行为。本案双方当事人均为网站经营者,彼此之间存在商业上的竞争关系,某软件公司,未经某网络公司许可,擅自对其网站主页以下的次页面内容进行深层链接,其行为违背了某网络公司的意愿,应属不正当竞争行为。

四、关于外包装侵权的案例

经典案例：使用别人的产品名称字样侵权吗？——某公司诉某中心不正当竞争纠纷案

案情事实：某公司因开发的"股神"软件出版后销售情况良好，某年4月，在国家版权局进行了"股神"软件著作权登记，软件简称为"股神"，同时，在国家商标局注册了"股神"商标。同年12月，某公司取得《北京市软件产品证书》，产品名称为"股神"。次年3月，某中心以某公司的"股神"商标注册不当为由，向国家商标评审委员会提出撤销该注册商标的申请并被受理，但尚无审查结果。同时，某中心在其开发的"股市经典"软件产品的包装上使用"股神"字样。某公司的"股神"软件与某中心的"股市经典"软件的内容不相同，双方所用"股神"二字字体也不一致，但读音上没有差别。某公司认为"股神"软件已成为知名商品，且享有商标专用权，某中心的行为，侵犯了其合法权益。

法院判决：自判决生效之日起，被告某中心停止在其"股市经典"软件的包装中使用"股神"二字；自判决生效之日起30日内，被告某中心在《电脑报》和其网站主页上刊登声明，向原告某公司公开致歉；自判决生效之日起10日内，被告某中心赔偿原告某公司经济损失2万元。

案例精点：反不正当竞争法规定，经营者不得假冒他人的注册商标从事市场交易，损害竞争对手；经营者不得擅自使用知名商品特有的名称、包装、装潢，或者使用与知名商品近似的名称、包装、装潢，造成和他人的知名商品相混淆，使购买者误认为是该知名商品。本案中，某公司将该公司的软件命名为"股神"并先于某中心的"股市经典"软件推向市场，且销售状况良好，应当认定为知名商品。某中心未经某公司许可，使用带有"股神"二字的标记，虽然所用"股神"二字的字体不一致，但读音上没有差别，易于产生误认，已侵害了某公司使用自己产品名称应享有的合法权益，构成不正当竞争行为。即使某中心以某公司的"股神"商标注册不当为由，向国家商标评审委员会提出撤销该注册商标的申请并被受理，在该商标专用权未依法定程序撤销以前，应当受法律保护。

五、关于侵犯商业秘密的案例

经典案例：未经允许可以使用他人的信息吗？——某文化公司诉某调查公司不正当竞争纠纷案

案情事实：某年5月，某文化公司与某调查公司签订合作协议，约定某文化公司委托某调查公司进行市场调查，某文化公司对本项调查取得的一切结果有专属所有权,某调查公司对某文化公司在该项调查中取得的一切结果及在调查过程中提供的一切商业文件承担保密义务。协议签订后,某调查公司依约进行了调查工作,并于6月底向某文化公司提交了调查报告。次年1月至3月,某调查公司在此基础上自行完成了另一市场调查报告,并公开了报告内容。某文化公司遂诉至法院。

法院判决:被告某调查公司于判决生效后15日内返还原告某文化公司委托费和赔偿其他经济损失;判决生效后1个月内,被告某调查公司在一家全国发行的报纸上,向原告某文化公司赔礼道歉。

案例精点:反不正当竞争法规定,经营者在市场交易中,应当遵循自愿、平等、公平、诚实信用的原则,遵守公认的商业道德;经营者不得违反约定或者违反权利人有关保守商业秘密的要求,披露、使用或者允许他人使用其所掌握的商业秘密。所谓商业秘密,是指不为公众所知悉、能为权利人带来经济利益、具有实用性并经权利人采取保密措施的技术信息和经营信息。本案中,根据双方协议中的约定,保密内容是"本项调查取得的一切结果",应该是报告中涉及的调查数据及所做的结论,某调查公司对这些内容应负有保密的义务。而某调查公司未经权利人或利害关系人同意,擅自使用其秘密信息,侵犯了某文化公司的商业秘密,违反了合同义务,且某调查公司做为专业调查公司,熟知本行业的惯例,应对涉及客户利益的信息予以保密,某调查公司擅自公开相关的调查报告,其行为有悖于反不正当竞争法平等、公平、诚实信用原则和遵守公认的商业道德的规定,属于不正当竞争行为。

六、关于知名商品的案例

经典案例:什么是知名商品?——日本某株式会社诉某公司不正当竞争纠纷案

案情事实:某公司的经营范围包括生产、经营磁记录产品,日本某株式会社是在日本注册成立的日本法人,经营的业务中包括电脑软磁盘的生产、销售业务。日本某株式会社生产、销售的电脑软磁盘在我国注册的商标为"MAXELL",并在我国出版发行的报纸和传播媒体上做了大量广告。期间,某公司设计与日本某株式会社产品相似的包装、装潢,并销售了这种包装、装潢的产品。日本某株式会社以侵犯知名商品的包装、装潢为由,起诉到人民法院,要求确认其产品为知名商品。

法院判决:被告某公司停止侵害,并在判决生效七日内向原告日本某株式会社赔偿损失。

案例精点:反不正当竞争法规定,经营者不得擅自使用知名商品特有的名称、包装、装潢,或者使用与知名商品近似的名称、包装、装潢,造成和他人的知名商品相混淆,使购买者误认为是该知名商品。我国反不正当竞争法所称的知名商品是指在市场上占有一定份额、具有一定知名度、为相关公众所知悉的商品和被侵权的产品,认定知名商品的机关是国家工商总局和人民法院。本案中,日本某株式会社通过销售"MAXELL"牌电脑软磁盘和在我国做广告的方式,使"MAXELL"牌的电脑软磁盘进入我国电脑软磁盘市场,并在我国市场上占有一定的市场份额,使得我国购买使用该类商品的相关消费者知道该商品,具有了一定的知名度,因此,"MAXELL"牌电脑软磁盘可以认定为知名商品。某公司设计与日本某株式会社产品相似的包装、装潢,并销售了这种包装、装潢的产品,构成不正当竞争。

七、关于无效专利权的案例

经典案例:是专利侵权还是侵犯包装、装潢?——某公司与泰山公司不正当竞争纠纷案

案情事实:1986年,台湾泰山公司将其生产的"仙草蜜"饮品构成的包装图案及"泰山"文字作为商标在台湾注册,并于同年生产"八宝粥"。上述两种饮品在台湾等地区享有较高的知名度。1993年以后,上述两产品销往我国大陆地区。1994年8月,我国某公司亦开始生产销售"仙草蜜"、"八宝粥"饮品,两种产品所使用的包装装潢与泰山公司的基本相同。同年10月,某公司向中国专利局申请"八宝粥"、"仙草蜜"两项外观设计专利并获得批准。泰山公司认为某公司生产的两饮品包装图案、色彩、文字均与自己的产品相似,遂向中国专利局提出宣告某公司上述两项外观设计专利无效的申请,并且以某公司的行为属于不正当竞争为由提起诉讼。某公司则以泰山公司侵犯其外观设计专利权为由提起反诉。1997年,国家专利复审委员会做出宣告某公司上述两项专利权无效的终局决定。

法院判决:某公司立即停止生产与泰山公司"泰山"牌仙草蜜、八宝粥饮品包装罐外观图案相近似的产品;某公司赔偿泰山公司经济损失。驳回某公司的反诉请求。

案例精点:反不正当竞争法规定,经营者不得擅自使用知名商品特有的包装、装潢,或者使用与知名商品近似的包装、装潢,造成和他人的知名商品相混淆,使购买者误认为是该知名商品。本案中,泰山公司早于某公司在台湾和大陆地区生产、销售"仙草蜜"和"八宝粥"饮品,并已在相关公众中享有一定知名度。因此,泰山公司对"仙草蜜""八宝粥"两产品的特有的包装、装潢享有专用权,依法应予保护。某公司未经泰山公司许可,在自己生产的相同商品上,

擅自使用与泰山公司相似的包装、装潢，足以造成消费者的误认，依照反不正当竞争法的规定，属不正当竞争行为，应当承担赔偿责任。另外，专利法规定，宣告无效的专利权视为自始即不存在，本案中，某公司的专利权已被宣告无效，其专利权视为自始即不存在，反诉泰山公司侵犯其外观设计专利权的请求，没有法律依据。

八、关于侵权竞合的案例

经典案例：是名称侵权还是商标侵权？——杭州某剪刀厂诉南京某刀具厂不正当竞争纠纷案

案情事实： 杭州某剪刀厂于1963年在杭州市工商局注册登记了企业名称。南京某刀具厂于1992年在南京市某县工商部门注册登记了企业名称。杭州某剪刀厂生产的菜刀经注册登记，取得"张大泉"商标专用权。南京某刀具厂开办后，未申请使用注册商标，在其菜刀产品上使用非注册商标，但同时在该产品及其包装盒上刻印有"南京张大泉"和"张大泉"字样。为此，杭州某剪刀厂以侵犯了企业名称权和注册商标专用权为由，向人民法院起诉。

法院判决： 驳回原告杭州某剪刀厂诉被告南京某刀具厂侵犯其企业名称权的诉讼请求；判令被告南京某刀具厂立即停止在其产品菜刀及外包装上刻印"张大泉"和"南京张大泉"标识的侵权行为并赔偿经济损失。

案例精点： 反不正当竞争法规定，经营者不得假冒他人的注册商标；不得擅自使用知名商品特有的包装、装潢，或者使用与知名商品近似的包装、装潢，造成和他人的知名商品相混淆，使购买者误认为是该知名商品；不得擅自使用他人的企业名称，引人误认为是他人的商品。本案涉及企业法人名称权的地域性保护和非商标文字误导而构成商标侵权的认定两个方面。商标法规定，在同一种或者类似商品上，将与他人注册商标相同或近似的文字、图形作为商品名称或者商品装潢使用，并足以造成误认的，应认定为对他人注册商标专用权的侵权。本案中，杭州某剪刀厂依法享有"张大泉"注册商标专用权，南京某刀具厂自成立后在同类产品及其外包装上刻印"张大泉"和"南京张大泉"标识，足以造成消费者误认，这种行为已构成对"张大泉"注册商标专用权的侵犯，并构成不正当竞争。但我国现行法律只禁止在同一行政区划内同行业企业名称混同，而对于不同行政区域的同行业企业名称字号能否相同的问题，没有予以明文禁止。所以，本案中杭州某剪刀厂和南京某刀具厂分别在当地工商行政管理机关核准登记注册，其企业名称在各自冠用的行政区划范围内享有专用权，南京某刀具厂所用企业名称，不构成对杭州某剪刀厂企业名称权的侵犯。

第三节 实务模拟

一、实务模拟目标

某制药公司诉李某、某医院、某保健品公司不正当竞争纠纷案被告代理人实务模拟。

二、案情背景

1985年某月某日,李某和某制药厂签定技术转让协议,约定李某将"天地人"药品技术转让给某制药厂,双方同意只有某制药厂才能生产该药品。1999年10月,某制药厂经某市人民政府批准,改组为职工控股的某制药公司。某某制药公司继续生产该药品。期间,李某在"天地人"药品技术的基础上,研制开发了"天地"系列保健品,并在其任院长的某医院内部使用。2000年7月,某保健品公司经李某及某医院同意,生产销售"天地"系列保健品。于是,某制药公司以不正当竞争为由,起诉到某市中级人民法院。

三、有关文件

1. 技术转让协议

技术转让协议

转让方:李某

受让方:某制药厂

地址_____电话_____

1. 为促进科技进步,有关法律的规定,李某和某制药厂就"天地人"药品技术的转让事宜,经协商一致,签订本协议。

2. 李某无保留地将"天地人"药品的配方及验方转让给某制药厂。双方对该药品的配方和验方以及与之相关的一切技术资料、图纸予以保密,不得将上述技术秘密及有关资料泄密给任何第三方,同时还保证采取措施防止任何泄露情况发生。

3. 李某有义务协助某制药厂向有关行政主管部门申请"天地人"药品的生产,获得批准后,双方同意只有某制药厂才能生产该药品,其他任何企业都不得生产该药品。李某和某制药厂未经对方允许,不得许可任何其他企业生产该药品。

4. 李某负责对某制药厂的技术人员进行培训和技术指导,使某制药厂技术人员尽快掌握某"天地人"药品技术。

5. 某制药厂受让某"天地人"药品技术应向李某支付技术使用费,技术使用费包括入门费和提成费。具体内容由双方协商确定。

6. 李某是某"天地人"药品技术的合法所有者,并有权向某制药厂转让。如果发生第三方指控,李某负责与第三方交涉并承担法律上和经济上的全部责任。如果第三方直接指控某制药厂,某制药厂应立即通知李某,仍由李某出面交涉并承担法律上和经济上的全部责任。

7. 违反本协议约定,违约方应当承担违约责任。

8. 因执行本协议所发生的或与协议有关的一切争议,均应由双方通过友好协商解决。

9. 本协议由双方签字盖章后生效。

10. 对本协议个别条款及附件的任何变更,须经双方友好协商,由双方签署书面文件后变更成立。

11. 本协议一式三份,具有同等效力。李某一份,李某所在单位某医院一份,某制药厂一份。

李某(签字)　　　　　　　　　　　　某制药厂(盖章)
　某医院(盖章)
　1985年某月某日　　　　　　　　　1985年某月某日

2. 批复

批复

某制药厂:
经研究,同意你厂生产某"天地人"药品。
特此批复。

某医药管理局(盖章)
1986年某月某日

3. 批复

批复

某制药厂:
根据市政府某次市长办公会决定精神,同意你厂实行股份制改造,改组为职工控股的某制药公司。

特此批复。

某市国有资产管理局(盖章)
1999年10月某日

4. 某制药公司基本情况证明

某制药公司基本情况证明

某制药公司,地址:某市某路某号,电话:********,邮政编码:******,法定代表人:陈某,身份证号******************,电话******,注册登记时间:1999年11月某日。

特此证明。

某工商行政管理局(盖章)
2001年10月21日

5. 有偿转让协议书

有偿转让协议书

根据市政府某次市长办公会决定精神,决定对某制药厂实行股份制改造,改组为职工控股的某制药公司。经研究决定,某制药厂将所有资产(包括全部有形资产和无形资产)做价转让给某制药公司。

转让方:某制药厂(盖章)　　受让方:某制药公司(盖章)
1999年12月某日　　　　　　1999年12月某日

6. 某制药厂基本情况证明

某制药厂基本情况证明

某制药厂,地址:某市某路某号,电话:*********,邮政编码:******,法定代表人:陈某,身份证号***************,电话*********,注销时间:2000年1月某日。

特此证明。

某工商行政管理局(盖章)
2001年10月21日

7. 某医院基本情况证明

某医院基本情况证明

某医院,地址:某市某区某路某号,电话:********,邮政编码:******,法定代表人:李某,身份证号*******************,电话**********。

特此证明。

某卫生局(盖章)

2001年10月22日

8. 某保健品公司基本情况证明

某保健品公司基本情况证明

某保健品公司,地址:某市某区某路某号,电话:********,邮政编码:******,法定代表人:滕某,身份证号*******************,电话********,注册登记时间:2000年7月某日。

特此证明。

某工商行政管理局(盖章)

2001年10月20日

9. 批复

批复

某医院:

经研究,同意你院生产"天地"系列保健品。

特此批复。

某卫生局(盖章)

1997年8月某日

10. 民事起诉状

民事起诉状

原告:某制药公司(某制药厂)

住址:某市某路某号

法定代表人:陈某 职务:经理

被告:李某,男,汉族,某年某月某日生。

被告:某医院

住址:某市某区某路某号

法定代表人:李某 职务:院长

被告:某保健品公司

住址:某市某区某路某号

法定代表人:滕某 职务:经理

诉讼请求:1. 判令三被告停止不正当竞争行为;

2. 判令三被告赔礼道歉;

3. 判令三被告赔偿经济损失;

4. 诉讼费由三被告承担。

事实与理由:原告长期生产国家著名药品"天地人"药品,并投入了大量的人力、物力,使之成为国内知名商品。近年来,被告李某违背"不将技术秘密及有关资料泄密给任何第三方,同时还保证采取措施防止任何泄露情况发生"和"不得许可任何其他企业生产该药品"的约定,未经原告允许,擅自利用该技术研制"天地"系列保健品,不仅在其任院长的被告某医院内生产使用,还允许被告某保健品公司生产销售,构成了不正当竞争,给原告造成重大经济损失,特起诉于法院,请求人民法院支持原告的诉讼请求。

此致

某市中级人民法院

某制药公司(盖章)

某年某月某日

四、实务模拟题

作为三被告的代理人,请确定代理思路,并书写有关文件。

第六章 劳动法

第一节 劳动法概述

一、有关劳动法的几个概念

1. 劳动法

劳动法是调整劳动关系以及与劳动关系密切联系的其他社会关系的法律规范的总称。狭义的劳动法就是《中华人民共和国劳动法》。劳动法在我国法律体系中是一个独立的法律部门,是融实体法与程序法为一体的劳动法律规范的总和。

2. 劳动法调整对象

劳动法的调整对象是劳动关系以及与劳动关系密切联系的其他社会关系。

(1) 劳动关系

劳动法调整的劳动关系是狭义劳动关系,指劳动者与用人单位之间在实现劳动过程中发生的社会关系,这种社会关系具有以下特征:是劳动者与用人单位基于劳动合同发生的社会关系;是在实现劳动过程中发生的社会关系;是具有人身关系、经济关系属性的社会关系;是具有平等性、从属性的社会关系。

(2) 与劳动关系密切联系的其他社会关系

劳动法的调整对象主要是劳动关系,同时还调整与劳动关系密切联系的其他社会关系。这些社会关系有:因管理劳动力发生的社会关系;因执行社会保险发生的社会关系;因组织工会和工会活动而发生的社会关系;因处理劳动争议而发生的社会关系;因监督劳动法律、法规的执行而发生的社会关系。

3. 劳动合同

(1) 劳动合同的概念

建立劳动关系应当订立劳动合同,劳动合同是劳动者与用人单位之间建立劳动关系,明确双方权利和义务的书面协议。

(2) 劳动合同的特征

劳动合同除了具有一般合同的特征外,还具有下列其独有的特征:①劳动合同的主体具有特定性,即一方是劳动者,另一方是用人单位;②劳动合同的内容是双方享有的权利和义务,具有权利义务一致性和对应性;③劳动合同的客体具有单一性,是劳动关系双方当事人权利和义务指向的对象,即劳动行为;④劳动合同必须以书面形式签订,用人单位必须支付劳动者相应的报酬,即劳动合同是要式、有偿的合同;⑤劳动合同具有涉及第三人利益的特性,即劳动合同往往涉及第三人的物质利益,劳动者因享有社会保险和福利待遇而附带产生没有参加签订劳动合同的第三人,如劳动者的直系亲属依法享受有关的社会保险和福利待遇。

附:劳动合同的格式

劳动合同

甲方:＿＿＿＿＿＿＿＿＿＿＿＿＿＿＿
地址:＿＿＿＿＿＿＿＿＿＿ 邮码:＿＿＿＿＿＿ 电话:＿＿＿＿＿＿
法定代表人或委托代表人＿＿＿＿＿＿＿＿:职务:＿＿＿＿＿＿
乙方:＿＿＿＿＿＿＿＿＿
性别:＿＿＿＿＿＿＿＿＿＿ 年龄:＿＿＿＿＿＿＿
居民身份证号码:＿＿＿＿＿＿＿＿＿＿＿＿＿
＿＿＿＿＿＿年＿＿＿＿＿＿月＿＿＿＿＿＿日

根据《中华人民共和国劳动法》,甲乙双方经平等协商同意,自愿签订本合同,共同遵守本合同所列条款。

一、劳动合同期限

第一条 本合同为＿＿＿＿＿＿＿＿＿＿＿＿期合同。

本合同生效日期＿＿＿＿＿＿年＿＿＿＿＿＿月＿＿＿＿＿＿日,其中试用期＿＿＿＿＿＿＿

本合同＿＿＿＿＿＿终止。

二、工作内容

第二条 乙方同意根据甲方工作需要,担任＿＿＿＿＿＿＿岗位(工种)工作。

第三条 乙方应按照甲方的要求,按时完成规定的工作数量,达到规定的质量标准。

三、劳动保护和劳动条件

第四条 除特殊情况外,甲方安排乙方每日工作时间不超过8小时,平均每周不超过40小时。甲方保证乙方每周至少休息一日。

第五条 甲方延长乙方工作时间,应安排乙方同等时间倒休或依法支付加班加点工资。

第六条 甲方为乙方提供必要的劳动条件和劳动工具,建立健全生产工艺流程,制定操作规程、工作规范和劳动安全卫生制度及其标准。

甲方应按照国家或市有关部门的规定组织安排乙方进行健康检查。

第七条　甲方负责对乙方进行政治思想、职业道德、业务技术、劳动安全卫生及有关规章制度的教育和培训。

四、劳动报酬

第八条　甲方的工资分配应遵循按劳分配原则,实行同工同酬。

第九条　乙方完成规定的工作任务,甲方每月＿＿＿＿日以货币形式足额支付乙方工资,工资不低于＿＿＿＿元,其中试用期间工资＿＿＿＿元。

第十条　甲方安排乙方加班或延长工作时间超过本合同第四条第2款规定的,按《劳动法》第44条支付工资报酬。

第十一条　由于甲方生产任务不足,使乙方下岗待工的,甲方保证乙方的月生活费不低于＿＿＿＿元。

五、保险福利待遇

第十二条　甲乙双方应按国家和市社会保险的有关规定交纳职工养老、失业和大病医疗统筹及其他社会保险费用。

甲方应为乙方填写《职工养老保险手册》。双方解除、终止劳动合同,《职工养老保险手册》按有关规定转移。

第十三条　乙方患病或非因工负伤,其病假工资、疾病救济费和医疗待遇按照国家有关规定执行。

第十四条　乙方患职业病或因工负伤的工资和医疗保险待遇按国家有关规定执行。

第十五条　甲方为乙方提供以下福利待遇:＿＿＿＿。

六、劳动纪律

第十六条　乙方应遵守甲方依法规定的规章制度;严格遵守劳动安全卫生、生产工艺、操作规程和工作规范;爱护甲方的财产,遵守职业道德;积极参加甲方组织的培训,提高思想觉悟和职业技能。

第十七条　乙方违反劳动纪律,甲方可依据本单位规章制度,给予纪律处分,直至解除本合同。

七、劳动合同的变更、解除、终止、续订

第十八条　订立本合同所依据的法律、行政法规、规章制度发生变化,本合同应变更相关内容。

第十九条　订立本合同所依据的客观情况发生重大变化,致使本合同无法履行的,经甲乙双方协商同意,可以变更本合同相关内容。

第二十条　经甲乙双方协商一致,本合同可以解除。

第二十一条　乙方有下列情形之一,甲方可以解除本合同:

1. 在试用期间,被证明不符合录用条件的;
2. 严重违反劳动纪律或甲方规章制度的;
3. 严重失职、营私舞弊,对甲方利益造成重大损害的;
4. 被依法追究刑事责任的。

第二十二条　下列情形之一,甲方可解除本合同,但应提前30日以书面形式通知乙方:

1. 乙方患病或非因工负伤,医疗期满后,不能从事原工作也不能从事甲方另行安排的工作的;
2. 乙方不能胜任工作,经过培训或者调整工作岗位,仍不能胜任工作的;
3. 双方不能依据本合同第十九条规定就变更合同达成协议的。

第二十三条　甲方濒临破产进行法定整顿期间或者生产经营发生严重困难,经向工会或者全体职工说明情况,听取工会或者职工的意见,并向劳动行政部门报告后,可以解除本合同。

第二十四条　乙方有下列情形之一,甲方不得依据本合同第二十二条、第二十三条终止、解除本合同:

1. 患病或非因工负伤、在规定的医疗期内的;
2. 女职工在孕期、产期、哺乳期内的;
3. 复员退伍义务兵和建设征地农转工人员初次参加工作未满3年的;
4. 义务服兵役期间的;

第二十五条　乙方患职业病或因工负伤,医疗终结,经县以上劳动鉴定委员会确认完全或部分丧失劳动能力的,按＿＿＿＿办理,不得依据本合同第二十二条、第二十三条解除劳动合同。

第二十六条　乙方解除劳动合同,应当提前30日以书面形式通知甲方。

第二十七条　有下列情形之一,乙方可以随时通知甲方解除合同:

1. 在试用期内的;

2. 甲方以暴力、威胁、监禁或者非法限制人身自由的手段强迫劳动的；

3. 甲方不能按照本合同规定支付劳动报酬或者提供劳动条件的。

第二十八条　本合同期限届满，劳动合同即终止。双方当事人在本合同期满前＿＿＿＿＿＿＿天向对方表示续订意向。甲乙双方经协商同意，可以续订劳动合同。

第二十九条　订立无固定期限劳动合同的，乙方达到法定退休年龄或甲乙双方约定的终止条件出现，本合同终止。

八、经济补偿与赔偿

第三十条　下列情形之一，甲方违反和解除乙方劳动合同的，应按下列标准支付乙方经济补偿金：

1. 甲方克扣或者无故拖欠乙方工资的，以及拒不支付乙方延长工作时间工资报酬的，除在规定的时间内全额支付乙方工资报酬外，还需加发相当于工资报酬25％的经济补偿金；

2. 甲方支付乙方的工资报酬低于本市最低工资标准的，要在补足低于标准部分的同时，另外支付相当于低于部分25％的经济补偿金。

第三十一条　下列情形之一，甲方应根据乙方在甲方工作年限，每满一年发给相当于乙方解除本合同前12个月平均工资一个月的经济补偿金，最多不超过12个月：

1. 经与乙方协商一致，甲方解除劳动合同的；

2. 乙方不能胜任工作，经过培训或者调整工作仍不能胜任工作，由甲方解除劳动合同的。

第三十二条　下列情形之一，甲方应根据乙方在甲方工作年限，每满一年发给相当于本单位上年月平均工资一个月的经济补偿金：

1. 乙方患病或者非因工负伤，经劳动鉴定委员会确认不能从事原工作，也不能从事甲方另行安排的工作而解除本合同的；

2. 劳动合同订立时所依据的客观情况发生重大变化，致使本合同无法履行，经当事人协商不能就变更劳动合同达成协议，由甲方解除劳动合同的；

3. 甲方濒临破产进行法定整顿期间或者生产经营状况发生严重困难，必须裁减人员的。

以上三种情况，如果乙方被解除本合同前12个月的月平均工资高于本单位上年月平均工资的，按本人月平均工资计发。

第三十三条 甲方解除本合同后,未能按规定给予乙方经济补偿的,除全额发给经济补偿金外,还须按该经济补偿金数额的50%支付额外经济补偿金。

第三十四条 支付乙方经济补偿时,乙方在甲方工作时间不满一年的按一年的标准发给经济补偿金。

第三十五条 乙方患病或者非因工负伤,经劳动鉴定委员会确认不能从事原工作,也不能从事甲方另行安排的工作而解除本合同的,甲方还应发给乙方不低于企业上年月人均工资6个月医疗补助费。患重病和绝症的还应增加医疗补偿费,患重病的增加部分不低于医疗补助费的50%,患绝症的增加部分不低于医疗补助费的100%。

第三十六条 甲方违反本合同约定的条件解除劳动合同或由于甲方原因订立的无效劳动合同,给乙方造成损害的,应按损失程度承担赔偿责任。

第三十七条 乙方违反本合同约定的条件解除劳动合同或违反合同约定的保守商业秘密事项,对甲方造成经济损失的,应按损失的程度依法承担赔偿责任。

第三十八条 乙方解除本合同的,凡由甲方出资培训和接收的人员,应向甲方偿付培训和接收费。其标准为:服务(工作)每满一年按培训费和接收费总额的20%递减;服务(工作)满5年不再偿付。

九、劳动争议处理

第三十九条 因履行本合同发生的劳动争议,当事人可以向本单位劳动争议调解委员会申请调解;调解不成,当事人一方要求仲裁的,应当自劳动争议发生之日起六十日内向劳动争议仲裁委员会申请仲裁。当事人一方也可以直接向劳动争议仲裁委员会申请仲裁。对裁决不服的,可以向人民法院提起诉讼。

十、其他约定

第四十条 甲方以下规章制度_____作为本合同附件。

第四十一条 本合同未尽事宜,或与国家有关规定相体的,按有关规定执行。

第四十二条 本合同一式两份,甲乙双方各执一份。

甲方(盖章)　　　　　　　　　　　乙方(签字或盖章)

代表人:_____

____年____月____日　　　　　____年____月____日

(3) 劳动合同的生效和终止

①劳动合同的生效

依法订立的劳动合同,生效时间起于合同签订之日。劳动合同签订后需要鉴证和公证的,其生效时间始于已经鉴证或公证之日。违反劳动法律、行政法规的劳动合同,采取欺诈、胁迫等手段订立的劳动合同都是无效合同。无效的劳动合同,由劳动争议仲裁委员会或者人民法院确认,被确认为无效的劳动合同,自始无效。由于用人单位的原因订立的无效合同,对劳动者造成损害的,应当承担赔偿责任。

②劳动合同的终止

有下列情形之一的,劳动合同即行终止:劳动合同期限届满的;企业被宣告破产或者依法解散、关闭、撤销的;劳动者被开除、除名或因违纪被辞退的;劳动者完全丧失劳动能力或者死亡;劳动者达到退休年龄的;法律、法规规定的其他情形。

(4) 集体合同

在现实生活中,有一种特殊的劳动合同,就是集体合同。集体合同是由工会组织代表职工与用人单位以规范劳动关系为目的,以规定劳动条件为主要内容而订立的书面协议。

集体合同具有以下特点:①集体合同的当事人一方是企业、事业组织工会或职工代表,另一方是企事业组织。②集体合同的内容是职工集体劳动事项,包括劳动报酬、工作时间、休息休假、劳动安全卫生和保险福利事项等。③集体合同是要式合同,需报送劳动行政部门登记、审查、备案方为有效。④集体合同适用于企事业组织及其工会和全体职工。⑤集体合同效力高于劳动合同,劳动合同规定的职工个人劳动条件和劳动待遇等标准不得低于集体合同的规定。

集体合同在有限期限内,出现下列情形之一的,可以变更或解除集体合同:经双方当事人协商同意的;订立集体合同依据的法律、法规已经修改和废止的;因不可抗力的原因致使集体合同部分或全部不能履行的;企业转产、停产、破产或被兼并,致使集体合同无法履行的;工会组织依法撤销的。

集体合同期限届满或双方约定的终止条件出现,集体合同即行终止。

4. 劳动法适用范围

劳动法的适用范围包括:在中华人民共和国境内的企业、个体经济组织和与之形成劳动关系的劳动者;国家机关、事业组织、社会团体的工勤人员;实行企业化管理的事业组织的非工勤人员;其他通过劳动合同与国家机关、事业组织、社会团体建立劳动关系的劳动者。劳动法不适用于公务员和比照公务员制度的事业组织和社会团体的工作人员,以及农村劳动者(乡镇企业职工和进城务工、经商的农民除外)、现役军人、家庭保姆、在中华人民共和国境内享有外交特权和豁免权的外国人等。

二、劳动法的宗旨

劳动法的宗旨是为了保护劳动者的合法权益,调整劳动关系,建立和维护适应社会主义市场经济的劳动制度,促进社会经济发展和社会进步。国家采取各种措施促进就业,保障公民实现劳动权的行使,达到充分就业。国家和各级人民政府主要采取以下措施,创造就业条件、扩大就业机会:国家通过促进经济和社会发展,创造就业条件,扩大就业机会;国家鼓励企业、事业组织、社会团体在法律、法规规定的范围内兴办产业或者拓展经营,增加就业;国家支持劳动者自愿组织起来就业和从事个体经营实现就业;地方各级人民政府应当采取措施,发展各种类型的职业介绍机构,提供就业服务。

三、劳动者的权利和义务

1. 劳动者的权利

劳动者的主要权利有:

(1) 劳动者享有平等就业和选择职业的权利

劳动就业是指具有劳动能力的公民在法定劳动年龄内从事某种具有一定劳动报酬或经营收入的社会职业。凡具有劳动能力并达到法定劳动年龄的劳动者,不因民族、种族、性别、宗教信仰不同而受歧视,均享有平等的就业权,妇女享有与男子平等的就业权利。劳动者享有选择职业的权利,即求职者可以根据自身的素质、意愿和劳动力市场价格信息,选择用人单位。当然,在社会主义市场经济体制下,劳动者就业也必须遵循双向选择的原则。例如,劳动者张某希望去甲单位就业,如果甲单位不同意,就无法达成签订劳动合同的合意。

(2) 取得劳动报酬的权利

劳动者劳动后应当依法获得劳动报酬的权利,是我国宪法规定的公民的基本权利之一,也是劳动法规定的用人单位承担的义务之一。劳动者获得的报酬,是用人单位按劳动者提供的劳动数量和质量,以货币形式支付给劳动者的工资,一般包括计时工资、计件工资、奖金、津贴和补贴、延长工作时间的工资以及特殊情况下支付的工资。劳动者的劳动报酬是劳动者的基本生活的主要来源,直接关系到劳动者的生存问题。劳动者法定休假日劳动,用人单位要给劳动者加倍工资。工资的特点是:工资是基于劳动关系而对劳动者付出劳动的物质补贴;根据工资法律、法规、工资政策、集体合同、劳动合同的规定确定工资标准;必须以法定货币形式定期支付给劳动者本人工资。劳动法规定,工资应当以法定货币形式按月支付给劳动者本人,用人单位不得克扣和无故拖欠劳动者的工资。例如,劳动者张某在某中韩合资企业就业,该中韩合资企业不能向张某支付韩元作为工资,同样,劳动者李某在某中美合资企业就业,该中美合资企业也不能向李某支付美元作为工资,两家企业都必须支付人民币。

(3) 休息休假的权利

法律规定的休息休假权,是劳动者的一项基本权利。劳动者利用休息休假的时间进行休息,可以恢复劳动后的疲劳,有利于保护劳动者的身体健康。劳动者利用休息休假时间,学习科学文化知识,参加体育娱乐活动,也有利于提高劳动者的综合素质,从而提高劳动效率。法律、法规对休息休假时间做了如下规定:①工作日内间歇时间,一般为1至2个小时,最少不得少于半小时。②工作日间的休息时间,一般不少于16小时。③公休假日,即一周内有不少于24小时的连续休息时间。④法定节日,是指法律规定用以开展纪念、庆祝活动的休息时间。包括元旦、春节、国际劳动节、国庆节等。⑤年休假,是指职工满一定工作年限,享有照领工资的休息时间。

(4) 获得劳动安全卫生保护的权利

建立劳动者的安全卫生保护制度,目的是保护劳动者的生命健康权。用人单位要严格遵守我国有关劳动安全卫生方面的法律法规,建立企业的劳动安全卫生制度,以确保劳动者的生命健康在劳动过程中不受损害,否则,用人单位要承担相应的法律责任。

(5) 接受职业技能培训的权利

劳动者接受职业技能培训的权利是宪法规定的公民受教育权利的具体体现。劳动者接受劳动职业技能培训,有利于提高劳动者的劳动技能,提高劳动者的生产技术水平,从而也有利于提高用人单位的工作效率和工作质量。

(6) 享受社会保险和福利的权利

社会保险是指国家通过立法设立社会保险基金,使劳动者在暂时或永久丧失劳动能力以及失业时获得物质帮助和补偿的一种社会制度。社会保险具有强制性、补偿性和互济性的特征。用人单位和劳动者必须依法参加社会保险,缴纳社会保险费。

我国的社会保险制度是实行基本社会保险、单位补充保险、个人储蓄保险的多层次社会保险制度。基本社会保险是指国家立法强制实施的社会保障,覆盖面广,标准统一并且强制程度高,任何用人单位都必须参加;单位补充保险是指用人单位根据自己的经济条件为劳动者投保高于社会基本保险标准的补充保险,由用人单位自愿投保;个人储蓄保险是指劳动者个人以储蓄形式参加社会保险,也具有自愿性。

我国基本社会保险项目有:养老保险、医疗保险、工伤保险、失业保险和生育保险。

从当前发展实际情况来看,我国社会保险制度的具体内容有以下几种:

养老保险制度。养老保险制度是指由政府立法确定社会劳动者在年老失去劳动能力或退出劳动岗位时享有退休养老的权利,并依靠政府、企业和个人的养老保险基金,以维持基本生活水平而建立的一项社会保险制度。养老保险主要内容是:企业缴纳基本养老保险费的比例,一般不得超过企业工资总额的20%;个人缴纳的比例最终要达到本人缴费工资的8%;按本人缴费工资的11%的数额为职工建立基本养老保险个人账户,个人缴费全部计入个人账户,其余部分从企业缴费中划入;个人缴费年限累计满15年的,退休后按月发给基本养老金。

医疗保险制度。医疗保险制度是指劳动者因患病、负伤、年老、生育、失业或其他原因收入中断时需要医疗费用,由国家或企业提供医疗和物质保障的制度。职工医疗制度的主要内容有:职工的医疗保险费用由用人单位和职工个人缴纳;建立社会统筹医疗基金和职工个人医疗账户相结合的制度,个人医疗账户的本金和利息为职工个人所有,可以结转使用和继承;建立对职工个人的医疗费用制约机制,减少浪费。职工就医,医疗费用首先从个人医疗账户支付;个人医疗账户不足时,先由职工自付;按年度计算,职工在个人医疗账户之外自付的医疗费,超过本人年工资收入的5%以上的部分,从社会统筹医疗基金中支付,但个人仍要负担一定的比例;个人负担的比例随费用的升高而降低,超过本人年工资收入5%以上但不足5000元的部分,个人负担10%至20%;5000元至10000元的部分,个人负担8%至10%;超过10000元的部分,个人负担2%。

工伤保险制度。工伤保险制度是依法对受保范围内劳动者补偿其因工伤或职业病而导致的全部直接经济损失,由国家或企业单位对其生活给予一定物质保障的补偿制度。工伤保险待遇包括工伤医疗保险待遇、工伤残疾保险待遇和因工死亡待遇。

失业保险制度。失业保险制度是指依据国家法规,通过国家、企事业单位和个人等渠道筹资建立失业保险基金,在劳动者失业时给予失业救济以保障其最基本生活需要的社会保障制度。失业保险的主要内容是:企业按照全部职工工资总额的0.6%缴纳失业保险费,最多不超过企业职工工资总额的

1%;失业人员失业前在企业连续工作 1 年以上不足 5 年的,领取失业救济金的期限最长为 12 个月;失业人员在失业前在企业连续工作 5 年以上的,领取失业救济金的最长期限为 24 个月;失业救济金的发放标准为相当于当地民政部门规定的社会救济金额的 120% 至 150%。具体金额由省、自治区、直辖市人民政府确定。

生育保险制度。生育保险制度是指国家针对女性生育行为的生理特点,通过社会保险立法为怀孕和分娩的职业妇女及时提供物质帮助和产假,以保障受保母子的基本生活,保持、恢复或增进受保妇女的身体健康及工作能力的一项社会保险制度,生育保险的主要内容有:企业按照一定比例向社会保险机构缴纳生育保险费,建立生育保险基金,具体提取比例由当地人民政府确定,但不得超过工资总额的 1%;个人不缴纳生育保险费;生育保险待遇有产假、生育津贴、生育医疗费和生育疾病医疗费。

(7) 解除劳动合同的权利

劳动合同的解除是指劳动合同的双方当事人提前中止合同的效力,解除双方的权利和义务关系。经劳动合同当事人协商一致,劳动合同可以解除。劳动者单方解除劳动合同,可分为以下两种情况。

①非法定情形的解除。非法定情形下,劳动者解除劳动合同,应当提前 30 日以书面形式通知用人单位。

②法定情形的解除。有下列法定情形之一的,劳动者可以随时通知用人单位解除劳动合同:在试用期内的;用人单位以暴力、威胁或者非法限制人身自由的手段强迫劳动的;用人单位未按照劳动合同的约定支付劳动报酬或者提供劳动条件的。

(8) 提请劳动争议处理的权利

劳动者在与用人单位就劳动权利义务关系发生争议后,劳动者有权就争议提交有关处理机关解决。

(9) 依法参加和组织工会的权利

劳动者有权依法参加和组织工会。工会代表和维护劳动者的合法权益,依法独立自主地开展活动。

(10) 参与单位管理的权利

劳动者依照法律规定,通过职工大会、职工代表大会或者其他形式,参与民主管理或者就保护劳动者合法权益与用人单位进行平等协商。用人单位解除劳动合同,工会认为不适当的,有权提出意见。如果用人单位违反法律、法规或者劳动合同,工会有权要求重新处理;劳动者申请仲裁或者提起诉讼的,工会应当依法给予支持和帮助。

(11) 法律、行政法规规定和在劳动合同中约定的其他权利

如特殊群体人员就业享有受照顾的权利。特殊群体人员是指谋求职业有困难或处境不利的人员的统称,包括残疾人、少数民族、退出现役的人员和劳改、劳教释放人员等,国家鼓励、推动和保障这部分人员的就业。

2. 劳动者的义务

劳动者的义务主要有：

(1) 劳动者应当依法订立和履行劳动合同的义务

劳动合同是劳动者与用人单位确立劳动关系、明确双方权利和义务的协议。建立劳动关系应当订立劳动合同。订立和变更劳动合同,应当遵循平等自愿、协商一致的原则,不得违反法律、行政法规的规定。劳动合同依法订立即具有法律约束力,当事人必须履行劳动合同规定的义务。

(2) 完成劳动任务的义务

用人单位雇佣劳动者的目的是为了完成一定的劳动义务,所以,完成劳动义务是劳动者的义务。而且,只有完成了劳动义务,劳动者才能获得劳动报酬。劳动者不按约定完成劳动义务,则要承担相应的法律责任。

(3) 提高职业技能的义务

提高职业技能,既是权利,也是义务,劳动者只有不断提高自己的职业技能,才能适应不断发展的科学技术对劳动者技术素质的要求。现代技术的发展给人类社会带来了深刻的变化,劳动工具的科技含量越来越高,一个劳动者如果不努力提高技能,就很难适应新的工作岗位,就会面临失业的危险。

(4) 执行劳动安全卫生规程的义务

劳动安全卫生规程是国家为保护劳动者生命安全和身体健康而制定的,劳动者执行这些劳动安全卫生规程,可以减少或者避免工伤事故的发生,保证安全生产,劳动者的切身利益也得到了保护,因此,劳动者应从珍惜和爱护自己的生命安全和身体健康出发,严格遵守劳动安全卫生规程。

(5) 遵守劳动纪律和职业道德的义务

劳动者应当本着诚实信用的态度,遵守劳动纪律,遵守相应的职业道德规范,这对维护劳动者的社会形象,维护用人单位的利益都是十分重要的。

(6) 法律、行政法规规定和在劳动合同中约定的其他义务

四、用人单位的权利和义务

1. 用人单位的权利

用人单位的权利主要有：

(1) 用人单位享有用人自主权

用人单位可以根据生产经营的需要和工作岗位的特点,按照面向社会、公开招用、全面考核、择优录取的原则,选择必要数量、相应质量的劳动者。用人单位在平等自愿、协商一致的基础上通过签订劳动合同使用劳动力。

(2) 确定本单位的工资制度的权利

企业基本工资制度是指依法规定的确定工资总额、工资水平、工资标准、工资形式、工资增长等项办法的总称。各单位根据自身的具体情况,自主确定适用本单位的工资制度。

企业基本工资制度包括以下几方面:

①等级工资制度。它是指根据劳动的复杂程度、繁简程度和工作责任大小等因素,将各类劳动划分为不同等级,并按等级确定工资标准的一种工资制度。它可以分为技术等级工资制度和职务等级工资制度等。

②结构工资制度。它是指按照一定的比例规定不同职能工资的工资额,再组合成职工标准工资的一种工资制度。劳动者的工资一般包括基本工资、职务工资、工龄工资、奖励工资等项工资。

③岗位工资制度。是按照不同工作岗位的工作难易、责任大小、劳动轻重以及工作环境等因素确定工资标准。

④岗位技能工资制度。它是以劳动技能、劳动强度、劳动条件和劳动责任等要素作为评价基础,以岗位工资和技能工资为主要内容,按照职工提供的劳动数量和质量确定劳动报酬的一项工资制度。

⑤经营者的年薪制度。它是指劳动者的收入以年度为单位,根据其经营管理业绩和所承担的责任、风险确定其工资收入的一项工资制度。经营者的年薪制度可以分为基本收入和效益收入两部分。

(3) 依法解除劳动合同的权利

经劳动合同当事人协商一致,劳动合同可以解除。用人单位单方解除劳动合同,有下列几种情况:

①因劳动者原因的解除。劳动者有下列情形之一的,用人单位可以随时解除劳动合同:在试用期间被证明不符合录用条件的;严重违反劳动纪律和用人单位规章制度的;严重失职、营私舞弊,对用人单位利益造成重大损失的;被依法追究刑事责任的。

②因客观原因的解除。有下列情形之一的,用人单位可以解除劳动合同,但应当提前30日书面通知劳动者本人:劳动者患病或非因工负伤,医疗期满后,不能从事原工作也不能从事由用人单位先订安排的工作的;劳动者不能胜任工作,经过培训或调整工作岗位,仍不能胜任工作的;劳动合同订立时所依据的客观情况发生重大变化,致使原劳动合同无法履行,经当事人协商不能就

变更劳动合同达成协议的。

③因用人单位原因的解除。用人单位濒临破产进行法定整顿期间或者生产经营状况发生严重困难,确需裁减人员的,应当提前30日向工会或者全体职工说明情况,听取工会或者职工的意见,经向劳动部门报告后,可以裁减人员。用人单位根据本条规定裁减人员,在6个月内录用人员的,应当优先录用被裁减人员。

但是,劳动者有下列情形之一的,用人单位不得解除劳动合同:患职业病或者因工负伤并被确认丧失或者部分丧失劳动能力的;患病或者负伤,在规定的医疗期内的;女职工在孕期、产期、哺乳期内的;法律、行政法规规定的其他情形。

(4) 指挥生产的权利

为了达到企业的生产目标,劳动者要服从用人单位的统一生产指挥,对不服从用人单位生产指挥的,用人单位有权进行处理。

(5) 进行劳动管理的权利

用人单位有权根据单位的实际情况制定用工制度、分配制度、奖惩制度等劳动管理制度,并根据这些管理制度对劳动者进行管理。

(6) 提请劳动争议处理的权利

和劳动者发生劳动争议后,用人单位有权将争议提请有关处理机关解决。

(7) 法律、行政法规规定和在合同中约定的其他权利。

2. 用人单位的义务

用人单位的义务主要有:

(1) 依法订立劳动合同的义务

用人单位必须依法与劳动者订立劳动合同。订立劳动合同,应当遵循合法、平等自愿和协商一致的原则,不得违反法律和行政法规的规定。劳动合同的内容,也必须符合劳动法的规定。劳动合同的内容包括法定内容和商定内容两个方面。

法定内容包括工作时间和休息休假、劳动保护和劳动条件、劳动工资和待遇等,劳动法规定,工资、保险、福利等项劳动待遇,不得低于国家规定的标准。

商定内容包括劳动合同期限、工作内容、具体劳动待遇等。其中劳动合同期限分为有固定期限的劳动合同、无固定期限的劳动合同和以完成一定工作为期限的劳动合同。劳动合同期限包括试用期,劳动法规定,试用期最长不得超过6个月;劳动者在同一用人单位连续工作满10年以上,当事人双方同意延长劳动合同的,如果劳动者提出订立无固定期限的劳动合同,应当订立无固定期限的劳动合同。但是,任何单位不得与农民工签订无固定期限的劳动合同。

(2) 依法履行劳动合同的义务

合同订立之后,用人单位应全面、正确地履行劳动合同规定的义务。劳动合同条款与本单位集体合同规定有不一致的,按照集体合同的规定履行。

如果在劳动合同的履行过程中,因法律的规定和双方当事人的约定,用人单位需要变更劳动合同,应遵循平等自愿、协商一致的原则,由双方当事人根据形势的变化,对原劳动合同的条款进行修改和补充,这种修改和补充不得违反国家法律、法规的规定。

劳动合同的变更应该达成书面协议,在劳动合同没有变更的情况下,用人单位一般不得安排劳动者从事劳动合同规定以外的工作,但特殊情况除外。

(3) 遵守国家规定的工资制度

用人单位应遵守国家规定的工资制度,定期地按制定的劳动报酬分配办法向劳动者支付报酬。

这主要包括以下内容:

①按月支付劳动者工资。劳动法规定,用人单位应当以法定货币形式按月支付给劳动者本人工资,不得克扣和无故拖欠。

②遵循劳动法规定的原则。劳动法规定,企业确定工资分配时必须遵循以下原则:第一,工资总量宏观调控的原则;第二,按劳分配为主体、多种分配方式并存的原则;第三,用人单位自主分配的原则;第四,同工同酬、效率优先、兼顾公平的原则。

③遵守国家规定的最低工资保障制度。最低工资是指劳动者在法定工作时间内提供了正常劳动的前提下,其所在企业应支付的最低劳动报酬。《劳动法》规定,最低工资的具体标准由省、自治区、直辖市人民政府规定,报国务院备案。确定和调整最低工资标准应当参考以下因素:劳动者本人及平均赡养人口的最低生活费用;社会平均工资水平;就业状况;劳动生产率;地区之间经济发展水平的差异。最低工资标准应当高于当地的社会救济金和失业保险金的标准,低于平均工资。最低工资应以法定货币的形式按时支付。

(4) 遵守法律、法规规定的工作时间和休息休假的义务

工作时间是指法律规定的劳动者在一昼夜和一周内从事生产或工作的小时数。劳动法规定:①一般职工实行标准工作日,每日工作 8 小时,每周工作 40 小时。②对一些特殊职业的职工实行缩短工作日,即每日工作少于 8 小时,它主要适用于下列职工:从事矿山、井下、高山、有毒有害、特别繁重或过度紧张等作业的职工;从事夜班工作的职工;哺乳未满 1 周岁婴儿的女职工。③延长工作日,即超过 8 小时的工作日。④综合计算工作日。是指以一定时间

为周期,集中安排工作和休息,平均工作时间与标准工作时数基本相同的工作日。主要适用于:交通、铁路、邮电、水运、航空、渔业等行业中因工作性质特殊,需连续作业的职工;地质及资源勘探、建筑、制盐、制糖、旅游等受及自然条件限制的分厂作业的部分职工;以及其他适合实行综合计算工时工作制的职工。⑤弹性工作日。是指在工作周时数不变的前提下,在标准工作日的基础上,按照预先规定的办法,由职工个人自己安排工作时间的工作日。⑥无定时工作日。主要适用于:高级管理人员、外勤人员、推销人员、部分值班人员和其他因工作无法按标准工作日衡量的职工;长途运输工人、出租汽车司机和铁路、港口、仓库的部分装卸人员以及因工作性质特殊,需机动作业的职工等。

用人单位在特殊情况下,可以要求劳动者加班加点,即要求劳动者在法定节日、公休假日或在正常工作日以外从事生产或工作,但加班加点,用人单位须与工会和劳动者协商,并支付较高的工资报酬:延长工作时间的,支付不低于150%的工资报酬;休息日安排劳动者工作又不能补休的,支付不低于200%的工资报酬;法定假日安排劳动者工作的,支付不低于300%的工资报酬。

(5) 遵守劳动安全卫生制度的义务

劳动安全卫生是国家为了改善劳动条件,保护劳动者在生产过程中的安全和健康所采取的各种措施的总称。用人单位必须执行劳动安全卫生规程,为劳动者提供劳动保护的义务。劳动安全卫生工作方针是安全第一、预防为主。《劳动法》第52条规定,用人单位必须建立、健全劳动安全卫生制度,严格执行国家劳动安全卫生规程和标准,对劳动者进行劳动安全卫生教育,防止劳动过程中的事故,减少职业危害。我国劳动安全卫生工作制度的具体内容包括以下几个方面:安全生产责任制度;安全技术措施计划管理制度;劳动安全卫生教育制度;劳动安全卫生检查制度;劳动防护用品发放和管理制度;劳动安全卫生检察制度;伤亡事故和职业病统计报告处理制度。

(6) 执行国家对女职工和未成年工的特殊劳动保护的义务

①对女职工的特殊劳动保护。企业不得安排女职工从事矿山井下、国家规定的第四级体力劳动强度的劳动和其他禁忌从事的劳动;不得安排女职工在怀孕期间从事国家规定的第三级体力劳动强度的劳动和孕期禁忌从事的劳动,对怀孕7个月以上的女职工,不得安排其延长工作时间和夜班劳动;至少安排女职工生育享受不少于90天的产假;不得安排女职工在哺乳未满一周岁的婴儿期间从事国家规定的第三级体力劳动强度的劳动和哺乳期禁忌从事的其他劳动;不得安排女职工在经期从事高处、低温、冷水作业和国家规定的第三级体力劳动强度的劳动。

②对未成年工的特殊劳动保护。未成年工是指年满16周岁未满18周岁的劳动者。根据有关劳动法律、法规的规定,企业必须安排上岗前的培训;不得安排未成年工从事有害健康的工作;必须提供适合未成年工身体发育的生产工具;必须定期对未成年工进行健康检查。

(7) 禁止使用童工的义务

童工是指未满16周岁,与用人单位或者个人发生劳动关系从事有经济收入的劳动或者从事个体劳动的少年、儿童。法律规定禁止使用童工,劳动法规定,禁止用人单位招用未满16周岁的未成年人。文艺、体育和特种工艺单位招用未满16周岁的未成年人,须报县级以上的劳动行政管理部门批准,并保障其接受义务教育的权利。

(8) 对劳动者进行职业培训的义务

用人单位应当建立职业培训制度,按照国家规定提取和使用职业培训经费,根据本单位实际,有计划地对劳动者进行职业培训。特别是对从事技术工种的劳动者,上岗前必须进行培训。由于用人单位未对劳动者进行职业培训而对劳动者造成损害的,用人单位必须承担赔偿责任。

(9) 法律、行政法规规定和在劳动合同中约定的其他义务

五、劳动纠纷及解决方法

1. 劳动纠纷

劳动纠纷又称劳动争议,是指用人单位与劳动者之间因执行劳动法律、法规或履行劳动合同、集体合同发生的争议。按照不同的标准划分,劳动争议有以下几类:

按照劳动者人数划分,劳动争议划分为个人劳动争议和集体劳动争议;

按合同类型划分,劳动争议分为劳动合同争议和集体合同争议;

按争议内容划分,劳动争议分为因开除(除名、辞退)职工和职工辞职或离职发生的争议、因执行国家劳动法律和法规发生的争议、因履行劳动合同或集体合同发生的争议等。

2. 解决方法

劳动法作为一个独立的法律部门,对解决劳动纠纷也做了一些特殊的规定。

(1) 处理机构

劳动争议处理机构有:

劳动争议调解委员会。是指依法成立的调解本单位发生的劳动争议的群众性组织。劳动法规定,在用人单位内,可以设立劳动争议调解委员会。劳动

争议调解委员会由职工代表、用人单位代表和工会代表组成。其中,用人单位的代表不能超过调解委员会的成员总数的三分之一,劳动争议调解委员会主任由工会代表担任。劳动争议调解委员会的职责是:调解本单位内发生的劳动争议;检查督促争议双方当事人履行调解协议;对职工进行劳动法律、法规的宣传教育,做好劳动争议的预防工作。

劳动争议仲裁委员会。是指依法成立的行使劳动争议仲裁权的劳动争议处理机构,由劳动行政部门代表、同级工会代表、用人单位方面的代表组成。仲裁委员会的组成人员必须是单数,主任由劳动行政部门代表担任。劳动争议仲裁实行仲裁员、仲裁庭制度,一案一庭审理。

人民法院。是指行使审判权的审判机关,劳动争议案件由人民法院的民事审判庭审理。

(2) 解决方法

解决劳动纠纷的主要方法有:

协商。协商是指劳动争议双方当事人在劳动纠纷发生后,在自愿互谅的基础上,按照有关法律的规定,通过直接的协商和谈判,自行达成和解协议,从而使劳动纠纷得到解决的活动。

调解。调解是指劳动纠纷发生后,由双方当事人申请,由劳动争议调解委员会从中协调,使双方当事人在自愿协商的基础上,互作让步,达成协议,从而使纠纷得到解决的活动。

仲裁。仲裁是指劳动纠纷双方当事人,将纠纷提交劳动争议仲裁委员会审理,由劳动争议仲裁委员会做出对争议双方均有约束力的裁决的解决纠纷的制度。劳动纠纷双方当事人可以请求劳动争议仲裁委员会做出仲裁裁决或调解书,并根据仲裁裁决请求人民法院强制执行。但与一般的或裁或诉原则不同,劳动纠纷双方当事人对仲裁裁决不服的,可以向人民法院提起民事诉讼,并且,仲裁是解决劳动争议的必经程序,未经仲裁的,当事人不能直接向人民法院提起民事诉讼。

民事诉讼是指人民法院在劳动纠纷双方当事人的参与下审理和解决劳动纠纷案件的诉讼活动。劳动纠纷双方当事人可以请求人民法院做出判决书或调解书,并根据判决书或调解书请求人民法院强制执行。

(3) 处理程序

劳动争议处理程序有:

协商。劳动争议发生后,当事人可以协商解决。但是,协商不是处理劳动争议的必经程序。不愿意协商的,可以直接申请调解。

调解。劳动争议发生后,当事人申请调解的,应当自知道或应当知道其权利被侵害之日起 30 日内,以口头或书面形式向调解委员会提出申请,填写《劳动争议调解申请书》。调解委员会应在 4 日内做出受理或不受理申请的决定,对不予受理的,应当向申请人说明理由。调解应当自当事人申请调解之日起 30 日内结束;到期未结束的,视为调解不成。调解也不是处理劳动争议的必经程序。

仲裁。仲裁是指在劳动争议发生后,当事人向仲裁委员会申请仲裁的,提出仲裁要求的一方应当自劳动争议发生之日起 60 日内向劳动争议仲裁委员会提出书面申请。仲裁委员会应当自收到申诉书之日起 7 日内做出受理或不予受理的决定。仲裁委员会决定受理的,应当自做出决定之日起 7 日内将申诉书的副本送达被诉人,并组成仲裁庭;决定不予受理的,应当说明理由。被诉人应当自接到申诉书副本之日起 15 日内提交答辩书和有关证据;被诉人没有按时提交或不提交答辩书的,不影响案件的审理。仲裁庭审理劳动争议案件,应于开庭前 4 日内,将仲裁庭的组成人员、开庭的时间、地点的书面通知送达当事人。仲裁庭处理劳动争议应当先行调解,达成协议的,仲裁庭应当根据协议内容制作调解书,调解书自送达之日起具有法律效力。调解未成的,仲裁庭应当及时裁决。劳动法规定,仲裁裁决一般应在收到仲裁申请的 60 日内做出。对仲裁裁决无异议的,当事人必须履行。仲裁是处理劳动争议的必经程序,未经仲裁,不可以直接提起诉讼。

民事诉讼。劳动争议当事人对仲裁裁决不服的,可以自收到仲裁裁决书之日起 15 日内向人民法院提起诉讼,由人民法院来主持解决双方的劳动纠纷。一方当事人在法定期限内不起诉又不履行仲裁裁决的,另一方当事人可以申请人民法院强制执行。

有关因劳动行政主管部门不依法履行职责而引起的行政诉讼的内容,详见第八章行政法的内容。

第二节 经典案例

一、关于劳动法调整范围的案例

经典案例:雇佣关系就是劳动关系吗?——陈某诉赖某雇佣合同纠纷案

案情事实: 某年 1 月,赖某同某运输公司达成协议,约定由赖某自己购车加入运输公司,车辆由赖某自己经营,运输公司负责管理及协调各种关系并收取一定费用。陈某从次年 8 月起受雇为赖某工作,主要工作是跟随赖某经营的运沙车,为汽车换轮胎、在倒车时给主车连接拖车的转动三角架上插插销固定方向、提醒驾驶员注意安全等,双方对此做了口头约定。同年 10 月 7 日晚,运沙车在某地卸沙倒车时,将陈某的左腿夹断。陈某住院期间,与赖某达成由赖某负担此次住院期间的一切开支,并再支付1000元继续治疗费用,今后不再承担其他责任的善后处理协议。陈某回家后,因需要继续治疗,要求赖某赔偿损失未果,遂提起诉讼,赖某以自己没有工商行政管理部门颁发的个体工商户营业执照,不能适用劳动法为由,拒绝赔偿损失。经临床法医学鉴定,陈某为五级伤残。

法院判决:被告赖某于本判决生效后10日内一次性付给原告陈某医疗费、伤残抚恤金、医疗补助费。

案例精点:劳动法规定,劳动法适用于在中华人民共和国境内的企业、个体经济组织和与之形成劳动关系的劳动者,其中的个体经济组织是指一般雇工在7人以下的个体工商户。本案中,被告赖某没有工商行政管理部门颁发的个体工商户营业执照,不是依法成立的个体工商户,故不能作为劳动法律关系的主体,所以本案不是劳动法律关系,不受劳动法调整。陈某和赖某达成的口头协议,属雇佣合同。根据民法通则的规定,陈某在受雇佣期间,依法应得到劳动保护,其在工作期间因职务行为而受伤,应当由雇主赖某承担民事责任。

二、关于平等就业权的案例

经典案例:单位用人权与平等就业原则矛盾吗?——马某与某餐厅劳动争议仲裁案

案情事实:某餐厅决定在原有基础上扩大营业规模,通过当地新闻媒介发出招聘信息:"本餐厅决定招收厨师5名,服务人员7名。厨师有特长菜者优先考虑。"马某为回族人,信仰伊斯兰教,做得一手好清真菜,并有获奖记录,现正待业在家。见到招聘启事后,马某决定前往应聘。在经过实际操作的考试之后,某餐厅觉得马某的烹调水平最高,决定录用马某。但是当与马某进一步详谈时,发现马某是回民,不仅不吃大肉,甚至看都不看大肉,而某餐厅并非清真餐厅,每天都要用大量的大肉做菜,并且厨房也不大,不可能单独给马某新建一个供其独用的厨房。马某决不做有大肉的菜,而当地回民并不多,回民的生意做不好就要赔钱。因此,餐厅决定不录用马某。马某得知这一决定后很不满,认为是餐厅的领导(都是汉族)歧视他是少数民族,遂向当地劳动争议仲裁委员会申请仲裁。

仲裁裁决:某餐厅不录用马某合法。

案例精点:劳动法规定,劳动者享有平等就业的权利。劳动者就业,不因民族、种族、性别、宗教信仰不同而受歧视,妇女享有与男子平等的就业权利。

劳动者享有选择职业的权利,即求职者可以根据自身的素质、意愿和劳动力市场价格信息,选择用人单位。但劳动法也规定,用人单位享有用人自主权,即用人单位可以根据生产经营的需要和工作岗位的特点,按照面向社会、公开招用、全面考核、择优录取的原则,选择必要数量、相应质量的劳动者。用人单位在平等自愿、协商一致的基础上通过签订劳动合同使用劳动力。本案中,某餐厅不录用马某不是因为他是回族人,而是出于根据生产经营的需要和工作岗位的特点决定的,所以,不违反劳动法的规定。

三、关于劳动者身份的案例

经典案例:农民工是劳动法主体吗?——顾某与某船务公司终止劳动合同纠纷案

案情事实: 某年某月,农民顾某被招工进入某船务公司从事装卸工作。后顾某在工作时腰部受伤,被鉴定八级伤残。最初,该公司承诺与顾某继续签订用工合同,并安排合适工作予以照顾。但在双方五年期劳动合同即将到期时,某船务公司向顾某发出终止合同通知书,并告知不再续订劳动合同。顾某于是向某市某区劳动争议仲裁委员会申诉,不同意终止劳动合同,要求续订劳动合同。经仲裁委裁决:某船务公司不得终止与顾某的劳动合同。对此,某船务公司不服,诉至法院。

法院判决: 某船务公司终止与顾某的劳动合同违法。

案例精点: 劳动法规定,劳动者享有平等就业和选择职业的权利、取得劳动报酬的权利、休息休假的权利、获得劳动安全卫生保护的权利、接受职业技能培训的权利、享受社会保险和福利的权利、提请劳动争议处理的权利以及法律规定的其他劳动权利;劳动者因工负伤并被确认丧失或者部分丧失劳动能力的,用人单位不得解除劳动合同。本案中,双方当事人订立的劳动合同符合法律规定,是合法有效的。因此,某船务公司不得终止与顾某的劳动合同,其终止合同通知书违法。

四、关于妇女生育权利的案例

经典案例:单位可以限制劳动者的生育权吗?——肖某与某出租车公司劳动争议仲裁案

案情事实: 肖某于某年某月被某出租车公司录用为合同制驾驶员,约定合同期限为5年,并约定肖某不得在合同期内生育,如肖某违反本条款,某出租车公司可以解除劳动合同。合同期间,肖某不慎怀孕,本不想生育,但肖某丈夫李某及李某父母均希望肖某生育,肖某犹豫再三后生下了孩子,某出租车公司就按照合同约定解除了与肖某的合同。肖某于是向劳动争议仲裁委员会申请仲裁。

仲裁裁决：某出租汽车公司应当按照劳动合同继续履行义务。

案例精点：劳动法规定，国家对女职工实行特殊劳动保护；劳动合同是劳动者与用人单位确立劳动关系、明确双方权利和义务的协议，订立劳动合同，应当遵循平等自愿、协商一致的原则，不得违反法律、行政法规的规定，违反法律、行政法规的劳动合同无效，确认劳动合同部分无效的，如果不影响其余部分的效力，其余部分仍然有效。宪法规定，婚姻、家庭、母亲与儿童受国家的保护。妇女权益保障法规定，妇女有按照国家规定生育子女的权利。可见，只要符合计划生育政策，不违反婚姻法的规定，任何单位和组织就应当允许女职工正常生育，不得另行规定限制其权利。本案中，某出租汽车公司在劳动合同中规定的"禁止生育"条款严重违反法律、法规，根据劳动法，应视为无效条款。为了保护劳动者的利益，合同其他条款仍然有效，即在肖某生育的情况下，某出租汽车公司应当按照劳动合同继续履行义务。

五、关于劳动合同免责条款效力的案例

经典案例：不利于劳动者的免责条款有效吗？——黄某等四人与某个体鞭炮厂劳动争议仲裁案

案情事实：某年某月，黄某等四人与某个体鞭炮厂签订了一份劳动合同，规定只要四人按规定的时间上下班，完成工作任务，就可以每月拿到工资540元，合同有效期为两年。黄某等四人对这份合同基本满意，但对其中的免责条款有看法，该条款规定，如果在劳动中发生意外造成人身伤亡，由作业者本人负责，与工厂无关。四人要求把合同中这一规定去掉，工厂老板张某说，只要你们在工作中小心谨慎是不会发生意外的，之所以要规定这么一条，是为了督促你们更小心一点，以免发生事故；他还扬言，你们不想在这里干我也不勉强，想到这里来做工的人可多了。黄某等四人无奈，只好在这份合同上签了字。后来，黄某等四人不幸发生事故，于是申请劳动争议仲裁委员会确认该条款无效。

仲裁裁决：某个体鞭炮厂规定的免责条款无效。

案例精点：劳动法规定，劳动合同是劳动者与用人单位确立劳动关系、明确双方权利和义务的协议；订立劳动合同，应当遵循平等自愿、协商一致的原则，不得违反法律、行政法规的规定；违反法律、行政法规的劳动合同无效；确认劳动合同部分无效的，如果不影响其余部分的效力，其余部分仍然有效。从本案中劳动合同的免责条款来看，此种条款应属于无效条款。我国宪法明文

规定,对劳动者实行劳动保护,这是劳动者所享有的权利,受国家法律保护,任何个人和组织都不得任意侵犯;从劳动法本身来看,也在多处规定了用人单位要采取措施对劳动者的生命健康给予保护,如用人单位必须建立、健全劳动安全卫生制度,严格执行劳动安全卫生规程和标准,对劳动者进行劳动安全卫生教育,防止劳动过程中的事故,减少职业危害,对于用人单位在劳动安全设施和劳动卫生条件不符合国家规定或者未向劳动者提供必要的劳动防护用品和劳动保护设施的,要依法承担责任,造成重大事故和劳动者生命健康和财产损失的,还要承担刑事责任。

六、关于无效劳动合同的案例

经典案例：欺诈的劳动合同有效吗？——宋某与某印刷厂劳动争议仲裁案

案情事实：宋某被某印刷厂公开招用为合同制激光照排车间工人,合同试用期为三个月。上岗后,该厂发现宋某在工作中常出误差,便对宋某的视力产生怀疑而进行复查,宋某的实际视力为0.2和0.3,远远低于岗位要求。后经调查,宋某明知自己视力不好,让其相貌相近的胞妹顶替体检,从而被厂方录用。厂方因为宋某不能胜任工作,决定解除与宋某的劳动合同,宋某于是向劳动争议仲裁委员会申请仲裁。

仲裁裁决：宋某与某印刷厂的劳动合同无效。

案例精点：劳动法规定,采取欺诈、威胁等手段订立的劳动合同无效。所以,合同只有依法成立,才具有法律效力,在双方当事人间才产生权利义务关系。在本案中,宋某的实际视力为0.2和0.3,远远低于激光照排车间岗位要求。宋某是采用欺诈手段与厂方订立的劳动合同,违反了法律规定,这是无效的劳动合同。根据法律规定,无效的劳动合同从订立时起就没有法律约束力,视为自始不存在,所以不存在解除的问题。但劳动法规定处理劳动合同争议的法定机构是劳动争议仲裁委员会和人民法院,无效劳动合同的确认权归劳动争议仲裁委员会和人民法院,其他机构无权确认,所以某印刷厂应该申请劳动争议仲裁委员会或人民法院确认该劳动合同无效。

七、关于解除劳动合同的案例

经典案例：劳动合同可以随时解除吗？——某电器厂诉尚某、某合资公司劳动争议案

案情事实：尚某是某电器厂的推销员,多年的业务经验使之结识了一大批客户。劳动法施行后,电器厂与他签订了一份为期8年的劳动合同。某合

资公司看中了他的才能和经验,在他签订劳动合同的第二年开始多次派人与他联系,商讨要他到合资电器公司工作的事,并许诺给他的工资是他现在工资的2倍。尚某由于当年厂里分房时未考虑他,一气之下就递交了辞呈。某电器厂接到尚某的辞职报告后,表示不同意他辞职,并说明分房的具体情况,还表示对于他的待遇问题厂里可以另行考虑。在双方未就解除合同问题达成协议的情况下,尚某第二天就自行到某合资公司上班,某电器厂多次要他回来,尚某铁定了心就是不回去。尚某一走,某合资公司的生意日渐好起来,而某电器厂的生意却一下子下降了不少,原因就在于尚某将许多客户带到了某合资公司。在申请仲裁未果的情况下,某电器厂向法院提起了诉讼。

法院判决: 被告尚某赔偿原告某电器厂因擅自解除合同给原告造成的损失,被告某合资公司承担连带责任。

案例精点: 劳动法规定,经劳动合同当事人协商一致,劳动合同可以解除。劳动者解除劳动合同,应当提前30日以书面形式通知用人单位。有下列情形之一的,劳动者可以随时通知用人单位解除劳动合同:在试用期内的;用人单位以暴力、威胁或者非法限制人身自由的手段强迫劳动的;用人单位未按照劳动合同约定支付劳动报酬或者提供劳动条件的。劳动者违反规定的条件解除劳动合同或者违反劳动合同中约定的保密事项,对用人单位造成经济损失的,应当依法承担赔偿责任。用人单位招用尚未解除劳动合同的劳动者,对原用人单位造成经济损失的,该用人单位应当依法承担连带赔偿责任。本案的情形显然不符合劳动法可以用随时通知的形式解除与用人单位的劳动合同的情形,所以,尚某要解除劳动合同,必须提前30天以书面形式通知用人单位,而尚某根本就未做到这一点,他在第一天递交了辞职报告(相当于解除合同的通知),第二天就到另一个单位上班了,因而尚某的行为不符合法律的规定,而某电器厂不同意解除与他的劳动合同,要求进一步协商,因而可以认为,尚某与某电器厂的合同也未通过双方协商的形式解除。尚某违反劳动法规定的解除条件,给某电器厂带来了经济损失,应当承担赔偿责任。某合资公司招用尚未解除劳动合同的尚某,对某电器厂造成的经济损失,应承担连带责任。

八、关于工伤的特殊保护的案例

经典案例:工伤职工也下岗吗?——洪某与某化工厂劳动争议仲裁案

案情事实: 洪某与某化工厂签订了一份为期5年的劳动合同,后在一次工伤事故中被砸伤,经鉴定已部分丧失了劳动能力。由于不能从事原岗位的工作,他被调到本厂的仓库做保管员。后来,由于工厂效益上不去,再加上技术落后,设备老化,生产经营陷入了严重的困境。为了挽救工厂,厂领导在征求工会和职工的意见后,向劳动局做了汇报,决定裁减人员。第一批裁员100人,为了防止有人说情使得工作难以开展,裁员名单的确定是在秘密中进行的。待张榜公布后,洪某发现自己榜上有名,于是立即找到厂领导,说明了自己的情况,要求厂领导重新考虑自己的实际情况。厂领导表示为难,并说,每个人都可以找到一大堆理由要求不下岗;厂里决定这份名单是经过慎重考虑的,其中一个标准就是留下来的人必须是能胜任工作需要,而洪某由于身体差,经常要请假看病,无法满足工作的要求。洪某认为自己是为厂里而受伤的,现在下岗,肯定找不到别的工作,生活会很困难,于是向劳动争议仲裁机关递交了仲裁申请书。

仲裁裁决: 化工厂继续履行与洪某的劳动合同。

案例精点: 劳动法规定,劳动合同依法订立即具有法律约束力,当事人必须履行劳动合同规定的义务。但用人单位濒临破产进行法定整顿期间或者生产经营状况发生严重困难,确需裁减人员的,应当提前30日向工会或者全体职工说明情况,听取工会或者职工的意见,经向劳动行政部门报告后,可以裁减人员。但劳动者有下列情形之一的,用人单位不得解除劳动合同:患职业病或者因工负伤并被确认丧失或者部分丧失劳动能力的;患病或者负伤,在规定的医疗期内的;女职工在孕期、产假、哺乳期内的;法律、行政法规规定的其他情形。本案中,化工厂确定的裁减原则从理论上说是正确的,企业减员当然是要留下有能力的、优秀的职工。但是对于某些人法律对他们给予了特殊的保护,这些人是不能以本案中的理由解除与他们的劳动合同的,这些人为了工作而受到伤害,丧失或部分丧失了劳动能力,他们被裁减后很难再另谋职业,从而生活会陷入困境。在某种程度上说他们已成了弱者,因此法律对他们要给予特殊保护。除非这些人出现了以下情形:在试用期间被证明不符合录用条件的;严重违反劳动纪律或者用人单位的规章制度的;严重失职,营私舞弊,对用人单位利益造成重大损害的;被依法追究刑事责任的。这些情况下劳动者本身有过错,继续维持与他们的劳动合同对用人单位来说是不公平的。

九、关于工伤补助的案例

经典案例: 交通赔偿可以折抵工伤补助吗?——蒋某与南方公司劳动争议仲裁案

案情事实: 蒋某是南方公司的一名业务员。某日,在蒋某受公司委派到外地执行公务后乘大客车回家路上一拐弯处,该客车与一辆急驶的卡车相撞,蒋某身负重伤,在送往医院的途中不幸身亡。事故发生后,南方公司向死者家属支付了5000元慰问金。丧事办理完毕,南方公司便未再过问此事。蒋某之父找到公司,要求公司对蒋某按因公出差死亡对待,给予死亡补偿费等。公司认为蒋某是在交通事故中丧生的,应由肇事司机负责赔偿一切损失,公司对其死亡已经给予了一定的慰问金,已经仁至义尽,蒋某之父的要求没有道理。蒋某之父于是申请了劳动争议仲裁。

仲裁裁决:南方公司按工伤待遇支付蒋某死亡补偿金。

案例精点:劳动法规定,国家发展社会保险事业,建立社会保险制度,设立社会保险基金,使劳动者在年老、患病、工伤、失业、生育等情况下获得帮助和补偿。劳动者在因工伤残或者患职业病时,依法享受社会保险待遇。劳动者享受的社会保险金必须按时足额支付。本案中,蒋某受单位派遣外出执行公务,此执行公务的期间是从踏上执行公务的路程开始到返回单位或回到家中时为止。在这段时间内职工负伤、残废或死亡,都应按工伤对待,依据国家法律享有劳动保险待遇。至于交通事故中的民事赔偿请求与劳保待遇请求权不发生竞合,是两个独立的请求权,南方公司不能因为蒋某已获得民事赔偿而不给予工伤补偿。

十、关于工资发放的案例

经典案例:可以用单位股票代替工资吗?——张某与宏大公司劳动争议仲裁案

案情事实:某年末,某纺织厂决定改组为宏大纺织股份有限公司。除以原有国有资产折价为国家股外,另向社会公开募集股份。但在股票发行期即将结束时,仍有一部分股份未被认购。公司领导决定由本公司的职工购买,以使股票发行工作能够顺利结束,于是决定把每月发放的工资改发给职工相同面额的股票。张某因家中经济困难,不想购买股票,就找到公司领导,希望领导继续给自己发放工资,公司领导担心其他职工提出同样的要求,不同意张某的要求,张某于是向劳动争议仲裁委员会申请仲裁。

仲裁裁决:宏大公司应以法定货币形式按月给张某支付工资。

案例精点:劳动法规定,工资应当以货币形式按月支付给劳动者本人,不得克扣或者无故拖欠劳动者的工资。因为,工资是对劳动者所提供的劳动的回报,同时也是劳动者维持自身生存和生活的基础。在社会化大生产的商品经济时代,货币是流通和支付的最主要手段。对于劳动者来讲,其他任何形式的支付都不能代替货币。本案中,某纺织厂为深化改革,建立现代企业制度而进行股份制改造,以吸引资金并改变旧的管理体制,但是,宏大公司无权因此扣留职工的工资,购买公司的股票,然后再把股票当成工资来发放。

十一、关于解除劳动合同的案例

经典案例：劳动者身体有缺陷用人单位就可以解除劳动合同吗？——李某诉某支行劳动争议案

案情事实：某年,中国银行某支行与李某签订劳动合同,约定:劳动合同期为5年;实行6个月的试用期,该合同经李某、某支行双方签字,并经某县劳动局劳动争议仲裁科鉴证生效。试用期后,某支行得知李某曾做过右肾切除手术,于是以某"右肾摘除,存在严重身体缺陷"为由,做出解除劳动合同的决定。在申请仲裁未果后,李某向法院提起诉讼。法医鉴定结论为:被鉴定人李某在生理上存在缺少右肾的缺陷,但具有正常的生活能力、工作能力及社会活动能力,其身体状况未达到严重缺陷的程度。

法院判决：被告某支行与原告李某继续履行劳动合同。

案例精点：劳动法规定,劳动合同期满或者当事人约定的劳动合同终止条件出现,劳动合同即行终止。经劳动合同当事人协商一致,劳动合同可以解除。劳动者有下列情形之一的,用人单位可以解除劳动合同:在试用期间被证明不符合录用条件的;严重违反劳动纪律或者用人单位规章制度的;严重失职,营私舞弊,对用人单位利益造成重大损害的;被依法追究刑事责任的。有下列情形之一的,用人单位可以解除劳动合同,但是应当提前30日以书面形式通知劳动者本人:劳动者患病或者非因工负伤,医疗期满后,不能从事原工作也不能从事由用人单位另行安排的工作的;劳动者不能胜任工作,经过培训或者调整工作岗位,仍不能胜任工作的;劳动合同订立时所依据的客观情况发生重大变化,致使原劳动合同无法履行,经当事人协商不能就变更劳动合同达成协议的。本案中,经法医鉴定,李某的身体状况未达到严重缺陷的程度,且李某在试用期内,身体是健康的,能够胜任某支行支配的业务工种。李某虽在生理上确实存在缺少右肾的缺陷,但李某的身体状况符合"无严重疾病和缺陷"的录用条件,且劳动合同期限未满,双方未能协商一致,某支行不得做出解除劳动合同的决定。李某要求撤销某支行对其所做的解除劳动合同的决定、并要求继续履行劳动合同的诉讼请求应予以支持。

十二、关于续签劳动合同的案例

经典案例：劳动合同期满就终止吗？——某无线电厂诉卢某等四人劳动争议案

案情事实：某年,某无线电厂分别与卢某、倪某、刘某和何某签订了为期5年的劳动合同。合同到期后,某无线电厂没有通知四人终止劳动合同,也未续签劳动合同,双方形成了事实上的劳动关系。一年后,某无线电厂以双方所签订的劳动合同已到期为由,通知四人终止劳动合同关系。四人向某市劳动争议仲裁委员会申请仲裁,请求裁决维持原劳动关系,并与某无线电厂续签劳动合同。劳动争议仲裁委员会裁决,无线电厂应与四人补签劳动合同,并为四人缴纳社会保险金。某无线电厂不服该裁决,遂提起诉讼。

法院判决:原告某无线电厂与被告卢某、倪某、刘某、何某之间存在续订劳动合同关系,终止双方之间的事实劳动关系,原告某无线电厂为四人缴纳社会保险金至合同期满日止。

案例精点:劳动法规定,建立劳动关系应当订立劳动合同。用人单位应当依法建立和完善规章制度,保障劳动者享有劳动权利和履行劳动义务。最高人民法院的司法解释规定,劳动合同期满后,劳动者仍在原用人单位工作,原用人单位未表示异议的,视为双方同意以原条件继续履行劳动合同,一方当事人要求终止的,应当终止。本案中,四人的劳动合同到期后,某无线电厂没有通知四人终止劳动合同,也未续签劳动合同,双方形成了事实上的劳动关系,应视为双方同意以原条件继续履行劳动合同,也就是双方之间存在续订劳动合同关系。但如果双方不能达成续签劳动合同的协议,则应当终止事实劳动关系。

十三、关于用人单位主体资格的案例

经典案例:劳动者应向谁主张权利吗?——龙某诉某公司、姜某、某县交通局损害赔偿纠纷案

案情事实:某年11月,某公司以其名义,向某县交通局承包了过境线工程,双方签订了书面合同。某公司又与姜某签订施工合同,将此工程交姜某具体负责施工管理。随后,姜某便组织人员对该工程进行施工,并将所需工程材料运往工地。在施工过程中,姜某雇了龙某为该工程制作和安装钢筋。该工程施工至次年1月,姜某发现龙某制作安装的钢筋架不符合规定,便要求返工及校正。返工时,由于竖立的钢筋架无任何安全保护设施,砸伤龙某造成腰椎压缩性骨折并截瘫。经鉴定,龙某的伤情被评定为二级伤残,完全丧失劳动能力。龙某提起诉讼请求判令某公司、姜某、某县交通局赔偿经济损失及伤残补助、继续治疗费等。

法院判决:被告某公司赔偿原告龙某医疗费、误工费、住院护理费、伤残生活补助费、继续治疗费、被抚养人生活费、交通费、鉴定费、残疾者今后护理费。驳回原告龙某对被告姜某、某县交通局的诉讼请求。

案例精点:劳动法规定,劳动者享有获得劳动安全卫生保护的权利、接受

职业技能培训的权利。用人单位应当建立职业培训制度,按照国家规定提取和使用职业培训经费,根据本单位实际,有计划地对劳动者进行职业培训。从事技术工种的劳动者,上岗前必须经过培训。用人单位必须建立、健全劳动安全卫生制度,严格执行国家劳动安全卫生规程和标准,对劳动者进行劳动安全卫生教育,防止劳动过程中的事故,减少职业危害。劳动安全卫生设施必须符合国家规定的标准。新建、改建、扩建工程的劳动安全卫生设施必须与主体工程同时设计、同时施工、同时投入生产和使用。本案中,某公司在用人时应当承担劳动法规定的提供劳动保护、对劳动者进行劳动就业训练等义务,但某公司在将工程转交给姜某具体负责施工后,没有履行上述义务,致使龙某因工伤致残,应承担赔偿责任。姜某虽然也有过错,但其与某公司是内部承包关系,所以不能在本案中直接承担民事责任(某公司在赔偿后可以向姜某追偿应由其承担的部分)。同时,某县交通局是过境线指挥部工程的发包方,既不是劳动合同中的用人单位,也不是雇佣合同中的雇主,与龙某不存在直接的法律关系,且对龙某所受工伤无过错责任,故不应在本案中承担责任。

十四、关于劳动者其他权利的案例

经典案例:劳动者应该向谁检举和举报?——汤某诉某县劳动局不履行保护人身权、财产权法定职责案

案情事实:汤某写了一份反映其所在的工作单位——某县建材公司有违反劳动法律、法规、滥用职权,停发及乱扣其经济收入,要求某县劳动局依法调查处理的申请,于1996年1月1日寄交某县劳动局。1月4日,某县劳动局局长管某在此信上批示:"将此文转交物资局处理。"事后,既未对申请信中所反映的问题进行监督检查,也未给汤某本人做出答复。于是,汤某以某县劳动局不履行保护人身权、财产权的法定职责为由,向人民法院提起行政诉讼。

法院判决:责成被告某县劳动局依法对某县建材公司遵守劳动法律、法规的情况进行监督检查,并在两个月内对原告汤某本人做出书面答复。

案例精点:劳动法规定,国务院劳动行政部门主管全国劳动工作,县级以上地方人民政府劳动行政部门主管本行政区域内的劳动工作。县级以上各级人民政府有关部门在各自职责范围内,对用人单位遵守劳动法律、法规的情况进行监督。任何组织和个人对于违反劳动法律、法规的行为有权检举和控告。本案中,汤某认为建材公司违反劳动法律、法规,侵害了自己的合法权益,写信要求查处,是行使公民的正当权利,而某县劳动局是某县行政区域内劳动工作的主管部门,有责任,也有权力对用人单位遵守劳动法律、法规的情况进行监督、检查和处理。汤某就劳动工作方面的问题向其投诉,是适当的,依法应予支持。

第三节 实务模拟

一、实务模拟目标

闫某诉某实业公司追索工资款纠纷案原告代理人实务模拟。

二、案情背景

蒋某挂靠在某建筑公司名下从事工程建设。1999年12月,蒋某代表某建筑公司与某实业公司订立建设工程施工合同一份,由某建筑公司承包某实业公司的某公寓工程。后该工程由陈某具体负责。闫某系陈某代表某建筑公司雇佣的工作人员,在该建筑工程中从事水暖施工。2001年4月,某建筑公司的代表陈某和肖某、某实业公司、闫某三方签订了一份转账协议(债务转移确认书),约定由某实业公司直接向闫某支付工资款。后,某实业公司以与闫某没有劳动合同、不存在劳动关系为由,拒绝支付工资款。

三、有关文件

1. 建设工程施工合同

建设工程施工合同

发包人(全称):某实业公司

承包人(全称):某建筑公司

依照《中华人民共和国合同法》、《中华人民共和国建筑法》及其他有关法律、行政法规,遵循平等、自愿、公平和诚实信用的原则,双方就本建设工程施工项目协商一致,订立本合同。

一、工程概况

工程名称:某区某公寓工程

工程地点:某区某路某号

工程内容:(略)

资金来源:(略)

二、工程承包范围

承包范围:(略)

三、合同工期:

开工日期:2000年1月8日

竣工日期:2001年1月8日

合同工期总日历天数:366天

四、质量标准

工程质量标准:(略)

五、合同价款

金额(大写):(略)

¥:(略)

六、组成合同的文件

组成本合同的文件包括:

1. 本合同协议书(略)

2. 中标通知书(略)

3. 投标书及其附件(略)

4. 本合同专用条款(略)

5. 本合同通用条款(略)

6. 标准、规范及有关技术文件(略)

7. 图纸(略)

8. 工程量清单(略)

9. 工程报价单或预算书(略)

双方有关工程的洽商、变更等书面协议或文件视为本合同的组成部分。

七、本协议书中有关词语含义本合同第二部分《通用条款》中分别赋予它们的定义相同。

八、承包人向发包人承诺按照合同约定进行施工、竣工并在质量保修期内承担工程质量保修责任。

九、发包人向承包人承诺按照合同约定的期限和方式支付合同价款及其他应当支付的款项。

十、合同生效

合同订立时间:1999年12月21日

合同订立地点:某实业公司办公室

本合同双方约定双方签字盖章后生效。

发包人:某实业公司(公章)	承包人:某建筑公司(公章)
住所:(略)	住所:(略)
法定代表人:(略)	法定代表人:(略)
委托代表人:(略)	委托代表人:蒋某、陈某
电话:(略)	电话:(略)

传真:(略)　　　　　　　　　传真:(略)
开户银行:(略)　　　　　　　开户银行:(略)
账号:(略)　　　　　　　　　账号:(略)
邮政编码:(略)　　　　　　　邮政编码:(略)。

2. 授权书

授权书

蒋某、陈某、肖某是我公司的业务代表,有权代表我公司与各单位签定协议。只要有其中任何两人签字的合同,我公司都予以承认,并承担相应的后果。

某建筑公司(盖章)
1999年10月20日

3. 合同书

合同书

甲方:某建筑公司

乙方:闫某

乙方愿意参加甲方承包的某实业公司某公寓工程,从事水暖施工。劳动报酬由双方根据劳动量,参照北京市的平均标准发放。

本合同自双方签字之日起生效。

甲方:蒋某(签字)　　　　　乙方:闫某(签字)
　　陈某(签字)　　　　　　　　1999年12月28日

4. 结算工资单

结算工资单

2001年1月,某实业公司某公寓工程已经按期完工停工。闫某水暖施工班组从事的水暖施工,经双方清点结算,某建筑公司应支付闫某班组工资19000元。由于某实业公司没有按期支付建筑款项,某建筑公司同意在接到某实业公司的款项后立即支付闫某班组的工资。

甲方:陈某(签字)　　　乙方:闫某(签字)
2001年1月26日　　　　2001年1月26日

5. 转账协议书

转账协议书

甲方：某实业公司

乙方：某建筑公司

丙方：闫某

兹有甲方某公寓工程水暖施工班组闫某承包工程即日止，共欠工资款计19000元整。经三方协议，乙方同意决定即日起把欠款计19000元整转到甲方，由闫某直接向甲方领取。甲方代为支付的工资款，在与乙方结算时予以扣除。

本协议自三方签字盖章之日起生效。

甲方：某实业公司（盖章）

乙方：陈某（签字）

丙方：闫某（签字）　　　　　　　　　　　肖某（签字）

2001年4月16日

6. 某实业公司基本情况登记表证明

某实业公司基本情况证明

某实业公司，地址：北京市朝阳区某路某号，电话：********，邮政编码：100020，法定代表人：程某，身份证号*******************，电话********。

特此证明。

某工商行政管理局（盖章）
2001年6月30日

7. 某建筑公司基本情况登记表证明

某建筑公司基本情况证明

某建筑公司，地址：北京市宣武区某路某号，电话：********，邮政编码：100050，法定代表人：王某，身份证号*******************，电话********。

特此证明。

某工商行政管理局（盖章）
2001年6月30日

8. 某物业公司证明

证 明

某建筑公司,曾在我处(北京市宣武区某路某号)办公,但自今年3月起,已经不在我处办公。

特此证明。

某物业公司(盖章)
2001年7月3日

四、实务模拟题

作为闫某的代理人,如何帮助闫某尽快领到工资款。

第七章 涉外商务法律

第一节 涉外商务法律概述

一、涉外商务活动和涉外商务法律

1. 涉外商务活动

在我国改革开放后,特别是在加入世界贸易组织(WTO)后,涉外商务活动大量增加。涉外商务活动,是指具有涉外因素的商务活动,所谓涉外因素是指:(1)对方主体具有涉外因素;(2)或客体即当事人之间民事法律关系发生、变更、消灭的法律事实存在于国外;(3)或标的物位于国外。

涉外商务活动的主体主要有:(1)自然人,各国法律规定,凡智力正常的成年人均具有完全的民事行为能力,有权从事涉外商务活动,我国的自然人虽然也有这种权利能力,但依法受到一定限制,例如他们可以签订一般的涉外合同,但不能作为中外合资经营企业和合作经营企业的中方当事人,而外国的自然人则可以成为中外合资经营企业和合作经营企业的外方当事人;(2)法人,包括法人、法人集团、跨国公司等;(3)其他经济组织;(4)国家,但国家有一项特殊的权利,就是国家的主权豁免权,包括管辖豁免、财产保全和执行豁免,即未经一国允许,不得在他国对该国或该国财产进行起诉,不得对该国财产加以扣留或执行,当然,国家为了适应涉外商务活动的需要,也可以宣布放弃豁免权,例如,我国的国有企业,在开展涉外商务活动,一般都放弃豁免权,以平等的民事主体资格从事涉外商务活动,但这也会带来一些问题,最典型的是,由于某外国企业因为对我国的国情不了解,在与我国甲国有企业发生争议时,申请保全了乙国有企业的财产。

综上,一项商务活动,只要具备以下任何一项,即为涉外商务活动:(1)对方主体是居住于国外或具有外国国籍的自然人或法人或其他经济组织;(2)对方主体是外国国家;(3)该合同在国外订立、变更、终止;(4)该合同所要履行的货物在国外。

2. 涉外商务法律

涉外商务法律就是调整涉外商务活动的法律规范的总称,包括涉外货物买卖法、涉外货物运输法、涉外投资法、涉外金融法和涉外税法等,虽然涉外商务法律并没有一部专门的法律,但这些法律规范散见于不同的规范性文件中。

这些规范性文件包括：

（1）国内立法。有关涉外商务法律的内容有：

公司法规定，外商投资的有限责任公司适用本法，有关中外合资经营企业、中外合作经营企业、外资企业的法律另有规定的，适用其规定。依照外国法律在中国境外登记成立的外国公司依照本法规定可以在我国境内设立分支机构，从事生产经营活动。外国公司在我国境内设立分支机构，必须向我国主管机关提出申请，并提交其公司章程、所属国的公司登记证书等有关文件，经批准后，向公司登记机关依法办理登记，领取营业执照。外国公司在我国境内设立分支机构，必须在我国境内指定负责该分支机构的代表人或者代理人，并向该分支机构拨付与其所从事的经营活动相适应的资金。外国公司的分支机构应当在其名称中标明该外国公司的国籍及责任形式。外国公司的分支机构应当在本机构中置备该外国公司章程。外国公司属于外国法人，其在我国境内设立的分支机构不具有我国法人资格。外国公司对其分支机构在我国境内进行经营活动承担民事责任。经批准设立的外国公司分支机构，在我国境内从事业务活动，必须遵守我国的法律，不得损害我国的社会公共利益，其合法权益受我国法律保护。外国公司撤销其在我国境内的分支机构时，必须依法清偿债务，按照公司法有关公司清算程序的规定进行清算。未清偿债务之前，不得将其分支机构的财产移至我国境外。

合同法规定，涉外合同的当事人可以选择处理合同争议所适用的法律，但法律另有规定的除外。涉外合同的当事人没有选择的，适用与合同有最密切联系的国家的法律。在我国境内履行的中外合资经营企业合同、中外合作经营企业合同、中外合作勘探开发自然资源合同，适用我国法律。因国际货物买卖合同和技术进出口合同争议提起诉讼或者申请仲裁的期限为4年，自当事人知道或者应当知道其权利受到侵害之日起计算。因其他合同争议提起诉讼或者申请仲裁的期限，依照有关法律的规定。《公司法》《诉讼法》等，这些国内法对涉外商务活动都做了规定，在涉外商务活动中，各国及当事人都必须遵守对方国家的法律制度，特别是没有形成国际条约和国际惯例的领域，必须由国内法指导各国当事人的行动。也就是说，在一国内发生的商务活动，必须遵守该国法律的规定，如外国人到中国来设立公司，则必须遵守中国相关法律的规定；而中国人要到新加坡设立公司，则同样必须遵守新加坡相关法律的规定。

著作权法规定，外国人、无国籍人的作品根据其作者所属国或者经常居住地国同中国签订的协议或者共同参加的国际条约享有的著作权，受著作权法保护。例如，如果A国人某甲完成的《论知识产权》根据A国和中国签订的协议享有著作权，那么，某甲对《论知识产权》的著作权也受著作权法保护。外国人、无国籍人的作品首先在中国境内出版的,依法享有著作权。例如,如果 A 国人某甲完成了《论知识产权》的创作,并首先在中国发表,某甲享有对《论知识产权》的著作权,并受著作权法保护。未与中国签订协议或者共同参加国际条约的国家的作者以及无国籍人的作品首次在中国参加的国际条约的成员国出版的,或者在成员国和非成员国同时出版的,受著作权法保护。例如,虽然 A 国和中国没有签订协议或者共同参加国际条约,但 A 国人某甲完成的《论知识产权》首先在中国出版的,那么,某甲对《论知识产权》的著作权也受著作权法保护。

商标法规定,外国人或者外国企业在中国申请商标注册的,应当按其所属国和我国签订的协议或者共同参加的国际条约办理,或者按对等原则办理。

专利法规定,在中国没有经常居所或者营业所的外国人、外国企业或者外国其他组织在中国申请专利的,依照其所属国同中国签订的协议或者共同参加的国际条约,或者依照互惠原则办理。中国单位或者个人将其在国内完成的非涉及国家安全或者重大利益需要保密的发明创造向外国申请专利的,应当先向国务院专利行政部门申请专利,委托其指定的专利代理机构办理。中国单位或者个人可以根据我国参加的有关国际条约提出专利国际申请,申请人提出专利国际申请的,应当遵守有关规定。国务院专利行政部门依照我国参加的有关国际条约、专利法和国务院有关规定处理专利国际申请。

反不正当竞争法规定,经营者是指从事商品经营或者营利性服务的法人、其他经济组织和个人,当然包括从事商品经营或者营利性服务的外国法人、其他经济组织和个人。

劳动法规定,在我国境内的企业、个体经济组织和与之形成劳动关系的劳动者,都适用劳动法,当然包括在我国境内的外国企业和外国个体经济组织。

仲裁法规定,涉外经济贸易、运输和海事中发生的纠纷的仲裁,适用仲裁法。涉外仲裁的当事人申请证据保全的,涉外仲裁委员会应当将当事人的申请提交证据所在地的中级人民法院。当事人申请采取财产保全的,我国的涉外仲裁机构应当将当事人的申请,提交被申请人居住所在地或者财产所在地的中级人民法院裁定。涉外仲裁的仲裁庭可以将开庭情况记入笔录,或者做出笔录要点,笔录要点可以由当事人和其他仲裁参与人签字或者盖章。

民事诉讼法规定,凡在我国领域内进行民事诉讼,必须遵守民事诉讼法。外国人、无国籍人、外国企业和组织在人民法院起诉、应诉,同我国公民、法人和其他组织有同等的诉讼权利义务。外国法院对我国公民、法人和其他组织的民事诉讼权利加以限制的,我国人民法院对该国公民、企业和组织的民事诉讼权利,实行对等原则。我国缔结或者参加的国际条约同民事诉讼法有不同规定的,适用该国际条约的规定,但中华人民共和国声明保留的条款除外。我国人民法院审理涉外民事案件,应当使用我国通用的语言、文字。当事人要求提供翻译的,可以提供,费用由当事人承担。

有关行政法关于涉外的规定,详见第八章行政法的内容。

(2) 国际条约,如《联合国国际货物买卖合同公约》等,这些都是在涉外商务活动中为协调各国利益而建立的在某一经济领域的统一行为规则。

(3) 国际商业惯例,如《国际贸易术语解释通则》等,这些是在长期的国际经济交往中形成的一些习惯做法。

(4) 国际组织决议,如《建立新的国际经济秩序及行动纲领》等,这是一些重要国际组织的决议,已成为国际经济法的一般原则。有关世界贸易组织(WTO)的内容,详见第十章世界贸易组织法。

涉外商务法律的调整范围主要是涉外商务活动,这些涉外商务活动主要是经过签订和履行涉外合同展开的。下面我们仅以国际货物买卖中的合同条款和贸易术语为例,说明涉外商务法律的一些规定,至于涉外货物运输法、涉外投资法、涉外金融法和涉外税法,由于比较专业,作为非法律专业的学生,不需要掌握,所以本教材不作介绍。

二、涉外合同的特殊条款和涉外合同当事人的特殊义务

1. 涉外合同的特殊条款

涉外合同也是合同的一种,适用合同法的一般原理。但因为涉外合同的涉外性,所以具有一些普通合同所不具有的条款,涉外合同的特殊条款如下:

(1) 包装条款。包装是指为了有效地保护商品的数量完整和质量完好,把货物装进适当的容器。包装条款的主要内容有:包装方式、规格、包装材料、费用和运输标志。

(2) 装运条款。装运是指把货物装上运输工具。装运条款的主要内容有:装运时间、运输方式、装运港与目的港、装运方式与装运通知等。

(3) 保险条款。保险是指进、出口商按一定险别向保险公司投保并缴纳保险费,以便货物在运输过程中受到损失时,从保险公司得到经济上的补偿。保险条款的主要内容有:确定投保人及支付保险费、投保险别和保险金额。

(4) 检验条款。检验是指由商品检验机关对进出口商品的品质、数量、质量、包装、标记、产地、残损等进行查验与公证鉴定,并出具检验证明。检验条款的主要内容有:检验机构、检验权与复验权、检验时间与地点、检验标准与方法。

(5) 法律适用条款。是指双方当事人在合同中明确宣布合同适用何国法律的条款。这些法律可以是当事人的国内法、第三国法律、国际条约等,但双

方的约定不得违反法律的强制性规定,如《中华人民共和国中外合资经营企业法》第二条明确规定"合营企业的一切活动应遵守中华人民共和国法律、法规的规定";不动产适用不动产所在地法。

  这些特殊条款,都属于涉外合同的主要条款,对这些特殊条款的修改,都属于对涉外合同内容的实质性修改。如果是修改了涉外合同要约中的特殊条款的承诺,就不是承诺,而是一项新的要约或者反要约。例如,对包装条款的修改,在国内的合同中,不属于实质性修改,但在涉外合同中,则属于实质性修改。

附:涉外合同格式

合同编号:＿＿＿＿ 签约日期:＿＿＿＿ 签约地点:＿＿＿＿
卖方:＿＿＿＿
地址:＿＿＿＿ 联络方式:＿＿＿＿
买方:＿＿＿＿
地址:＿＿＿＿ 联络方式:＿＿＿＿
买卖双方同意成交下列货物并订立如下条款:

1. 商品:＿＿＿＿
2. 规格:＿＿＿＿
3. 数量:＿＿＿＿
4. 生产厂商:＿＿＿＿
5. 原产地:＿＿＿＿
6. 单价:＿＿＿＿
7. 总价:＿＿＿＿
8. 装运口岸:＿＿＿＿
9. 装运期:<u>收到信用证后</u>
10. 到货口岸:＿＿＿＿
11. 包装:＿＿＿＿
12. 保险:＿＿＿＿
13. 装船标记:＿＿＿＿
14. 付款条件:＿＿＿＿
15. 交货条件:＿＿＿＿
16. 验收条款:＿＿＿＿
17. 违约责任:＿＿＿＿
18. 索赔:＿＿＿＿
19. 仲裁:<u>双方同意由某仲裁委员会仲裁</u>
20. 附则:＿＿＿＿

2. 涉外合同当事人的特殊义务

国内合同当事人的权利义务,涉外合同当事人一般都享有,除此之外,签订涉外合同的特殊条款和履行涉外合同的特殊条款约定的内容,是涉外合同当事人的特殊义务。

三、国际贸易术语确定的涉外合同双方当事人的权利和义务

1. 国际贸易术语

所谓贸易术语,是以不同的交货地点为标准,用简短的概念或英文缩写字母表示商品的价格构成以及买卖双方在交易中的费用、责任与风险的划分的专门用语。贸易术语是国际贸易惯例的一种,带有很大的随意性,由当事人选择予以适用。

在国际上得到广泛应用的贸易术语有 13 个,分别是 EXW(工厂交货)、FAS(船边交货)、FOB(船上交货)、FCA(货交承运)、CFR(成本加运费)、CIF(成本、保险费加运费)、CPT(运费付至)、CIP(运费、保险费付至)、DAF(边境交货)、DES(目的港船上交货)、DEQ(目的港码头交货)、DDU(未完税交货)、DDP(完税交货)。其中最常用的有 FOB(FREE ON BOARD)、CIF(COST,INSUMNCE AND FREIGHT)、CFR(COST AND FREIGHT)三种国际贸易术语,这三种国际贸易术语对涉外合同的双方当事人的权利和义务分别做了不同的规定。

2. FOB(FREE ON BOARD)术语确定的涉外合同的双方当事人的权利和义务

FOB(FREE ON BOARD)术语确定的涉外合同的双方当事人的权利和义务分别是:

(1)卖方的权利:接受货款。

(2)卖方的义务:①提供符合合同规定的货物、单证或相等的电子单证;②自负费用及风险办理出口许可证及其他出口手续,缴纳出口捐、税、费;③按照约定的时间、地点,依照港口管理将货物装上买方指定的船舶并给予卖方以充分的通知;④承担在装运港货物越过船舷以前的风险和费用。

(3)买方的权利:接受符合合同规定的货物。

(4)买方的义务:①支付货款并接受卖方提供的交货凭证或相等的电子单证;②自负费用及风险取得进口许可证,办理进口手续,缴纳进口捐、税、费;③自费租船并将船名、装船地点、时间给予卖方以充分的通知;④承担在装运港货物越过船舷以后的风险和费用。

3. CIF(COST, INSUMNCE AND FREIGHT)术语确定的涉外合同双方当事人的权利和义务

CIF(COST, INSUMNCE AND FREIGHT)术语确定的涉外合同双方当事人的权利和义务分别是:

(1) 卖方的权利:接受货款。

(2) 卖方的义务:①提供符合合同规定的货物、单证或相等的电子单证;②自负风险和费用办理出口许可证及其他出口手续,缴纳出口捐、税、费;③自费订立运输合同并将货物按惯常航线运至目的港,并支付运费;④自费投保,缴纳保险费;⑤承担在装运港货物越过船舷以前的风险和费用。

(3) 买方的权利:接受符合合同规定的货物。

(4) 买方的义务:①支付货款并接受卖方提供的交货凭证或相等的电子单证;②自负风险和费用取得进口许可证,办理进口手续,缴纳进口捐、税、费;③承担在装运港货物越过船舷以后的风险和费用。

4. CFR(COST AND FREIGHT)术语确定的涉外合同双方当事人的权利和义务

CFR(COST AND FREIGHT)术语确定的涉外合同双方当事人的权利和义务分别是:

(1) 卖方的权利:接受货款。

(2) 卖方的义务:①提供符合合同规定的货物、单证或相等的电子单证;②自负风险和费用办理出口许可证及其他出口手续,缴纳出口捐、税、费;③自费订立运输合同并将货物按惯常航线运至目的港,并支付运费;④给买方货物装船的充分通知;⑤承担在装运港货物越过船舷以前的风险和费用。

(3) 买方的权利:接受符合合同规定的货物。

(4) 买方的义务:①支付货款并接受卖方提供的交货凭证或相等的电子单证;②自负风险和费用取得进口许可证,办理进口手续,缴纳进口捐、税、费;③自费投保,缴纳保险费;④承担在装运港货物越过船舷以后的风险和费用。

四、涉外商务纠纷及解决办法

1. 涉外商务纠纷

涉外商务纠纷是指涉外商务活动双方当事人在进行涉外商务活动过程中产生的争议,包括合同纠纷、知识产权纠纷、公司纠纷、不正当竞争纠纷、劳动纠纷、行政纠纷等,具体内容可参考国内法的内容。

除了以上的纠纷,涉外商务活动有法院管辖权纠纷和适用法律纠纷,这是指双方当事人在处理其他纠纷中由于要求由不同国家的法院管辖和要求适用

不同国家的法律而产生的纠纷。例如,A国甲公司与B国乙公司因为履行合同发生纠纷,假设A国的法律对甲公司有利,B国的法律对乙公司有利,双方为了适用对己方有利的法律,就会因为要求由A国或B国法院管辖和适用A国的法律或B国的法律产生纠纷。我国法律规定,涉外合同或者涉外财产权益纠纷的当事人,可以用书面协议选择与争议有实际联系的地点的法院管辖。因合同纠纷或者其他财产权益纠纷,如果合同在我国领域内签订或者履行,或者诉讼标的物在我国领域内,或者被告在我国领域内有可供扣押的财产,或者被告在我国领域内设有代表机构,可以由合同签订地、合同履行地、诉讼标的物所在地、可供扣押财产所在地、侵权行为地或者代表机构住所地人民法院管辖。

2. 解决方法

解决涉外商务纠纷的主要方法有协商、调解、仲裁和民事诉讼四种。有关世界贸易组织(WTO)所确立的争议解决机制和争议解决程序,详见第十章世界贸易组织法。

协商是指涉外商务活动双方当事人发生纠纷后,在自愿互谅的基础上,通过直接的协商和谈判,自行达成和解协议,从而使纠纷得到解决的活动。

调解是指纠纷发生后,由双方当事人申请,由调解人从中协调,使双方当事人在自愿协商的基础上,互作让步,达成协议,从而使纠纷得到解决的活动。

仲裁是指涉外商务纠纷双方当事人根据仲裁协议或仲裁条款,将纠纷提交仲裁机构审理,由仲裁机构做出对争议双方均有约束力的裁决的解决纠纷的制度。当事人可以请求仲裁机构做出仲裁裁决或调解书,并根据仲裁裁决请求法院强制执行。根据我国法律的规定,经我国涉外仲裁机构裁决,一方当事人不履行仲裁裁决的,对方当事人可以向被申请人住所地或者财产所在地的中级人民法院申请执行。我国涉外仲裁机构做出的发生法律效力的仲裁裁决,当事人请求执行的,如果被执行人或者其财产不在中华人民共和国领域内,应当由当事人直接向有管辖权的外国法院申请承认和执行。如果涉外商务活动解决争议时选择由国外仲裁机构做出仲裁裁决,当事人要在我国法院执行该仲裁裁决,必须由当事人直接向被执行人住所地或财产所在地的中级人民法院申请,人民法院应当依照中华人民共和国缔结或者参加的国际条约,或者按照互惠原则办理。

民事诉讼是指法院在双方当事人的参与下审理和解决涉外商务纠纷案件的诉讼活动。当事人可以请求人民法院做出判决,并根据判决书或调解书请求法院强制执行。我国法律规定,人民法院做出的发生法律效力的判决、裁定,应当执行。如果被执行人或者其财产不在中华人民共和国领域内,当事人请求执行的,可以由当事人直接向有管辖权的外国法院申请承认和执行,也可以由人民法院依照中华人民共和国缔结或者参加的国际条约的规定，或者按照互惠原则，请求外国法院承认和执行。如果涉外商务活动解决争议时选择由国外法院做出判决，当事人要在我国法院执行该法院判决、裁定，可以由当事人直接向我国有管辖权的中级人民法院申请承认和执行，也可以由外国法院依照该国与我国缔结或者参加的国际条约的规定，或者按照互惠原则，请求人民法院承认和执行。人民法院对申请或者请求承认和执行的外国法院做出的发生法律效力的判决、裁定，依照中华人民共和国缔结或者参加的国际条约，或者按照互惠原则进行审查后，认为不违反中华人民共和国法律的基本原则或者国家主权、安全、社会公共利益的，裁定承认其效力，需要执行的，发出执行令，依照民事诉讼法的有关规定执行。违反中华人民共和国法律的基本原则或者国家主权、安全、社会公共利益的，不予承认和执行。

有关因行政处理引起的行政诉讼的内容，详见第八章行政法的内容。

第二节 经典案例

一、关于涉外合同成立要件的案例

经典案例：如何变更已经发出的要约的效力？——荷兰某商人诉我国某公司合同纠纷案

案情事实：某年1月，我国某公司应荷兰某商人的请求，发出某初级产品200公吨、每公吨CIF鹿特丹人民币1950元、即期装运的要约，对方接到某公司要约后，没有表示承诺，而再三请求某公司增加数量，降低价格，并延长有效期，某公司就将数量增至300公吨，价格每公吨CIF鹿特丹减至人民币1900元，有效期延长至7月25日，荷商于7月22日来电接受，但附加了包装条件为"需提供良好适合海洋运输的袋装"，某公司在接到对方承诺电报时，发现因巴西受冻灾而影响该商品的产量，国际市场价格已猛涨，某公司于是以市场发生变动为由，拒绝发货。荷兰某商人诉至我国法院，要求某公司履行合同义务，某公司拒绝应诉。

法院判决：被告某公司继续履行合同并赔偿损失。

案例精点：合同法规定，在订立国际货物买卖合同过程中，要约一经发出，就对要约人具有拘束力。就要约人来说，自要约生效时起要受要约的约束，即在要约的有效期限内，要约人不得随意更改要约的内容，不得撤回要约，否则，由此而给受要约人造成损失的，必须承担赔偿责任。本案中，某公司的要约包含货物的品质、数量、单价和交货时间，已经依法成立，如果以市场发生变动为由拒绝履行合同义务，就违反了要约的拘束力。所以，某公司的理由不成立，至于拒绝应诉的措施,更不妥当。其实,如果学好涉外商务法律,这个案子也有胜诉的可能。因为,承诺是受要约人向要约人做出的对要约完全同意的意思表示,对要约内容进行实质性变更的意思表示,不构成承诺,而视为一项新要约或反要约,根据联合国国际货物买卖合同公约的规定,包装条款是国际货物买卖合同的主要条款,对它的修改是构成对要约内容的实质性修改,所以,针对荷兰方面7月22日的回电附加的包装条件,某公司可以承诺附加了实质性修改条件为由,否认承诺的有效性,合同就不能成立,某公司自然可解除一切责任。

二、关于法律适用的案例

经典案例:适用本国法律最有利吗?——我国某公司诉新加坡某公司合同纠纷案

案情事实:某年某月,新加坡某公司(甲方)与港商某公司(乙方)签订了购买1000台计算机的合同。港商供货200台之后,经甲方检验质量不合格予以退货,并要求退还已经预交的货款,乙方在知道本公司不可能提供合格产品的情况下,就以甲方名义,邀请我国某公司(丙方)负责供货。后来,三方口头约定剩下的800台计算机由中方公司负责供货,货款由甲公司汇付丙公司的账户。3个月后,丙方如期履行了合同,质量也合乎要求,但甲方在汇付货款时,扣除了预交港方的货款,甲方的理由是:该公司与我方公司没有合同关系,订购计算合同是与乙方签订的,只是代乙方支付货款,因此有权扣除乙方提供不合格货物的货款。我国某公司于是起诉到我国法院,要求根据合同法判令对方支付扣除的货款。

法院判决:驳回原告某公司的诉讼请求。

案例精点:合同法规定,法律、行政法规规定采用书面形式的,应当采用书面形式。法律、行政法规规定或者当事人约定采用书面形式订立合同,当事人未采用书面形式但一方已经履行主要义务,对方接受的,该合同成立。本案中,中、港、新三方公司口头约定剩下的800台计算机由中方公司负责供货的合同,属于口头合同,我国某公司已按口头合同的约定全面、适当地履行了合同义务,新加坡公司应该支付合同货款。但当时的涉外经济合同法规定,涉外经济合同必须采用书面形式,所以,该口头合同不具有法律效力,法院据此判决驳回我国某公司的诉讼请求是符合法律规定的,在当时情况下,为了维护我国某公司的合法权益,不能适用我国的涉外经济合同法,而应适用联合国国际货物买卖合同公约,依据该公约的规定,我方作为供货方与新、港三方订立的口头合同是有法律效力的。根据国际上公认的原则,处理案件的程序法只能适用法院所在地法,但在实体法的适用问题上,可以选择行为地法,本案中的合同缔结地和履行地都是新加坡,而新加坡又是公约的缔约国,可以适用公约的规定,确认口头合同的法律效力。

三、关于外贸代理的案例

经典案例:买卖合同条款能对抗代理人吗?——某外贸公司诉江南公司外贸代理合同纠纷案

案情事实:某年3月,江南公司与香港某公司签订售货合同,江南公司为卖方,货物由上海经香港到美国口岸。合同和报关单、信用证及发票上标明价格条件均为FOB上海。之后,江南公司委托某外运公司代为报关、订舱出运任务。某外运公司接受货运委托后,代为报关、订舱,于同年5月安排加拿大"NEWHAI TENG"轮第9020航次将货物运出至美国巴尔的摩。因江南公司在货运委托书上未注明运费支付方式,某外运公司在海运提单上亦未注明。承运人根据航运惯例,凡未在提单上注明运费支付方式的视为运费预付,向某外运公司收取了运费。事后,某外运公司于同年8月开具收费账单向江南公司托收,被拒绝。某外运公司遂起诉要求江南公司归还其所垫付的运费。

法院判决:被告江南公司偿付原告某外运公司运费及利息。

案例精点:FOB术语规定,买方自负费用及风险取得进口许可证,办理进口手续、缴纳进口捐、税、费。民法通则规定,代理人在代理权限内,以被代理人的名义实施民事法律行为,被代理人对代理人的代理行为,承担民事责任。本案中,某外运公司代江南公司办理了货物运输事宜,便构成了江南公司为委托人、某外运公司为货运代理人的货运代理合同关系,江南公司作为合同一方,应承担其产生的法律后果。至于FOB价格条款,因为买卖合同与货运代理合同是两个法律关系,买卖合同的FOB价格条款仅约束买卖双方,并不影响货运代理人依据货运代理合同向委托人收取在代理行为中实际发生的费用,包括为委托人的利益所垫付的费用,所以,某外运公司有权向江南公司收取所垫付的运费。

四、关于报关义务的案例

经典案例:货物被海关扣留就可以不付款吗?——美国某贸易公司诉某外贸公司购销合同纠纷案

案情事实:某年某月,某外贸公司与美国某贸易公司签订一份合同,约定:某外贸公司向美国某贸易公司购买货物,目的港为中国张家港;价格为CFR价格1200美元,装运期为1995年7月。后来,某外贸公司传真给美国某贸易公司驻上海办事处,称:"由于该货物国际国内行情暴跌,要求美国某贸易公司暂缓装运;降低货物单价,修改信用证价格。"但被美国某贸易公司拒绝。装运该批货物的货船按合同约定到达张家港,并于当天开始卸货,当时某外贸公司的有关人员也在卸货现场。在向海关报关时,海关认为某外贸公司虚报用途进口该批货物涉嫌走私,故扣留监管该批货物。某外贸公司以此为由拒付货款。于是,美国某贸易公司以某外贸公司拒不履行应尽的付款义务为由诉至人民法院,要求某外贸公司付清货款,并承担全部诉讼费用。

法院判决:判令被告某外贸公司向原告美国某贸易公司于判决生效10日内支付货款及延期利息。

案例精点:CFR术语规定,涉外合同的卖方的权利是接受货款,其义务是提供符合合同规定的货物;自负风险和费用办理出口许可证及其他出口手续、缴纳出口捐、税、费,买方的权利是接受符合合同规定的货物,其义务是支付货款;自负风险和费用取得进口许可证,办理进口手续、缴纳进口捐、税、费。本案中,某外贸公司与美国某贸易公司签订的国际货物买卖合同没有违反法律规定,双方意思表示真实一致,为有效合同。在履行该合同的过程中,美国某贸易公司始终按照合同的约定履行义务,并无过错,某外贸公司从法律上也已经提取了货物,应按照合同约定支付货款。至于其货物因虚报用途被海关扣留,根据双方合同CFR价格约定,某外贸公司有义务自行报关提货,该风险应自行承担,如某外贸公司对海关扣物持有异议,可以提起行政诉讼,但不能以此为由拒绝履行义务。

五、关于管辖权和法律适用的案例

经典案例:涉外纠纷有哪些特殊性?——香港某金融公司诉香港某美食公司贷款纠纷案

案情事实:某年3月,香港某美食公司与广州市某服务公司签订合作经营广州某大酒店合同。同年9月,香港某美食公司为筹措资金,与香港某金融公司签订贷款协议,合同约定某金融公司贷款780万港元给某美食公司,贷款协议适用中华人民共和国法律。合同到期后,某金融公司要求某美食公司还款,香港某美食公司以与他人合作经营广州某大酒店的合同纠纷,正在提交中国国际经济贸易仲裁委员会深圳分会仲裁为由,要求延期还款。某金融公司多次索偿无着,遂向人民法院提起诉讼。

法院判决:被告香港某美食公司应于本判决生效之次日起30日内偿付给原告香港某金融公司本金780万港元及利息,逾期按贷款协议的约定计付复息和罚息。

案例精点:本案牵涉到以下问题:(1)管辖权问题。该案原告香港某金融公司、被告香港某美食公司均为香港的企业法人单位,贷款协议的签订地、履行地均在香港,且双方又无向中华人民共和国法院诉讼的书面协议,本不属中华人民共和国法院管辖。但是,原告以被告的贷款投入到中国经营合作企业,坚持中华人民共和国起诉,被告对此没有提出异议,并已向人民法院应诉答辩,视为被告承认中华人民共和国人民法院有管辖权。(2)法律适用问题。原告香港某金融公司和被告香港某美食公司约定,贷款合同争议的处理,适用中华人民共和国法律,该案审理的准据法选定为中华人民共和国实体法。(3)贷款协议的约束力问题。经审理,该贷款协议的效力,其双方主体资格合法;意思表示真实;协议形式符合法定要求,原告香港某金融公司与被告香港某美食公司签订的贷款协议,受法律保护。合同约定对双方当事人具有法律约束力,被告未能按期还本付息,已构成违约。

第三节　实务模拟

一、实务模拟目标

YUECUI 诉江苏某公司欠款纠纷案原告代理人实务模拟。

二、案情背景

1999 年 10 月,澳大利亚籍华人 YUECUI 在韩国汉城遇到江苏某公司法定代表人李某,李某以公司名义向 YUECUI 借款 16 万元,2000 年 9 月,YUECUI 要求江苏某公司归还欠款,双方对该笔欠款的性质发生争议。

三、有关文件

1. 投资协议书

投资协议书

　　由江苏某公司组织的"中国书画家考察团"因经济紧张,经与 YUECUI 小姐友好协商,达成协议:YUECUI 小姐同意将人民币 16 万元投入江苏某公司,江苏某公司同意 YUECUI 小姐从即日起成为公司内部人员,李某作为江苏某公司法定代表人,现在决定由 YUE-CUI 小姐担任江苏某公司业务经理,参与公司业务和公司管理。

　　本协议即日起生效。

江苏某公司

李某(签字)

1999 年 10 月 16 日

2. 保证书

保证书

　　为感谢YUECUI小姐对江苏某公司的帮助,也为了表示"中国书画家考察团"对YUECUI小姐在韩国热情款待感激,江苏某公司韩国支社愿意保证江苏某公司一年内归还YUECUI小姐人民币16万元。

江苏某公司韩国支社(盖章)
1999年10月16日

3. 江苏某公司收款条

收　条

　　今收到YUECUI小姐人民币16万元。如公司经营好转,江苏某公司同意退还YUECUI小姐人民币16万元及相应利息。
　　特此证明。

江苏某公司
李某(签字)
1999年10月16日

4. 江苏某公司基本情况证明

江苏某公司基本情况证明

　　江苏某公司,地址:南京市雨花区某路某号,电话:＊＊＊＊＊＊＊,邮政编码:210012,法定代表人:李某,身份证号＊＊＊＊＊＊＊＊＊＊＊＊＊＊＊＊＊,电话＊＊＊＊＊＊＊＊,注册资本:人民币1000万元。
　　特此证明。

某工商行政管理局(盖章)
2000年10月30日

四、实务模拟题

作为YUECUI小姐的代理人,请书写民事起诉状及代理词。

第八章 行政法

第一节 行政法概述

一、行政与行政法

1. 行政、行政主体与行政相对人

行政是指作为行政主体的国家行政机关和法律、法规授权的组织行使的职能和管理,这种职能和管理包括对行政相对人的管理和对内部工作人员的职能和管理。我们所指的行政主要指对行政相对人即行政关系中对方当事人的职能和管理,具有以下三个基本特征:

一是存在两方或两方以上的当事人;

二是必有一方是行政主体或其工作人员;

三是相应关系是因行政主体行使职权或接受法制监督而发生的。

行政主体是指能以自己名义行使国家行政职权,做出影响行政相对人权利义务的行政行为,并能由其本身对外承担行政法律责任,在行政诉讼中能作为被告应诉的行政机关或法律、法规授权的组织。

行政相对人是指在行政管理法律关系中与行政主体相对应的另一方当事人,即行政主体的行政行为影响其权益的个人和组织,当然包括在我国境内的外国人和组织。

2. 行政法

行政法是规定国家行政主体的组织、职权、行使职权的方式、程序以及对行使行政职权的法制监督,调整行政关系的法律规范系统,虽然在整体上没有统一、完整的法典,但在实践中,行政法散见于许多单行法典中。广义的行政法的法律渊源有:

宪法,如宪法中关于公民、组织和行政机关的权利、义务的规范;

法律,是指由全国人大或全国人大常委会制定的基本法律,如《行政处罚法》、《行政复议法》、《行政诉讼法》等;

行政法规,是指由国务院依宪法授权制定的规范性法律文件;

部门规章,是指国务院各部、委和其他某些工作部门发布的规范性法律文件;

地方性法规,是指省一级人大和常委会在不同宪法、法律、行政法规相抵

触的前提下制定的在本地域范围具有效力的规范性法律文件;

自治条例和单行条例,是指民族自治地方的人大依照当地民族的政治、经济和文化的特点的规范性法律文件;

地方政府规章,是指省一级人民政府所在地的市和国务院批准的较大的市以及经济特区市的人民政府制定的规范性法律文件。

除了上述基本法源外,行政法还存在一些其他法源,主要包括以下三类:

国际条约和协定,是指涉及国内行政管理的国际条约和国家间协定;

国家机关的法律解释,包括最高国家权力机关的解释、国家司法机关的解释、中央国家行政机关的解释、地方国家权力机关和行政机关的解释。

国家行政机关与执政党、社会组织联合发布的规范性文件,虽然随着政治体制改革的深入,这类规范性文件会减少甚至消失,但现在具有法律效力。

狭义的行政法主要有《行政处罚法》、《行政复议法》、《行政诉讼法》和《行政许可法》。

3. 行政处罚

行政处罚是行政主体为了维护公共利益和社会秩序,保护公民、法人和其他经济组织的合法权益,对违反行政管理秩序,依法应当给予行政处罚的行政相对人所给予的法律制裁。对于我国境内的外国人、法人或者其他组织违反行政管理秩序的行为,应当给予行政处罚的,行政机关也可以给予行政处罚。

(1) 行政处罚的特征

行政处罚具有以下特征:①行政处罚的主体是行政主体。行政主体实施行政处罚必须依据法定权限,即享有和行使行政处罚权的主体是法定的行政机关、具有管理公共事务职能的组织和根据行政机关委托符合法定要件的组织;行政机关行使行政处罚权,必须严格依据法定权限。②行政处罚是对违反行政法规范的行为的行政相对人的制裁。涉及单位的行政处罚,处罚对象可能包括法定代表人和法人内部的直接责任人员。

(2) 行政处罚的类型

行政处罚法规定的针对单位的行政处罚主要有以下几类:①罚款,是指行政处罚主体依法强制违反行政法规范的行为人在一定期限内向国家缴纳一定数额金钱的处罚方式。②没收违法所得、没收非法财物,是指行政处罚主体依法将违法行为人的违法所得、违法财物收归国有的处罚形式。③责令停产停业,是行政处罚主体对违反行政法律规范的工商企业和工商个体户责令其停止生产、营业的一种处罚形式。④暂扣和吊销许可证、执照,是行政处罚主体依法暂时扣留或者撤销违法者从事某种活动的权利或资格的证书,限制或剥夺其从事该活动的权利或资格的处罚形式。

4. 行政复议

行政复议是指当事人认为行政机关的具体行政行为侵犯其合法权益,按照法定的程序和条件向做出该具体行政行为的上一级行政机关提出申请,受理申请的行政机关对该具体行政行为进行复查、并做出复议决定的活动。外国人、无国籍人、外国组织在我国境内申请行政复议,适用行政复议法的规定。

(1) 行政复议的范围

根据行政复议法的规定,行政复议的范围主要包括:①对行政机关做出的警告、罚款、没收违法所得、没收非法财物、责令停产停业、暂扣或者吊销许可证、暂扣或者吊销执照、行政拘留等行政处罚决定不服的;②对行政机关做出的限制人身自由或者查封、扣押、冻结财产等行政强制措施决定不服的;③对行政机关做出的有关许可证、执照、资质证、资格证等证书变更、中止、撤销的决定不服的;④认为行政机关侵犯合法的经营自主权的;⑤认为行政机关违法集资、征收财物、摊派费用或者违法要求履行其他义务的;⑥认为符合法定条件,申请行政机关颁发许可证、执照、资质证、资格证等证书,或者申请行政机关审批、登记有关事项,行政机关没有依法办理的;⑦申请行政机关履行保护人身权利、财产权利、受教育权利的法定职责,行政机关没有依法履行的。

(2) 行政复议的管辖

对于行政复议的管辖,行政复议法的规定是:①对县级以上地方各级人民政府工作部门的具体行政行为不服的,由申请人选择,可以向该部门的本级人民政府申请行政复议,也可以向上一级主管部门申请行政复议;②对海关、金融、国税、外汇管理等实行垂直领导的行政机关和国家安全机关的具体行政行为不服的,向上一级主管部门申请行政复议;③对地方各级人民政府的具体行政行为不服的,向上一级地方人民政府申请行政复议;④对省、自治区人民政府依法设立的派出机关所属的县级地方人民政府的具体行政行为不服的,向该派出机关申请行政复议;⑤对国务院部门或者省、自治区、直辖市人民政府的具体行政行为不服的,向做出该具体行政行为的国务院部门或者省、自治区、直辖市人民政府申请行政复议,对此类行政复议决定不服的,可以向国务院申请裁决,国务院依照行政复议法的规定做出最终裁决。

对其他行政机关、组织的具体行政行为不服的,按照下列规定申请行政复议:①对县级以上地方人民政府依法设立的派出机关的具体行政行为不服的,向设立该派出机关的人民政府申请行政复议;②对政府工作部门依法设立的派出机构依照法律、法规或者规章规定,以自己的名义做出的具体行政行为不服的,向设立该派出机构的部门或者该部门的本级地方人民政府申请行政复议;③对法律、法规授权的组织的具体行政行为不服的,分别向直接管理该组织的地方人民政府、地方人民政府工作部门或者国务院部门申请行政复议;④对两个或者两个以上行政机关以共同的名义做出的具体行政行为不服的,向其共同上一级行政机关申请行政复议;⑤对被撤销的行政机关在撤销前所做出的具体行政行为不服的,向继续行使其职权的行政机关的上一级行政机关申请行政复议。

5. 行政诉讼

行政诉讼是指人民法院基于当事人的请求,对行政机关具体行政行为的合法性进行审查并做出裁判,解决行政争议的诉讼活动。也就是说,行政诉讼的被告只能是作为行政主体的行政机关和法律、法规授权的组织;行政诉讼的核心是对具体行政行为的合法性进行审查,而具体行政行为的合理性,原则上不属于人民法院的审查范围。所谓具体行政行为,就是行政主体针对特定的当事人就特定的具体事项做出的由有关该当事人的权利义务的单方行为,如对某单位的罚款。外国人、无国籍人、外国组织在我国进行行政诉讼,适用行政诉讼法的规定。外国人、无国籍人、外国组织在我国进行行政诉讼,同我国公民、组织有同等的诉讼权利和义务。如果某国法院对我国公民、组织的行政诉讼权利加以限制的,人民法院对该国公民、组织的行政诉讼权利,实行对等原则。我国缔结或者参加的国际条约同本法有不同规定的,适用该国际条约的规定。但我国声明保留的条款除外。

(1) 行政诉讼的基本原则

行政诉讼的基本原则主要有:人民法院依法独立行使行政审判权原则;以事实为依据、以法律为准绳原则;具体行政行为合法性审查原则;行政机关对其做出的具体行政行为负主要举证责任原则;不适用调解原则,但行政赔偿诉讼可以调解。

(2) 行政诉讼的范围

行政诉讼法规定,人民法院受理当事人对下列具体行政行为不服提起的诉讼:①对拘留、罚款、吊销许可证和执照、责令停产停业、没收财物等行政处罚不服的;②对限制人身自由或者对财产的查封、扣押、冻结等行政强制措施不服的;③认为行政机关侵犯法律规定的经营自主权的;④认为符合法定条件申请行政机关颁发许可证和执照,行政机关拒绝颁发或者不予答复的;⑤申请行政机关履行保护人身权、财产权的法定职责,行政机关拒绝履行或者不予答复的;⑥认为行政机关违法要求履行义务的;⑦认为行政机关侵犯其他人身权、财产权的。

(3) 行政诉讼的管辖

行政诉讼管辖是指人民法院系统内审理第一审案件的权限划分的法律制

度,主要包括级别管辖和地域管辖。

级别管辖是指各级人民法院在审理第一审行政案件时的分工和权限。我国的划分级别管辖的标准是行政案件的性质及其重大复杂程度。①基层人民法院对行政案件具有普遍管辖权,除法律规定由中级人民法院、高级人民法院和最高人民法院管辖的第一审行政案件外,其他行政案件都由基层人民法院管辖,但基层人民法院的派出法庭不得受理行政案件。②中级人民法院管辖的案件有三类:确认发明专利权的案件、海关处理的案件;对国务院各部门或省、自治区、直辖市人民政府所做出的具体行政行为提起诉讼的案件;本辖区内重大、复杂的案件。例如,某甲对铁道部春节期间火车票涨价的决定不服,就得到铁道部所在地的北京市第一中级人民法院起诉。③高级或最高人民法院分别管辖在本辖区或全国范围内重大、复杂的第一审行政案件。

地域管辖是同级人民法院之间在审理第一审行政案件时的分工和权限,可分为一般地域管辖和特殊地域管辖。①一般地域管辖是指行政案件一般由最初做出具体行政行为的行政机关所在地人民法院管辖。或者说,由被告所在地人民法院管辖。②特殊地域管辖是指适用于特殊情况的地域管辖制度,在具体确定某一案件的管辖时,特殊地域管辖优于一般地域管辖。特殊地域管辖有三种:经复议机关做出改变决定的案件,既可以由最初做出具体行政行为的行政机关所在地法院管辖,也可以由复议机关所在地法院管辖;限制人身自由强制措施案件由被告住所地或原告住所地法院管辖,其中原告所在地包括原告的户籍所在地、经常居住地和被限制人身自由所在地;因不动产提起的行政诉讼,由不动产所在地法院管辖。这些规定主要是为了方便起诉,例如,位于A市B区的甲公司被B区工商行政管理机关处罚,经向A市工商行政管理机关复议后,A市工商行政管理机关做出了改变决定,甲公司既可以向B区工商行政管理机关所在地人民法院起诉,也可以向A市工商行政管理机关所在地人民法院起诉,如果B区是A市的偏远郊区,为了节约诉讼成本,甲公司可以根据有利原则向B区工商行政管理机关所在地人民法院起诉。

二、行政法的基本原则

行政法的基本原则有:

1. 行政法治原则

行政法治包括:(1)依法行政。即行政主体实施任何行政行为均要遵循法定权限、法定实体规则和法定程序规则,超越法定权限或违背法定实体规则和法定程序规则均构成违法行政;(2)控制滥用自由裁量权。即通过法律机制将行政主体实施的自由裁量行政行为控制在适度、合理的范围内;(3)政府对行政侵权行为承担法律责任;(4)保护人权,维护行政相对人的合法权益。

2. 行政公正原则

行政公正是指行政主体要平等对待不同身份的行政相对人,不在事先未通知和听取相对人申辩意见的情况下做出对其不利的行政行为。

3. 行政公开原则

所有的行政法律、法规、文件和行政行为,必须向公众公开。

4. 行政效率原则

行政行为必须选择最优方案,以最小的代价获取最大的经济和社会效益。

三、行政主体的权利和义务

1. 行政主体的权利和义务概述

(1) 行政主体的权利

行政主体的权利主要表现在实施行政行为,主要包括:

行政处理,是指行政主体为了实现相应法律、法规和规章确定的行政管理目标和任务,应行政相对人申请或依职权处理涉及特定行政相对人特定权利义务事项的具体行政行为,包括行政征收、行政许可、行政确认、行政给付等行为。

行政强制,是指行政主体为实现一定的行政目的,对行政相对人的财产及人身自由等采取的强制措施。

行政处罚。

(2) 行政主体的义务

行政主体的义务主要表现为必须依法行政,即行政主体实施任何行政行为均要遵循法定权限、法定实体规则和法定程序规则,超越法定权限或违背法定实体规则和法定程序规则均构成违法行政,是无效或可撤销的行政行为。

2. 行政处罚和行政主体实施行政处罚时的义务

下面我们以与商务活动较密切的行政处罚为例,解释行政主体在实施行政行为应该履行的义务。行政主体在实施行政处罚时必须履行以下义务:

(1) 必须在法定权限内实施行政处罚行为的义务

行政主体在实施行政处罚时,不得超越法定权限,主要包括:①在实施罚款时,行政处罚主体只能在法定幅度决定罚款数额;②在实施没收违法所得、没收非法财物时,不得涉及违法者的合法收入和财产;③吊销企业营业执照必须依照法律或行政法规规定实施;④违法事实不清的,不得给予行政处罚;⑤除法律有特别规定外,违法行为在2年内未被发现的,不再给予行政处罚。例如,反不正当竞争法规定,违反规定侵犯商业秘密的,监督检查部门可以根据情节处以 1 万元以上 20 万元以下的罚款,如果监督检查部门对侵犯商业秘密的某公司处以 30 万元的罚款,就超出了法定罚款幅度,构成超越法定权限的违法行政行为。

(2) 依照法定程序实施行政处罚行为的义务

行政主体实施行政处罚必须依法定程序进行,行政处罚的程序是指享有行政处决权和执行权的机关或组织做出行政处罚决定,对行政违法者实施行政处罚的具体方式、方法和步骤,包括行政处罚决定程序和行政处罚执行程序。

①行政处罚决定程序

行政处罚决定程序是行政处罚程序的关键环节,是保障正确实施行政处罚的前提条件,必须依法进行。行政处罚决定程序可分为简易程序和一般程序。

简易程序也称当场处罚程序,是指行政处罚主体对符合法定条件的行政处罚,是当场做出行政处罚决定的处罚程序。适用简易程序的条件是:违法事实确凿;有法定依据;对单位给予 1000 元以下的罚款。简易程序的内容有:表明身份,即向当事人出示执法身份证件;确认违法事实,说明处罚理由和依据;制作行政处罚决定书并当场交付当事人;当场做出的行政处罚决定,必须报所属行政机关备案。

一般程序也称普通程序,是指行政处罚通常适用的处罚程序。一般程序的内容有:立案;调查;决定;制作处罚决定书;说明理由并告知权利;当事人陈述和申辩;行政处罚决定书的送达。在实施较大数额的罚款、责令停产停业、暂扣和吊销许可证、执照等行政处罚时必须进行听证程序。

听证程序,是指在做出责令停产停业、吊销许可证或者执照、较大数额罚款等行政处罚决定之前,公开举行由全部利害关系人参加的听证会。听证程序的内容有:听证的申请和决定;听证通知,即应当在听证的七日前通知当事人有关听证的时间和地点等事项;听证形式,如除了涉及国家秘密、商业秘密和个人隐私外,听证应当公开举行;听证笔录,应该有当事人的签字或盖章;听证费用,当事人不承担组织听证的费用。

②行政处罚执行程序

行政处罚执行程序是行政处罚保证行政处罚决定所确定的当事人的义务得以履行的程序。行政处罚执行程序实行做出决定的机关和收缴罚款的机构分离的原则,即根据一般程序做出的行政处罚决定,必须有专门机构收缴罚款。专门机构收缴罚款后,必须开具统一的罚款收据,并将罚款上缴国库。当场收缴罚款时,行政处罚主体必须出具统一的罚款收据,如果不出具统一的罚款收据,当事人有权拒绝缴纳罚款。

(3) 告知义务

无论是行政处罚决定程序的简易程序还是一般程序,行政机关在做出行政处罚决定之前,都应当告知当事人做出行政处罚决定的事实、理由及依据,并告知当事人依法享有的权利。

(4) 一事不再罚的义务

对于同一违法行为的当事人,行政主体不得给予两次以上罚款的处罚。

(5) 法律、行政法规和规章规定的其他义务

如在行政复议和诉讼过程中,行政主体不得自行收集证据,不得以吊销许可证和执照等方式剥夺行政相对人的主体资格。

四、行政相对人的权利和义务

1. 行政相对人的权利

根据法律、法规的规定,行政相对人主要享有如下权利:

(1) 申请权

行政相对人有权向行政主体提出实现其法定权利的各种申请,如申请取得行政许可,在合法权益受到侵犯时,申请获得法律保护等。

(2) 参与权

行政相对人有权依法参加与行政管理,如参与各种政策的听证会等。

(3) 知情权

行政相对人有权依法了解行政主体的各种行政信息,如了解各种规范性法律文件和与本人有关的各种档案材料,除法律、法规规定应予保密的外,行政相对人均有权查阅、复制。

(4) 批评、建议权

行政相对人对行政主体及其工作人员实施的违法、不当的行政行为有权提出批评,并提出建议和意见。行政相对人可以向行政许可的设定机关和实施机关就行政许可的设定和实施提出意见和建议。

(5) 申诉、控告、检举权

行政相对人对行政主体及其工作人员做出的对其本身不公正的行政行为有权申诉,并对行政主体及其工作人员的违法、失职行为有权控告或检举。

(6) 陈述、申辩权

行政相对人对行政主体做出与自身权益有关、特别是不利的行政行为如行政许可、行政处罚时,有权陈述自己的意见、看法,提供有关证据材料,进行说明和申辩。

(7) 申请复议权

行政相对人对行政主体做出的具体行政行为如行政许可、行政处罚不服,有权依法申请复议。

(8) 提起行政诉讼权

行政相对人对行政主体做出的具体行政行为,如行政许可、行政处罚不服,有权依法提起行政诉讼。

(9) 请求行政赔偿权

行政相对人在其合法权益被行政主体违法侵犯并造成损失时,有权请求行政赔偿,其合法权益因行政机关违法实施行政许可受到损害的,有权依法要求赔偿。

(10) 抵制违法行政行为权

行政相对人对于行政主体实施的明显违法或重大违法的行政行为,有权依法予以抵制,如抵制没有法律根据的摊派、罚款和收费等。

(11) 法律、行政法规和规章规定的其他权利,如依照法律、法规规定的条件和程序转让依法取得的行政许可。

2. 行政相对人的义务

在享有权利的同时,根据法律、法规的规定,行政相对人应履行如下义务:

(1) 服从行政管理的义务

行政相对人服从行政管理义务,主要包括服从行政管理、遵守各种规范性文件、履行法定义务、依法申请行政许可义务。

(2) 协助公务的义务

行政相对人对在行政主体及其工作人员执行公务的行为,有主动予以协助的义务。

(3) 维护公益的义务

行政相对人有义务维护国家和社会公共利益,行政相对人因维护公益致使本人利益受到损失后,可请求国家予以适当补偿。

(4) 接受行政监督的义务

行政相对人要接受行政主体依法实施的监督,包括检查、审查、检验、审计等,接受行政机关对自己从事行政许可事项活动的监督。

(5) 提供真实信息的义务

(6) 遵守法定程序的义务

(7) 法律、行政法规和规章规定的其他义务

五、行政纠纷及解决方法

1. 行政纠纷

行政纠纷是指行政法律关系中双方当事人因行政行为的合法性产生的争议。常见的行政纠纷有：

违法行政纠纷，是指因行政相对人认为行政主体的具体行政行为不合法而产生的争议，这种不合法既包括实体内容的不合法，也包括程序的不合法。

行政不作为纠纷，是指因行政相对人认为行政主体应该做出具体的行政行为，但行政主体不做出具体的行政行为而产生的争议，如行政相对人认为行政主体应颁发营业执照，但行政主体拒绝颁发而产生的争议。

行政赔偿纠纷，是指行政相对人在其合法权益被行政主体违法侵犯并造成损失请求行政赔偿时，因双方的分歧而产生的争议。

2. 解决方法

解决行政纠纷的主要方法有提请行政法制监督、申请行政复议、提起行政诉讼和申请非诉执行四种。

（1）提请行政法制监督

提请行政法制监督是指行政相对人提请国家权力机关、国家司法机关、专门行政监督机关依法对行政主体及其工作人员行使行政职权和遵纪守法进行监督，其中，国家权力机关是指各级人大及其常委会，国家司法机关包括人民法院和人民检察院，专门行政监督机关主要是指行政监察机关和国家审计机关，都能直接对监督对象采取有法律效力的监督措施和监督行为。

（2）申请行政复议

行政复议法规定，当事人认为具体行政行为侵犯其合法权益的，可以自知道该具体行政行为之日起60日内提出行政复议申请；但是法律规定的申请期限超过60日的除外。因不可抗力或者其他正当理由耽误法定申请期限的，申请期限自障碍消除之日起继续计算。

行政复议法规定的行政复议申请形式，可以是书面申请，也可以是口头申请。口头申请的，行政复议机关应当当场记录申请人的基本情况、行政复议请求、申请行政复议的主要事实、理由和时间。

申请行政复议。必须满足以下的条件：符合申请时效；申请人是认为具体行政行为直接侵犯其合法权益的当事人；有明确的被申请人；有具体的复议请求和事实根据；属于申请复议范围；属于受理复议机关管辖。

行政复议机关在受理行政复议申请后，必须在60天做出复议决定。行政复议决定书一经送达，即发生法律效力。被申请人应当履行行政复议决定。

被申请人不履行或者无正当理由拖延履行行政复议决定的,行政复议机关或者有关上级行政机关应当责令其限期履行。

附:行政复议申请书格式

<h2 style="text-align:center">行政复议申请书</h2>

申请人:_____

地址:_____

法定代表人:_____ 职务:_____ 电话:_____

委托代理人:_____ 工作单位:_____

性别:_____ 职务:_____ 电话:_____

被申请人:_____

地址:_____

法定代表人:_____ 职务:_____ 电话:_____

申请事由

申请人因不服被申请人____号行政决定书,特提出行政复议。

事实与理由:_____
_____
_____

基于以上事实与理由,根据_____规定第_____条提出行政复议。申请人具体要求:

一、_____

二、_____

此致

_____复议机关

申请人:

年 月 日

(3) 提起行政诉讼

行政诉讼法规定的起诉条件是:原告是认为具体行政行为侵犯其合法权益的当事人;有明确的被告,即做出具体行政行为的行政主体;有具体的诉讼请求;有明确的事实根据;属于该人民法院的受案范围。需要注意两点,第一、原告是认为具体行政行为侵犯其合法权益的当事人,其中"认为"的主体是原告,而不是人民法院。例如,某行政机关对甲公司处以罚款30万元,只要甲公司认为某行政机关的行为侵犯了其合法权益,甲公司就可以提起行政诉讼,而不论是否真正侵犯。第二、行政主体不具有行政诉讼的起诉资格,既不能提起行政诉讼,也不能在行政诉讼过程中提起反诉。例如,某行政机关对甲公司处以罚款30万元,甲公司对此不服,提起行政诉讼,某行政机关不能因为自己没有侵犯其合法权益而提起反诉。

当事人必须履行人民法院发生法律效力的判决、裁定。公民、法人或者其他经济组织拒绝履行判决、裁定的,行政机关可以向第一审人民法院申请强制执行,或者依法强制执行。行政机关拒绝履行判决、裁定的,第一审人民法院可以采取以下措施:对应当归还的罚款或者应当给付的赔偿金,通知银行从该行政机关的账户内划拨;在规定期限内不履行的,从期满之日起,对该行政机关按日处50元至100元的罚款;向该行政机关的上一级行政机关或者监察、人事机关提出司法建议。接受司法建议的机关,根据有关规定进行处理,并将处理情况告知人民法院。

附:行政起诉状格式

行政起诉状

原告:＿＿＿＿＿＿＿＿＿＿＿＿＿＿＿＿＿＿＿＿＿＿＿＿

地址:＿＿＿＿＿＿＿＿＿

法定代表人:＿＿＿＿＿＿ 职务:＿＿＿＿＿＿ 电话:＿＿＿＿＿＿

委托代理人:＿＿＿＿＿＿ 工作单位:＿＿＿＿＿＿

性别:＿＿＿＿＿＿ 职务:＿＿＿＿＿＿ 电话:＿＿＿＿＿＿

被告:＿＿＿＿＿＿＿＿＿＿＿＿＿＿＿＿＿＿＿＿＿＿＿＿

地址:＿＿＿＿＿＿＿＿＿

法定代表人:＿＿＿＿＿＿ 职务:＿＿＿＿＿＿ 电话:＿＿＿＿＿＿

案由:＿＿＿＿＿＿＿＿＿＿＿＿＿＿＿＿＿＿＿＿＿＿＿＿

诉讼请求:＿＿＿＿＿＿＿＿＿＿＿＿＿＿＿＿＿＿＿＿＿

事实与理由:＿＿＿＿＿＿＿＿＿＿＿＿＿＿＿＿＿＿＿＿

＿＿＿＿＿＿＿＿＿＿＿＿＿＿＿＿＿＿＿＿＿＿＿＿＿＿＿

＿＿＿＿＿＿＿＿＿＿＿＿＿＿＿＿＿＿＿＿＿＿＿＿＿＿＿

此致

＿＿＿＿＿＿＿人民法院

起诉人:

年 月 日

(4)申请非诉执行

非诉执行是指行政相对人既不执行行政主体的具体行政行为,又不向人民法院提起行政诉讼,而行政主体又不具有强制执行权时,该行政主体可以申请人民法院采取强制执行措施,保证该具体行政行为的执行。

第二节 经典案例

一、关于行政许可的案例

经典案例:可以朝令夕改吗?——某省经济贸易委员会、某区人民政府与某矿业有限公司吊销许可证纠纷案

案情事实:某年7月,某省经济贸易委员会做出《关于同意某矿业有限公司领取〈煤炭经营许可证〉及某煤炭发运站〈煤炭发运许可证〉的批复》,同意某矿业有限公司通过铁路立户在某煤炭发运站发运煤炭并领取"两证"。某区人民政府就在某矿业有限公司设立发煤站一事提出异议:某煤炭发煤站是由某区8个乡镇利用铁路车站在某区境内这一特有条件创建的,某矿业有限公司在此设站,办理了营运手续,严重影响了区、乡的既得利益,不利于煤炭市场的统一管理,伤害了所在地群众的感情,要求某省经济贸易委员会收回某矿业有限公司的"两证"。某省经济贸易委员会遂批复吊销原发给某矿业有限公司的"两证"。

法院判决:撤销某省经济贸易委员会吊销原发给某矿业有限公司的"两证"的具体行政行为。

案例精点:本案是在2000年判决的,根据行政处罚法规定,吊销许可证是一种行政处罚,应按行政处罚法"公民、法人或者其他组织违反行政管理秩序的行为,依法应当给予行政处罚的,行政机关必须查明事实;违法事实不清的,不得给予行政处罚"的规定实施。本案中,某省经济贸易委员会没有认定某矿业有限公司存在违法应予处罚的事实,自行做出批复吊销原发给某矿业有限公司的"两证",违反了行政处罚法的规定,依法应予撤销。这与现行行政许可法"公民、法人或者其他组织依法取得的行政许可受法律保护,行政机关不得擅自改变已经生效的行政许可"的规定,也是一致的。

二、关于具体行政行为的案例

经典案例:下发文件可以是具体行政行为吗?——某石材厂不服某市人

民政府行政扶优扶强措施案

案情事实：某年3月，某市人民政府为了促进玄武岩石材企业上规模、产品上档次，由其下属的办公室下发文件，确定在全市扶持具有一定生产规模的31家石板材企业。文件规定，某玄武石材有限公司要为年销售收入1000万元以上的10家企业，每家全年增加供应玄武岩荒料500立方米；要为年销售收入500万元以上的21家企业，每家全年增加供应玄武岩荒料300立方米。该文件以通知的形式下发到某市各乡(镇)人民政府、街道办事处、市直有关单位和某开发区管委会。某石材厂认为某市政府的这种做法破坏了公平竞争的社会经济秩序，是违法行政，于是起诉到人民法院，请求撤销该文件。

法院判决：确认被告某市人民政府某年3月下发的文件违法。

案例精点：行政诉讼法规定，公民、法人或者其他经济组织认为行政机关和行政机关工作人员的具体行政行为侵犯其合法权益，有权依法向人民法院提起诉讼。人民法院受理公民、法人或者其他经济组织认为行政机关侵犯法律规定的经营自主权提起的行政诉讼，但不受理行政法规、规章或者行政机关制定、发布的具有普遍约束力的决定、命令。本案中，某市人民政府下发的虽然是具有普遍约束力的文件，且未给某石材厂确定权利与义务，但该文件却通过强制干预某玄武石材有限公司的销售办法，直接影响到某石材厂的经营权利，因此对某石材厂来说，该文件具有了"认为行政机关侵犯法律规定的经营自主权的"情形，是具体行政行为，属于人民法院行政诉讼的受案范围，某石材厂有权提起行政诉讼。

三、关于特殊行政主体的案例

经典案例：是提供服务还是履行职责？——某县中医院诉某县邮电局不履行法定职责案

案情事实：某省卫生厅、省邮电局《关于规范全省"120"医疗急救专用电话管理的通知》规定医疗机构申请开办急救中心、开通"120"急救电话的程序是：经当地卫生行政部门指定并提交书面报告，由地、市卫生行政部门审核批准后，到当地邮电部门办理"120"急救电话开通手续。某年8月，某省卫生厅确认某县中医院具备设置急救中心的条件，同年12月，某县卫生局指定某县中医院开办急救中心，开通"120"急救电话。同日，某县中医院向某县邮电局提交了《关于开通"120"急救专用电话的报告》，并经县长和主管副县长批示同意。同年12月，某县邮电局为县中医院安装了"120"急救电话，但是该电话一直未开通。在某县中医院向上级市卫生局提出《关于请求设置"120"医疗急救专用电话的报告》并得到市卫生局批准后，某县中医院再次书面请求县邮电局开通"120"急救电话,县邮电局仍拒不开通。某县中医院于是起诉到人民法院,请求判令某县邮电局立即履行开通"120"急救电话的职责,某县邮电局以与某县中医院不存在行政管理为由,请求驳回某县中医院的诉讼请求。

法院判决: 限被告某县邮电局从接到本判决书的次日起15天内为原告某县中医院履行法定职责。

案例精点: 行政诉讼法规定,公民、法人和其他经济组织认为符合法定条件申请行政机关颁发许可证和执照,行政机关拒绝颁发或者不予答复的,有权提起行政诉讼。当事人对由法律、法规授权的组织所做的具体行政行为不服的,可以提起行政诉讼。行政机关在没有法律、法规或者规章规定的情况下,授权其内设机构、派出机构或者其他经济组织行使行政职权的,应当视为委托,当事人不服的,可以提起行政诉讼。人民法院经审理,被告不履行或者拖延履行法定职责的,判决其在一定期限内履行。长期以来,我国对邮电部门实行政企合一的管理模式,邮电部门既具有邮电行政主管机关的职权,又参与邮电市场经营,应视为中华人民共和国行政诉讼法所指的"由法律、法规授权的组织"。本案中,某县邮电局执行某省卫生厅、省邮电局《关于规范全省"120"医疗急救专用电话管理的通知》时与被审查的医疗机构之间发生的关系,不是平等的民事关系,而是特殊的行政管理关系。某县邮电局提供的服务,也不是普通主体提供的服务,而是行政主体必须履行的法定职责,因此,它们之间因此发生争议而引起的诉讼,不是民事诉讼,而是行政诉讼,人民法院应判决其履行法定职责。

四、关于行政处罚程序违法的案例

经典案例: 只要实体合法就行吗?——某单位不服税务行政处理决定案

案情事实: 某单位是承担着部分政府行政职能的就业管理机构,已收取劳务管理费、劳务服务费、县内临时工管理服务费、临时工培训费和劳务市场收入等共计近50万元。某地税局向某单位发出限期申报纳税通知书,又两次发出限期交纳税款通知,但某单位均未按期履行。于是,某地税局依据税收征管法"从事生产、经营的纳税人、扣缴义务人在规定期限内不缴或者少缴应纳或者应解缴的税款,经税务机关责令限期缴纳,逾期仍未缴纳的,税务机关可以处以不缴或者少缴的税款五倍以下的罚款的规定,决定对某单位做出处以应缴未缴的营业税、城建税、教育费附加3倍罚款。某单位不服,提起行政诉讼。

法院判决: 撤销某地税局所作的税务处理决定。

案例精点: 行政处罚法规定,行政机关在做出行政处罚决定前,应当将做出行政处罚决定的事实、理由及法律依据告知当事人,并告知当事人依法享有陈述和申辩、申请行政复议和提起行政诉讼的权利;收集有关证据;制作调查笔录。行政诉讼法规定,人民法院经过审理,对违反法定程序的具体行政行为,应判决撤销或者部分撤销,并可以判决被告重新做出具体行政行为。本案中,某地税局作为县级以上人民政府的税务行政管理机关,有权对自己在管辖范围内发现的税务违法行为进行处罚,但是这种处罚必须依照行政处罚法的规定进行。由于某地税局没有履行"在做出行政处罚决定前,应当将做出行政处罚决定的事实、理由及法律依据告知当事人,并告知当事人依法享有陈述和申辩、申请行政复议和提起行政诉讼的权利;收集有关证据;制作调查笔录"等法定程序,该行政处理决定从程序上违法,依法应予撤销,人民法院无需再就行政执法实体方面的争议进行审理。

第三节 实务模拟

一、实务模拟目标

某保健品公司诉某市工商局违法行政案法庭实务模拟。

二、案情背景

2000年7月20日下午,某市工商局下属执法大队接到群众举报,称某保健品公司正在生产淫秽物品,执法大队工作人员白某、王某、张某、李某、司机任某会同公安部门民警赵某,在住所地物业消防科负责人陈某的带领下,赶到其住所地某小区某楼某号。由于某保健公司法定代表人耿某涉嫌生产淫秽物品已于当天上午被刑事拘留(后被判处有期徒刑一年),所以,只有公司工作人员梅某、齐某在场。经检查,没有发现淫秽物品。在公司没有人在场的情况下,白某当着赵某、陈某的面给住所地上了锁。一年后,耿某刑满释放,要求进入公司经营场所办公。经陈某再三请求,由于没有钥匙,白某找人锯开了锁。于是,某保健品公司以违法行政为由,起诉某市工商局。

三、有关文件

1. 证人耿某证言

证人证言

我叫耿某,是某保健品公司法定代表人。我公司主要从事性保健品的生产,生产的100多种产品都是我个人的发明,其中已经有

60多种获得国家专利,所以我们公司绝对是合法经营,没有任何违法的事实,我相信我们的产品会造福社会,并得到社会的肯定,虽然现在还是有许多人不能理解。2000年7月20日上午,我被刑事拘留,并被判处有期徒刑一年,对此,我正在申诉,一定要平反昭雪。我被释放后,就准备回公司,但听物业消防科陈某说我的公司被查封了,是某市工商局下属执法大队白某上的锁,后来是白某带着几个修锁工人给我锯开的锁,这把锁是一把大锁,我公司绝对没有这把锁。我认为某市工商局下属执法大队没有出具查封手续,就将我公司查封一年多,我要求某市工商局赔偿损失、赔礼道歉。我相信我的要求是合法的,人民法院一定会支持我的请求,我也要向有关领导反映。

耿某(签字)

(身份证号******************)

2001年8月20日

2. 证人梅某证言

证人证言

我叫梅某,曾经是某保健品公司员工,现在某酒店上班。2000年7月20日下午两点左右,我和齐某正在公司上班,来了几个穿工商制服的人和一个民警,他们和物业消防科的陈某一起进的办公室,说要搜查我们公司。我就说法定代表人不在,我们做不了主。在他们搜查过程中,有一位工作人员对我和齐某说,你们的法定代表人已经因为生产淫秽物品被拘留了,没你们的事,你们赶快走吧,我就和齐某走了。第二天,我到公司来上班,见一把大锁锁着门,这把大锁肯定不是我们公司的,就去问陈某,是不是物业上的锁,陈某说不是他们上的锁,是白某锁的门。虽然没有封条,但没有工商局的批准,你们不能进去。我于是就给法定代表人打电话,始终没人接,我也找不到他,我觉得公司是被查封了,就另外找工作去了。

法定代表人释放后,我听说工商局的人去开了锁,具体开锁的情况,我不大清楚。

我知道就这些情况。

梅某(签字)

(身份证号******************)

2001年9月18日

3. 证人齐某证言

证人证言

我叫齐某，曾经是某保健品公司员工，现在在家务农。我记得是在一天下午，具体时间记不清了，我和梅某在公司上班，来了几个穿制服的人，他们是和物业消防科的陈某一起来的，说因为我们公司生产淫秽物品，要搜查我们公司。我一看来的是工商人员和民警，就非常害怕。在他们检查过程中，我就走了。后来我听说我们公司被封了，法定代表人也被关了起来。我就找梅某商量，始终没找着，就自己回老家了，连那个月的工资都没拿到。我说的都是实话。现在已经一年多了，也可能记得不大清楚。

但我记得我们公司一直用小锁锁门。

齐某（签字）

（身份证号******************）

2001年9月20日

4. 证人陈某证言

证人证言

我叫陈某，是某物业消防科负责人。我记得是2000年7月20日下午，工商局的几位同志和民警赵某找到我，说我们这儿的某保健品公司正在生产淫秽物品让我和他们一起去看看。我们到了某保健品公司后，没有找到耿某，只有两个工作人员。由于没有发现淫秽物品，下午四点左右，赵某和工商人员就准备离开，可是某保健品公司的两个工作人员不知什么时候已经走了，工商局的白某就上了锁。第二天，某保健品公司的工作人员梅某来问我是怎么回事，我说我也不清楚，但既然是工商局的同志上的锁，即使没有贴封条，没有他们的批准，你们就不能进去。今年（2001年）8月2日，耿某来找我，说查封已经一年多了，怎么没有手续，现在要进公司办公怎么办，我就说那也得工商局的同志来开锁，于是就给白某打了电话，问他什么时候能解除查封。白某说，我们从来没有查封某保健品公司，门上的锁，你们作为物业，随时可以打开，某保健品公司也可以打开。我说，既然是你们上的锁，还是由你们来打开比较合适。经过与他们的多次联系，8月17日，白某带着几个修锁的工人当着我和耿某的面锯开了锁。基本的情况就是这样。

但是,具体由哪把锁锁的门,我不清楚。

陈某(签字)

(身份证号******************)

2001年9月30日

5. 证人白某证言

证人证言

我叫白某,是某市工商局下属执法大队的工作人员。2000年7月20日下午一点,我们接到群众举报,说某保健品公司正在生产淫秽物品,我们就根据举报线索,会同当地的民警赵某和物业消防科负责人陈某对该公司进行了检查,我们的检查是有手续的,也是符合法定程序的,但没有发现举报的情况,不符合行政处罚的规定,我们就准备离开。但由于该公司的两名工作人员在我们检查的过程中不知什么时候已经走了,我们就等到下午四点左右。在没有办法的情况下,我见门上有把没有钥匙的锁,我认为肯定是他们公司的,为了保护该公司的财产不受损失,就把锁合上了。所以我们从来没有对该公司采取过行政措施,更不用说查封了。后来,他们物业消防科的陈某让我去开锁,我就很奇怪,一年多了,他们公司怎么没开门,我就告诉陈某让他们把门打开算了。明明是公司的锁,我也没有钥匙,可是陈某非要我去开门,实在没办法,今年8月17日,在陈某和耿某都在场的情况下,我找了几个修锁工人把锁锯开了。现在,某保健品公司以违法行政起诉我们,我们感到奇怪,我们没有采取任何行政措施,怎么会违法行政呢?

我合上的那把锁,和我们锯开的那把锁一样,不是一把大锁。

白某(签字)

(身份证号******************)

2001年10月9日

6. 证人王某证言

证人证言

我叫王某,是某市工商局下属执法大队的工作人员。2000年7月20日下午,我们接到群众举报,说某保健品公司正在生产淫秽物品,我们就会同当地的民警赵某和物业消防科负责人陈某对该公司进行了检查,没有发现举报的情况,由于该公司的两名工作人员不知什么时候已经走了,我们为了保护该公司的财产不受损失,就把锁合上了。我们从来没有对该公司采取过行政措施,更不用说查封了。

王某(签字)

(身份证号******************)

2001 年 10 月 9 日

7. 证人张某证言

证人证言

我叫张某,是某市工商局下属执法大队的工作人员。2000 年 7 月 20 日下午,我们就根据举报线索,到某保健品公司进行了检查,没有发现违法情况。为了保护该公司的财产不受损失,我们在没有人的情况下就把锁合上了。我们没有采取任何行政处罚措施,怎么会是查封呢?我们也从来没说过要处罚他们。他们公司的锁,他们有钥匙,随时可以打开。

张某(签字)

(身份证号******************)

2001 年 10 月 9 日

8. 证人李某证言

证人证言

我叫李某,是某市工商局下属执法大队的工作人员。2000 年 7 月 20 日下午,我们受领导指派,去某保健品公司进行检查,没有发现违法情况。由于该公司当时没人,我们和赵某、陈某商量后,就给他们上了锁。这不是查封,而是公司法规定的工商行政管理机关保护企业财产不受损失的义务,是公司法规定的。否则,他们受了损失,我们也说不清楚,毕竟,我们那天去检查了,当然,我们的检查是符合法律规定的。

李某(签字)

(身份证号******************)

2001 年 10 月 9 日

9. 证人任某证言

证人证言

我叫任某,是某市工商局下属执法大队的司机。2000 年 7 月 20

日下午,我开车送白某、王某、张某和李某去执行任务,去了某保健品公司。我一直在车上等着,不知道具体情况,但没听说要查封该公司。

任某(签字)

(身份证号******************)

2001年10月9日

10. 证人赵某证言

证人证言

我叫赵某,是某派出所的民警。2000年7月20日下午,某市工商局下属执法大队的同志找到我,说有群众举报某保健品公司正在生产淫秽物品,要我配合他们进行调查。我看了他们的手续,就找了物业消防科负责人陈某,一起对该公司进行了调查,但没有发现生产淫秽物品的情况,问了当时在场的两名工作人员,他们说什么也不知道。当我们要离开时,发现那两名工作人员已经走了,工商局的同志就把锁锁上了。

其他情况我就不知道了。

赵某(签字)

(身份证号******************)

2001年9月18日

四、实务模拟题

作为某保健品公司的代理人,请书写行政起诉状和代理词;

作为某市工商局的代理人,请书写行政答辩状和代理词;

作为审理本案的审判员,如何认定本案事实并做出判决。

第九章 诉讼法

第一节 诉讼法概述

一、诉讼程序及诉讼法

1. 诉讼程序

在商务法律实务中,诉讼程序主要包括协商、调解、仲裁和民事诉讼四个程序。

协商是指当事人在纠纷发生后,在自愿互谅的基础上,按照有关法律规定,通过直接的协商和谈判,自行达成和解协议,从而使纠纷得到解决的活动。

调解是指纠纷发生后,由当事人申请,由人民法院、仲裁机构或调解人从中协调,使各方当事人在自愿协商的基础上,互作让步,达成协议,从而使纠纷得到解决的活动。

仲裁是指纠纷当事人在自愿基础上达成协议,将纠纷提交仲裁机构审理,由仲裁机构做出对争议各方均有约束力裁决的解决纠纷的制度和方式,是一种最重要的非司法诉讼解决争议的方式,具有自愿性、专业性、保密性、快捷性、经济性和独立性的特点。我国仲裁法规定的仲裁范围是:平等主体的当事人之间发生的合同关系和其他财产权益纠纷,依法应当由行政机关处理的行政争议不能仲裁。

民事诉讼是指人民法院在纠纷当事人的参与下审理和解决民事案件的诉讼活动以及在活动中所产生的各种法律关系的总和,具有国家的审判机关主持、按照严格的诉讼程序和诉讼制度进行、结果带有强制性等特点。

2. 诉讼法

诉讼法,又称诉讼程序法,是有关各种诉讼活动的法律,主要调整诉讼程序中各方当事人的权利义务关系,与商务法律实务密切相关的规范性文件有《中华人民共和国仲裁法》和《中华人民共和国民事诉讼法》。

二、诉讼法的宗旨

诉讼法的宗旨是建立诚信机制,维护社会经济秩序的正常运作,推进社会主义市场经济体制的建立和完善,保障社会主义建设事业的顺利进行。诉讼法是确认民事权利义务关系、制裁民事违法行为、保护当事人合法权益的主要手段,也是教育公民自觉遵守法律的重要武器。

三、当事人在仲裁中的权利和义务

1. 当事人在仲裁中的权利

当事人在仲裁中的权利主要有:

(1) 选择仲裁和仲裁机构的权利

因为仲裁遵循当事人意思自治原则,即当事人可以自愿选择仲裁及仲裁机构,所以当事人要申请仲裁,必须签订仲裁协议。

仲裁协议,是指双方当事人自愿把他们之间已经发生或将来可能发生的财产性权益争议提交仲裁解决的协议,具有要式性即必须以书面形式做出和独立性即不因主合同无效而失效的特点。仲裁协议既是争议当事人将争议提交仲裁的依据,也是仲裁机构对某一特定案件取得管辖权的前提。仲裁协议的类型主要有:①仲裁条款,即在双方当事人在签订的合同中订立的将该合同的争议提交仲裁的条款,这是最主要的仲裁协议的形式;②仲裁协议书,即在争议发生之前或之后,双方当事人在自愿的基础上订立的同意将争议提交仲裁的一种独立协议。

一项完整、有效的仲裁协议必须具有以下内容:①请求仲裁的意思表示,即双方当事人必须明确表示愿意将争议提交仲裁解决;②仲裁事项,即双方当事人必须明确提交仲裁的争议范围;③选定的仲裁委员会,即双方当事人必须明确写明仲裁事项由哪一个仲裁委员会进行仲裁,否则仲裁协议就无法执行。例如,如果仲裁协议中约定由仲裁委员会仲裁,显然属于没有选定,如果约定由中国的仲裁委员会仲裁,也属于没有选定,如果约定由北京市的仲裁委员会仲裁,还是属于没有选定,因为北京市还有两家仲裁委员会,即北京市仲裁委员会和中国国际经济贸易仲裁委员会,只有约定了由北京市仲裁委员会仲裁,才算是选定了仲裁委员会。一般而言,选择仲裁委员会没有地域限制,例如,甲公司和乙公司选择仲裁委员会,既可以选择甲公司所在地的仲裁委员会,也可以选择乙公司所在地的仲裁委员会,还可以选其他地的仲裁委员会。

附:仲裁协议书格式

格式一:

仲裁协议书

当事人:

当事人:

当事人双方愿意提请_____仲裁委员会按照《中华人民共和

国仲裁法》的规定,仲裁如下争议:

（争议的事项）

1. 争议事项1……
2. 争议事项2……
3. 争议事项3……

当事人名称：　　　　　　　当事人名称：
地址：　　　　　　　　　　地址：
签字(盖章)：　　　　　　　签字(盖章)：
　　　　　　　　　　　　　　　年　月　日

（注意:仲裁机构的名称一定要准确）

格式二：

仲裁补充协议书

根据《中华人民共和国仲裁法》,我们经过协商,愿就__年__月__日签订的_____合同第__条约定的仲裁事项,达成如下补充协议：

凡因执行本合同或与本合同有关的一切争议,申请_____仲裁委员会仲裁,并适用《仲裁委员会仲裁规则》。_____仲裁委员会的裁决是终局的,对双方都有约束力。

当事人名称：　　　　　　　当事人名称：
地址：　　　　　　　　　　地址：
签字(盖章)：　　　　　　　签字(盖章)：
　年　月　日　　　　　　　　年　月　日

(2) 委托诉讼代理人的权利

当事人有权委托诉讼代理人。单位可以委托律师和其他代理人进行仲裁活动。委托律师和其他代理人进行仲裁活动的,应当向仲裁机构提交授权委托书,授权委托书应当载明委托事项和权限。由委托代理人代为承认、放弃、变更仲裁请求,进行和解,提起反请求,必须有委托人的特别授权。授权委托书仅写"全权委托"而无具体授权的,委托代理人无权代为承认、放弃、变更诉讼请求,进行和解,提起反诉或上诉。

附:授权委托书格式

授权委托书

委托单位：_____

法定代表人姓名：_____ 职务：_____
受委托人：_____ 工作单位：_____
职务：_____
受委托人：_____ 工作单位：_____
职务：_____
现委托上列受委托人在我单位与_____某_____纠纷一案中，作为我方委托代理人。
代理人_____的代理权限为：_____
_____
代理人_____的代理权限为：_____
_____

　　　　　　委托单位：_____（盖章）
　　　　　　法定代表人：_____（签名或盖章）
　　　　　　　　　　　　　年　月　日

注：1. 本委托书供法人或其他经济组织委托代理人参加仲裁或诉讼活动用。
　　2. 本委托书由委托人盖章后递交仲裁机构或人民法院。

(3) 提出仲裁申请或答辩的权利

当事人在发生争议时有权提出仲裁申请，另一方有权进行答辩。根据仲裁法的规定，当事人申请仲裁应当符合以下条件：有仲裁协议；有具体的仲裁请求、事实、理由；属于仲裁机构的受理范围。

附：仲裁申请书格式

仲裁申请书

申请人：_____
地址：_____
法定代表人：_____ 职务：_____ 电话：_____
委托代理人：_____ 工作单位：_____
性别：_____ 职务：_____
电话：_____
被申请人：_____
地址：_____
法定代表人：_____ 职务：_____ 电话：_____

案由：_____
仲裁请求：_____
事实与理由：_____
_____
_____

此致

_____仲裁委员会

申请人：

年　月　日

附：仲裁答辩书格式

仲裁答辩书

答辩人：_____
地址：_____
法定代表人：_____职务：_____电话：_____
委托代理人：_____工作单位：_____
性别：_____职务：_____
电话：_____
被答辩人：_____
地址：_____
法定代表人：_____职务：_____电话：_____
我方就被答辩人_____因与我方之间发生的_____争议向你会提出的仲裁请求，提出答辩如下：_____
_____
_____

此致

_____仲裁委员会

答辩人：

年　月　日

(4) 选择仲裁员组成仲裁庭的权利

仲裁庭可以由 3 名仲裁员或者 1 名仲裁员组成。如果组成 3 名仲裁员的合议仲裁庭，当事人可以根据收到的仲裁员名册各自选定 1 名仲裁员，或者各自委托仲裁委员会主任指定 1 名仲裁员。第三名仲裁员由双方共同选定或共同委托仲裁委员会主任指定,第三名仲裁员为首席仲裁员。

如果组成1名仲裁员的独任仲裁庭,双方当事人应当共同选定或者共同委托仲裁委员会主任指定。

当事人没有在仲裁规则规定的期限内约定仲裁庭的组成方式或者选定仲裁员的,由仲裁委员会主任指定。

附:指定仲裁员函格式

指定仲裁员函

＿＿＿＿＿仲裁委员会：

在我方与＿＿＿＿＿争议案件仲裁中,我方指定贵会仲裁员＿＿＿＿为仲裁庭组成人员。特此函告。

当事人：
年　月　日

(5) 申请证据保全的权利

在证据可能灭失或者以后难以取得的情况下,当事人可以申请证据保全。当事人申请证据保全的,仲裁委员会应当将当事人的申请提交证据所在地的基层人民法院。

(6) 申请财产保全的权利

一方当事人因另一方当事人的行为或者其他原因,可能使裁决不能执行或者难以执行的,可以申请财产保全。当事人申请财产保全的,仲裁委员会应当将当事人的申请依照民事诉讼法的有关规定提交人民法院。申请有错误的,申请人应当赔偿被申请人因财产保全所遭受的损失。

(7) 申请回避的权利

如果当事人发现仲裁员与本案的当事人有亲属关系或利害关系的;或者有其他关系可能影响公正仲裁的;私自会见当事人或者接受当事人礼物的,可以提出回避申请。回避也适用于记录员、翻译、勘验人、鉴定人。仲裁员回避后,当事人可以重新选定或指定。

(8) 和解的权利

在仲裁过程中,当事人也可以达成和解协议,达成和解协议后又反悔的,可以根据仲裁协议申请仲裁。在仲裁庭主持下调解所达成的调解书和仲裁庭做出仲裁裁决具有同等法律效力。

(9) 申请撤销仲裁裁决的权利

如果仲裁裁决的一方当事人发现以下情形,可以在收到仲裁裁决书6个月内向仲裁机构所在地中级人民法院提出撤销仲裁裁决的申请:①没有仲裁协议;②仲裁的事项不属于仲裁协议的范围或仲裁机构无权仲裁;③仲裁庭的组成或者仲裁的程序违反法定程序;④裁决所依据的证据是伪造的;⑤对方当事人隐瞒了足以影响公正裁决的证据;⑥仲裁员在仲裁该案时有索贿受贿、徇私舞弊、枉法裁决行为。

附:撤销仲裁裁决申请书格式

撤销仲裁裁决申请书

申请人:＿＿＿＿＿＿＿＿＿＿＿＿＿＿＿＿＿＿＿＿＿＿＿＿

地址:＿＿＿＿＿＿＿＿

法定代表人:＿＿＿＿＿ 职务:＿＿＿＿＿ 电话:＿＿＿＿＿

委托代理人:＿＿＿＿＿ 工作单位:＿＿＿＿＿

性别:＿＿＿＿＿ 职务:＿＿＿＿＿ 电话:＿＿＿＿＿

申请撤销事项:＿＿＿＿＿＿＿＿＿＿＿＿＿＿＿＿＿＿＿＿

事实与理由:＿＿＿＿＿＿＿＿＿＿＿＿＿＿＿＿＿＿＿＿＿

＿＿＿＿＿＿＿＿＿＿＿＿＿＿＿＿＿＿＿＿＿＿＿＿＿＿＿＿

证据:＿＿＿＿＿＿＿＿＿＿＿＿＿＿＿＿＿＿＿＿＿＿＿＿＿

＿＿＿＿＿＿＿＿＿＿＿＿＿＿＿＿＿＿＿＿＿＿＿＿＿＿＿＿

此致

＿＿＿＿＿＿中级人民法院

申请人:

年 月 日

(10) 申请执行的权利

仲裁裁决书或仲裁调解书一经做出,即发生法律效力。如果败诉方不自动履行,胜诉方可以在法定期限内向被执行人住所地或被执行人财产所在地人民法院申请执行。申请执行的期限,双方或者一方当事人是自然人的为1年,双方是单位的为6个月。

(11) 法律规定的其他权利

2. 当事人在仲裁中的义务

当事人在仲裁中的义务主要有:

(1) 准时到庭的义务

当事人应当准时到庭,不可无正当理由不到庭或者未经仲裁庭许可中途退庭。申请人经书面通知,无正当理由不到庭或者未经仲裁庭许可中途退庭的,可以视为撤回仲裁申请。被申请人经书面通知,无正当理由不到庭或者未经仲裁庭许可中途退庭的,可以缺席裁决。

(2) 举证的义务

对于自己的主张,当事人必须提供相应的证据。如果不能提供相应的证据证明自己的主张,就可能承担不利的后果。有关举证的内容,可参看民事诉讼的内容。

(3) 及时申请仲裁的义务

仲裁申请必须在仲裁时效内提出。仲裁时效是指当事人向仲裁机构请求仲裁的法定时间,超过了仲裁时效,就丧失了得到仲裁机构保护其财产的权利。仲裁时效分为普通仲裁时效和特殊仲裁时效。普通仲裁时效期间,从知道权利被侵害时起2年;但是,从财产被侵害时起超过20年的,仲裁机构不予保护。特殊仲裁时效,是法律有特别规定的仲裁时效,如涉外货物买卖合同的仲裁时效是4年。

(4) 履行仲裁结果的义务

当事人应当履行裁决。对依法设立的仲裁机构的裁决,一方当事人不履行的,对方当事人可以向有管辖权的人民法院申请执行。受申请的人民法院应当执行。

(5) 法律规定的其他义务

四、当事人在民事诉讼中的权利和义务

1. 当事人在民事诉讼中的权利

当事人在民事诉讼中的权利主要有:

(1) 委托诉讼代理人的权利

当事人有权委托诉讼代理人。诉讼代理人是指根据法律规定或当事人的授权,以被代理人的名义进行诉讼活动的人,其特点是:以被代理人的名义进行诉讼活动;在法律规定或当事人授权的范围内进行代理活动;代理活动的后果由被代理人承担。单位可以委托的代理人有:律师、经人民法院许可的其他公民。委托代理人的代理权通常由委托人决定,当事人委托他人代理诉讼,应当向人民法院提交盖章的授权委托书,委托事项和代理权限范围应当在授权委托书中写明,委托代理人代为承认、放弃、变更诉讼请求,进行和解,提起反诉或上诉,必须有委托人的特别授权。授权委托书仅写"全权委托"而无具体授权的,委

托代理人无权代为承认、放弃、变更诉讼请求,进行和解,提起反诉或上诉。

附:授权委托书格式

授权委托书

委托单位:＿＿＿＿＿＿＿＿＿＿＿＿＿＿＿＿＿＿＿＿＿＿
法定代表人姓名:＿＿＿＿＿＿＿ 职务:＿＿＿＿＿＿
受委托人:＿＿＿＿＿＿＿ 工作单位:＿＿＿＿＿＿＿＿＿＿
职务:＿＿＿＿＿＿
受委托人:＿＿＿＿＿＿＿ 工作单位:＿＿＿＿＿＿＿＿＿＿
职务:＿＿＿＿＿＿
现委托上列受委托人在我单位与＿＿＿＿＿＿＿＿＿＿＿＿某＿＿＿＿＿＿
＿＿＿＿＿纠纷一案中,作为我方委托代理人。
代理人＿＿＿＿＿＿的代理权限为:＿＿＿＿＿＿＿＿＿＿＿＿
＿＿＿＿＿＿＿＿＿＿＿＿＿＿

代理人＿＿＿＿＿＿的代理权限为:＿＿＿＿＿＿＿＿＿＿＿＿
＿＿＿＿＿＿＿＿＿＿＿＿＿＿

委托单位:＿＿＿＿＿＿＿＿(盖章)
法定代表人:＿＿＿＿＿＿＿＿(签名或盖章)
年 月 日

注:1. 本委托书供法人或其他经济组织委托代理人参加仲裁或诉讼活动用。
  2. 本委托书由委托人盖章后递交仲裁机构或人民法院。

(2) 起诉的权利

当事人有权提起民事诉讼,起诉应该提交书面起诉状。民事起诉必须符合以下条件:原告必须是与本案有利害关系的当事人;有明确的被告;有具体的诉讼请求和事实、理由;属于人民法院受理民事诉讼的受案范围和受诉人民法院管辖。

民事诉讼管辖是指确定上下级人民法院之间和同级人民法院之间受理第一审民事案件的分工和权限,主要包括级别管辖和地域管辖。

①级别管辖

级别管辖是指人民法院系统内划分上下级人民法院之间受理第一审民事案件时的分工和权限。我国的划分级别管辖的标准是案件的性质、影响的大小及其重大复杂程度。

基层人民法院的管辖。除法律规定由中级人民法院、高级人民法院和最高人民法院管辖的第一审民事案件外,其他第一审案件都由基层人民法院管辖,在我国,绝大多数的第一审民事案件是由基层人民法院管辖的。

中级人民法院的管辖。中级人民法院管辖的案件有三类:重大的涉外案件;在本辖区内有重大影响的案件;最高人民法院确定由中级人民法院管辖的案件,如专利案件等。

高级人民法院的管辖。高级人民法院管辖在本辖区内有重大影响的第一审民事案件。

最高人民法院的管辖。最高人民法院管辖的案件有两类:第一类是在全国有重大影响的第一审民事案件,第二类是认为应当由最高人民法院审理的案件。

②地域管辖

地域管辖是同级的不同区域的人民法院受理第一审民事案件的分工和权限,可分为一般地域管辖、特殊地域管辖、协议管辖、专属管辖、共同管辖。

一般地域管辖。是指按照当事人所在地与人民法院辖区的隶属关系所确定的管辖,一般遵循原告就被告的原则,也就是由被告所在地人民法院管辖,例如,甲公司要起诉乙公司,就得到乙公司所在地人民法院起诉。

特殊地域管辖。是指以诉讼标的所在地、被告住所地与法院辖区之间的关系所确定的管辖。主要有:因合同纠纷提起的管辖,由被告住所地或者合同履行地人民法院管辖;因保险合同纠纷提起的诉讼,由被告住所地或保险标的物所在地人民法院管辖;因票据纠纷提起的诉讼,由票据支付地或者被告住所地人民法院管辖;因铁路、公路、水上、航空运输或者联合运输合同纠纷提起的诉讼,由运输始发地、目的地或者被告住所地人民法院管辖;因侵权行为提起的诉讼,由侵权行为地或被告住所地人民法院管辖。在这些诉讼中,原告可以根据有利原则在有管辖权的人民法院起诉,例如,如果甲公司侵犯了乙公司的商标权,其侵权产品已经销售到甲公司所在地、乙公司所在地和丙公司所在地,那么,有管辖权的法院有甲公司所在地人民法院、乙公司所在地人民法院和丙公司所在地人民法院,如果乙公司希望减少诉讼成本,就可以在乙公司所在地人民法院起诉。

协议管辖。是指双方当事人以书面形式就合同纠纷在被告住所地、合同履行地、合同签订地、原告住所地、合同标的物所在地法院中选择第一审法院,违反专属管辖、级别管辖或者协议不明或者选择两个以上法院的协议无效。

专属管辖。是指某些特定诉讼标的案件由特定的人民法院管辖,如因不动产提起的诉讼,由不动产所在地人民法院管辖,当事人就不得协议选择其他法院管辖,即使有协议也是无效协议。

共同管辖。是指某些两个以上人民法院都有管辖权的诉讼,当事人可以选择其中一个人民法院起诉。

附:民事起诉状格式

民事起诉状

原告:_____

地址:_____

法定代表人:_____ 职务:_____ 电话:_____

委托代理人:_____ 工作单位:_____

性别:_____ 职务:_____

电话:_____

被告:_____

地址:_____

法定代表人:_____ 职务:_____ 电话:_____

案由:_____

诉讼请求:_____

事实与理由:_____
_____
_____

此致

_____人民法院

起诉人:

年 月 日

(3)答辩的权利

当事人可以对对方的诉讼请求进行答辩,以说明事实和自己的行为理由。

附:民事答辩状格式

民事答辩状

答辩人:_____

地址:_____

法定代表人:_____ 职务:_____ 电话:_____

委托代理人:_____ 工作单位:_____

性别:_____ 职务:_____

电话：_____
被答辩人：_____
地址：_____
法定代表人：_____ 职务：_____ 电话：_____
答辩人因_____一案，提出答辩如下：_____
_____

此致

_____人民法院

答辩人：
年　月　日

(4) 提出管辖权异议的权利

如果被告发现受诉人民法院对受诉的案件没有管辖权的，可以在答辩期内向人民法院提出管辖权异议，并有权在10天内对驳回异议的裁定书向上一级人民法院提出上诉。需要注意的是，如果被告没有在法定答辩期内提出管辖权异议，视为放弃提出管辖权异议的权利，如果被告进行了实体答辩，视为同意接受该人民法院管辖。例如，在一般地域管辖中，甲公司要起诉乙公司，应该到乙公司所在地人民法院起诉，但如果甲公司在甲公司所在地人民法院提起了起诉，乙公司就可以在答辩期内(一般是15天)向该人民法院提出管辖权异议，如果乙公司没有在法定答辩期内提出管辖权异议，视为放弃提出管辖权异议的权利，如果被告进行了实体答辩，例如提交了答辩状，视为同意接受该人民法院管辖。

附：管辖异议申请书格式

管辖异议申请书

申请人：_____
地址：_____
法定代表人：_____ 职务：_____ 电话：_____
委托代理人：_____ 工作单位：_____
性别：_____ 职务：_____
电话：_____
申请人因_____一案，向你院提出管辖异议。
请求事项：_____
事实与理由：_____

_____
_____

　　　　　　　此致

_____人民法院

　　　　　　　　　　　　申请人：
　　　　　　　　　　　　　年　月　日

(5) 申请回避的权利

如果当事人发现审判人员与本案的当事人有亲属关系或利害关系的；或者有其他关系可能影响公正审判的；私自会见当事人或者接受当事人礼物的，可以提出回避申请。回避也适用于记录员、翻译、勘验人、鉴定人。

附：回避申请书格式

回避申请书

申请人：_____
地址：_____
法定代表人：_____ 职务：_____ 电话：_____
委托代理人：_____ 工作单位：_____
性别：_____ 职务：_____
电话：_____
被申请人：姓名、性别、工作单位及职务、参与本案的职务
请求事项：_____
事实与理由：_____
_____
_____

　　　　　　　此致

_____人民法院

　　　　　　　　　　　　申请人：
　　　　　　　　　　　　　年　月　日

(6) 提交证据的权利

当事人可以提交相关的证据证明自己的事实和主张。民事诉讼证据是指能够证明案件真实情况的事实材料，民事诉讼法规定的证据种类有：①书证，如合同书、来往信函、传真等，向人民法院提交书证，应提交原件；提交外文书证的，必须附有中文译本。②物证，如损坏案件中的被损坏物，产品质量纠纷

案件中的争议产品等,提交物证,也应该提交原件。③视听资料,如录音带、录像带、各种电脑软件等。④证人证言,除了不能正确表达自己意志的人,其他的人都有义务作证,证人作证,应该亲自出庭。⑤当事人陈述,如果当事人认可对方陈述的事实,可以不经举证直接认定。⑥鉴定结论,法定鉴定部门或人民法院指定的鉴定部门的鉴定结论,都可以作为定案依据。⑦勘验笔录,依法获得的勘验笔录,可以作为判定事实的依据。

以上证据必须查证属实,才能作为认定事实的根据。书证应当提交原件。物证应当提交原物。提交原件或者原物确有困难的,可以提交复制品、照片、副本、节录本。提交外文书证,必须附有中文译本。经过法定程序公证证明的法律行为、法律事实和文书,人民法院应当作为认定事实的根据。但有相反证据足以推翻公证证明的除外。

另外,根据最高人民法院的有关司法解释,下列事实无需当事人举证:①一方当事人对另一方当事人提出的事实明确表示承认的;②已为人民法院发生法律效力的裁判所确定的事实;③已为有效公证书所证明的事实。

在证据可能灭失或者以后难以取得的情况下,诉讼参加人可以向人民法院申请保全证据,人民法院也可以主动采取保全措施。

(7) 申请财产保全的权利

财产保全是指一方当事人因另一方当事人的行为或者其他原因可能使法院将来的判决难以执行或不能执行时,为保证判决能够执行,请求人民法院对对方当事人的财物采取的强制性保护措施。财产保全的范围,限于诉讼请求的范围,或者与本案有关的财物。

当事人申请财产保全的,应当向人民法院提交财产保全申请书,并同时提供担保,以赔偿因错误申请可能给被保全单位所造成的财产损失。

附:诉讼财产保全申请书格式

诉讼财产保全申请书

申请人:＿＿＿＿＿＿＿＿＿＿＿＿＿＿＿＿＿＿＿＿＿＿＿＿

地址:＿＿＿＿＿＿＿＿＿

法定代表人:＿＿＿＿＿ 职务:＿＿＿＿＿ 电话:＿＿＿＿＿

委托代理人:＿＿＿＿＿ 工作单位:＿＿＿＿＿

性别:＿＿＿＿＿ 职务:＿＿＿＿＿

电话:＿＿＿＿＿

被申请人:＿＿＿＿＿＿＿＿＿

地址:＿＿＿＿＿＿＿＿＿

法定代表人：_____ 职务：_____ 电话：_____
请求事项：_____
事实和理由：_____
_____
_____
                    此致
_____人民法院
                              申请人：
                              年月日

(8) 提出和接受调解的权利

法院调解，又称诉讼中调解，是指在民事诉讼中双方当事人在法院审判人员的主持和调解下，就案件争议的问题进行协商，从而解决纠纷所进行的活动。

调解通常由当事人提出申请，法院也可依职权主动提出建议，在征得当事人同意后开始调解。调解在审判人员中的主持下进行，如果达成调解协议，双方当事人应该在调解协议上签字；如果不达成协议，人民法院应继续审理。达成调解协议后，一般应制作调解书，调解书生效后与生效判决具有同等法律效力，并不得上诉。

(9) 上诉的权利

当事人不服地方各级人民法院做出的第一审裁判，可以在法定期间内向上一级人民法院提起上诉。对于一审判决的上诉期限为15天，一审裁定的上诉期限为10天。

附：民事上诉状格式

民事上诉状

上诉人：_____
地址：_____
法定代表人：_____ 职务：_____ 电话：_____
委托代理人：_____ 工作单位：_____
性别：_____ 职务：_____
电话：_____
被上诉人：_____
地址：_____
法定代表人：_____ 职务：_____ 电话：_____

上诉请求：_____

事实和理由：_____

_____

_____

此致

_____人民法院

起诉人：

年　月　日

(10) 申请支付令的权利

对于以给付一定金钱或有价证券为内容的债务，债权人可以申请人民法院向债务人发出支付令；如果债务人在法定期间内没有提出异议，债权人就可以以支付令为依据，请求人民法院强制执行。

申请支付令的条件有：请求给付的必须是金钱或者有价证券；请求给付的金钱或有价证券已经到期且数额确定；有明确的事实和证据；债权人和债务人没有其他纠纷；支付令能送达债务人。

申请支付令必须用书面形式。如果对支付令不服，可以在 15 日内以书面形式提出异议，异议一经提出，支付令自动失效。生效的支付令与生效判决具有同等效力。

附：支付令申请书格式

支付令申请书

申请人：_____

地址：_____

法定代表人：_____　职务：_____　电话：_____

委托代理人：_____　工作单位：_____

性别：_____　职务：_____

电话：_____

被申请人：_____

地址：_____

法定代表人：_____　职务：_____　电话：_____

申请事项：_____

事实与理由：_____

_____

_____
　　　　　　　此致
　　　_____人民法院

　　　　　　　　　　　　申请人：
　　　　　　　　　　　　年　月　日

(11) 申请公示催告的权利

当事人可以申请人民法院以公示的方式,通知并催促不明确的利害关系人,在法定期间内申报权利,逾期无人申报,做出宣告票据无效的判决。公示催告程序作为一种特别程序,实行一审终审。

公示催告的适用范围是可以背书转让的票据如汇票、本票、支票以及记名股票被盗、遗失或灭失的事项。

附:公示催告申请书格式

公示催告申请书

　　申请人：_____
　　地址：_____
　　法定代表人：_____　职务：_____　电话：_____
　　委托代理人：_____　工作单位：_____
　　性别：_____　职务：_____
　　电话：_____
　　请求事项：_____
　　事实与理由：_____
　　_____
　　_____
　　　　　　　此致
　　_____人民法院

　　　　　　　　　　　　申请人：
　　　　　　　　　　　　年　月　日

(12) 申请企业法人破产还债的权利

当事人可以申请人民法院对严重亏损无力清偿到期债务的企业法人的债务做出公平处理。申请破产的当事人即可以是债权人,也可以是债务人。

在人民法院裁定宣告进入破产还债程序后,债权人应当自公告之日起三个月内,向人民法院申报债权。逾期未申报债权的,视为放弃债权。债权人可以组成债权人会议,讨论通过破产财产的处理和分配方案或者和解协议。企业法人与债权人会议达成和解协议的,经人民法院认可后,由人民法院发布公告,中止破产还债程序。和解协议自公告之日起具有法律效力。

人民法院和债权人会议可以组织有关机关和有关人员成立清算组织。清算组织负责破产财产的保管、清理、估价、处理和分配。清算组织可以依法进行必要的民事活动。清算组织对人民法院负责并报告工作。企业法人与债权人会议达成和解协议的,经人民法院认可后,由人民法院发布公告,中止破产还债程序。和解协议自公告之日起具有法律效力。

破产财产优先拨付破产费用后,按照下列顺序清偿:①破产企业所欠职工工资和劳动保险费用;②破产企业所欠税款;③破产债权。破产财产不足清偿同一顺序的清偿要求的,按照比例分配。企业法人破产还债,由该企业法人住所地的人民法院管辖。

全民所有制企业和不是法人的企业、个体工商户、农村承包经营户、个人合伙,不适用本程序。

附:企业法人破产还债申请书格式

企业法人破产还债申请书

申请人:＿＿＿＿＿＿＿＿＿＿＿＿＿＿＿＿＿＿＿＿＿＿

地址:＿＿＿＿＿＿＿＿

法定代表人:＿＿＿＿＿＿＿ 职务:＿＿＿＿＿＿＿ 电话:＿＿＿＿＿＿＿

委托代理人:＿＿＿＿＿＿＿ 工作单位:＿＿＿＿＿＿＿

性别:＿＿＿＿＿＿＿ 职务:＿＿＿＿＿＿＿

电话:＿＿＿＿＿＿＿

请求事项:＿＿＿＿＿＿＿＿＿＿＿＿＿＿＿＿＿＿＿＿＿＿

事实与理由:＿＿＿＿＿＿＿＿＿＿＿＿＿＿＿＿＿＿＿＿
＿＿＿＿＿＿＿＿＿＿＿＿＿＿＿＿＿＿＿＿＿＿＿＿＿＿＿＿＿＿
＿＿＿＿＿＿＿＿＿＿＿＿＿＿＿＿＿＿＿＿＿＿＿＿＿＿＿＿＿＿

此致

＿＿＿＿＿＿人民法院

申请人:

年 月 日

(13) 申请执行的权利

执行程序是指人民法院根据当事人得申请,依据发生法律效力的文书,按照法律规定采取强制措施迫使义务人履行义务的程序。

申请执行的期限,双方当事人或一方当事人为自然人的为1年,双方当事人都是单位的为6个月。

附:执行申请书格式

执行申请书

申请人:_____

地址:_____

法定代表人:_____ 职务:_____ 电话:_____

委托代理人:_____ 工作单位:_____

性别:_____ 职务:_____

电话:_____

被申请人:_____

地址:_____

法定代表人:_____ 职务:_____ 电话:_____

申请事项:_____

事实与理由:_____

_____

_____

此致

_____人民法院

申请人:

年 月 日

(14) 法律规定的其他权利

2. 当事人在民事诉讼中的义务

当事人在民事诉讼中的义务主要有:

(1) 及时起诉的义务

当事人必须在诉讼时效内提起起诉,民事诉讼法规定向人民法院请求保护民事权利的诉讼时效期间为2年,从知道或者应当知道权利被侵害时起计算。但下列的诉讼时效期间为1年:①身体受到伤害要求赔偿的;②出售质量不合格的商品未声明的;③延付或者拒付租金的;④寄存财物被丢失或者损毁的。诉讼时效因提起诉讼、当事人一方提出要求或者同意履行义务而中断。从中断时起,诉讼时效期间重新计算。

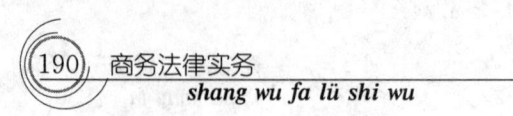

需要说明的是,超过诉讼时效,并不意味着债务的清除,权利人丧失的也不是诉权,而是胜诉权,所以,人民法院不干预债务人继续履行义务。例如,某甲欠某乙人民币10000元,并超过了诉讼时效,某乙依然可以向某甲主张权利,某甲也依然可以向某乙履行义务,但如果某乙到人民法院起诉要某甲履行义务,人民法院不予支持。

(2) 准时出庭的义务

当事人应当准时到庭,不可无正当理由不到庭或者未经法庭许可中途退庭。原告经传票传唤,无正当理由拒不到庭的,或者未经法庭许可中途退庭的,可以按撤诉处理;被告反诉的,可以缺席判决。被告经传票传唤,无正当理由拒不到庭的,或者未经法庭许可中途退庭的,可以缺席判决。

(3) 举证的义务

举证义务是指当事人对自己提出的主张,有提出证据加以证明的责任,一般情况下,我国遵循"谁主张,谁举证"的原则,即当事人有责任对自己主张的提供证据并加以证明。但因产品制造方法发明专利引起的专利侵权诉讼,举证责任倒置,即由否认侵权事实的被告承担举证责任。

(4) 履行生效法律文书的义务

对于生效的法律文书,当事人必须自觉履行。发生法律效力的民事判决、裁定,当事人必须履行。一方拒绝履行的,对方当事人可以向人民法院申请执行,也可以由审判员移送执行员执行。调解书和其他应当由人民法院执行的法律文书,当事人必须履行。一方拒绝履行的,对方当事人可以向人民法院申请执行。

(5) 法律规定的其他义务

第二节 经典案例

一、关于起诉前证据保全的案例

经典案例:起诉前应该做些什么?——某贸易公司申请诉前证据保全案

案情事实:某年8月,某贸易公司与德国某公司签订进口铝锭的合同。铝锭价格条件为CIF厦门,付款方式为D/P。合同约定起运港为巴西伊塔基港,装船期为某年8月。合同签订后,德国某公司租用某远洋运输公司所属"大丰"轮承运。同年11月27日,"大丰"轮驶抵某市东渡码头。某贸易公司经估算,"大丰"轮从伊塔基港航行至某市东渡码头约需40天航程,实际航行60天,船期过长。由于货物迟到,国内铝锭价格下跌,对某贸易公司履行国内贸易合同产生了不利的影响,某贸易公司将因此承担巨大损失。某贸易公司怀疑"大丰"轮在伊塔基港倒签了提单,遂上船查阅了该轮的航海日志、工班表等资料,证实其判断是正确的。某贸易公司向德国某公司提出交涉时,该公司要求某贸易公司提供确实有力的证据。某贸易公司为了维护其合法权益,向厦门海事法院提出证据保全申请,同时提交了担保金。

法院裁定:(1)准予申请人某贸易公司关于诉前证据保全的申请;(2)被申请人某远洋运输公司所属"大丰"轮应向法院提供该轮相应的航海日志、工班表及相关理货单据等;(3)被申请人某远洋运输公司所属"大丰"轮船长、大副应如实回答法院的询问。证据保全。

案例精点:民事诉讼法规定,在证据可能灭失或者以后难以取得的情况下,诉讼参加人可以向人民法院申请保全证据,人民法院也可以主动采取保全措施。本案中涉及的是申请海事证据保全,应当具备下列条件:请求人是海事请求的当事人;请求保全的证据对该海事请求具有证明作用;被请求人是与请求保全的证据有关的人;情况紧急,不立即采取证据保全就会使该海事请求的证据灭失或者难以取得。海事法院接受申请后,应当在四十八小时内做出裁定。根据本案申请人提供的有关资料,足以证明其怀疑"大丰"轮倒签提单是有依据的。鉴于该案情况紧急,如不及时对"大丰"轮的航海资料采取证据保全措施,有关证据可能灭失或者以后难以取得,影响当事人向法院提起诉讼,所以应该裁定准予证据保全。

二、关于人民法院管辖权的案例

经典案例:仲裁条款必然有效吗?——四川省某公司诉韩国某商社管辖权异议案

案情事实:某年9月至10月,四川省某公司与韩国某商社通过传真方式在中国四川成都签订了四份购销合同。四川省某公司支付货款后,韩国某商社没有提供货物,还故意制作虚假装运提单。四川省某公司发现后,曾及时通知了某商社,但某商社一直未予答复。四川省某公司于是请求人民法院判令韩国某商社返还货款,韩国某商社以其与四川省某公司之间订立的买卖合同有"因双方而引起的所有争议应由第三国商业仲裁委员会依商业仲裁条款而最终裁决"的仲裁条款为由,提出管辖权异议。

法院裁定:驳回韩国某商社对本案管辖权的异议。

案例精点:民事诉讼法规定,涉外经济贸易、运输和海事中发生的纠纷,当事人在合同中订有仲裁条款或者事后达成书面仲裁协议,提交中华人民共和国涉外仲裁机构或者其他仲裁机构仲裁的,当事人不得向人民法院起诉。向人民法院起诉的,人民法院不予受理,告知原告向仲裁机构申请仲裁。仲裁法规定,当事人达成仲裁协议,一方向人民法院起诉的,人民法院不予受理,但仲裁协议无效的除外。仲裁协议包括合同中订立的仲裁条款和以其他书面方式在纠纷发生前或者纠纷发生后达成的请求仲裁的协议。仲裁协议中应当选定仲裁委员会,仲裁协议对仲裁事项或者仲裁委员会没有约定或者约定不明确的,当事人可以补充协议;达不成补充协议的,仲裁协议无效。本案中,韩国某商社与四川省某公司之间买卖合同中的仲裁条款是一个不明确的、无法执行的仲裁条款,需要当事人重新协商,但是四川省某公司已经采取了诉讼的方法解决本案的争议,表明其放弃了仲裁的愿望,因此,人民法院对四川省某公司的起诉应予受理。

三、关于举证责任的案例

经典案例:当事人有义务为他人的主张举证吗?——王某诉某证券营业部股票纠纷案

案情事实:某年11月,王某在某证券登记中心填写了开户登记表,开办了深圳证券账户和上海证券账户。同日,某证券营业部通过与王某签订指定交易协议书,成为王某的证券指定交易代理商。王某取得了自助式磁卡,开始进行股票交易。截止次年8月4日,王某的股票账户上尚有股票5120股和现金53.45元。8月6日,王某的账户密码被清密,账上的所有股票也于同日被全部卖出,成交金额84090.60元;同日,有人以王某的名义填写了一份大额取款预约单,预约取款8万元;同月9日,有人从王某的账户内取现金8.3万元。王某得知后,要求某证券营业部赔偿损失。某证券营业部以清密、出卖股票和提取资金的文件上均有王某的身份证号为由,要求王某证明这些行为非王某所为。王某只提交了本人签名和8月7日至29日赴山东省出差的证据。

法院判决:被告某证券营业部赔偿原告王某资金损失8.3万元及利息2173元,并酌情赔偿王某差旅费、误工费损失500元,合计85673元,限本判决生效后10日内履行。

案例精点:民事诉讼法规定,当事人对自己提出的主张,有责任提供证据。也就是说,如果不能举证,则有可能承担败诉后果。本案中,王某向法院提交了不是本人签名、预约提款和取款之日本人都不在宜昌的证据,用以支持"非王某所为"的主张,应当认为对"非王某所为"的主张,王某已经尽到举证责任。对于某证券营业部的主张,王某无须承担举证责任,如果某证券营业部不能证明"是王某所为",王某的诉讼要求应该得到支持。

四、关于诉讼时效的案例

经典案例:当事人可以随时主张权利吗?——北京某锅炉厂诉潘某专利

权属纠纷案

案情事实：北京某锅炉厂系全民所有制企业，潘某是该企业汽车司机。北京某锅炉厂组织包括潘某等人开发研制《扁体储热型钢板加热炉》、《热冲压封头程序组合作业法》两项技术后，1985年4月，潘某将两项技术结合，改称《火炕型加热炉及其使用方法》，向中国专利局申请发明专利，1988年3月被授予发明专利权。潘某在申请发明专利时，北京某锅炉厂在未经上级主管部门批准的情况下，为其向中国专利局出具了非职务发明的证明信。1992年10月北京某锅炉厂向北京市中级人民法院正式提起诉讼，要求确认潘某的非职务发明专利为职务发明成果。

法院判决：驳回原告北京某锅炉厂的诉讼请求。

案例精点：民法通则规定，当事人向人民法院请求保护民事权利的诉讼时效期间为二年，法律另有规定的除外。诉讼时效期间从知道或者应当知道权利被侵害时起计算。本案中，双方的纠纷系专利权归属纠纷，不属法律另有规定的情况。因此北京某锅炉厂要求法院确认职务发明专利权归该厂持有的请求诉讼时效应为二年，从1988年3月专利授权日起算。1992年10月，北京某锅炉厂，才明确要求将潘某的非职务发明专利权判归北京某锅炉厂职务发明专利，在时间上已经超过了法定诉讼时效长达7个月之久，所以人民法院不能支持其诉讼请求。

五、关于调解的案例

经典案例：人民法院可以调解结案吗？——某集团公司诉某高科技集团公司不正当竞争纠纷案

案情事实："某儿童营养液"是某集团公司研制生产的产品，该产品先后获奖，销售额一直保持在全国同类产品的领先地位。某集团公司也由于此产品在海内外享有较高的商业信誉和商品声誉。某年初，某高科技集团公司生产了一种类似产品投放全国市场，并专门印制了宣传册子，称"某集团公司的产品有激素，造成小孩早熟，产生许多现代儿童病"，致使该产品的销售量下跌，某集团公司的商业信誉、商品声誉和企业形象亦因此而受到了极大损害。经鉴定，某集团公司的产品不存在"含有激素，造成小孩早熟，产生许多现代儿童病"的问题，故请求法院判令某高科技集团公司立即停止不正当竞争行为；赔偿直接经济损失和名誉损失费；公开赔礼道歉、恢复影响。

法院调解：被告某高科技集团公司承认有不正当竞争行为，给原告某集团公司的商业信誉和商品声誉造成损害，愿意承担相应的法律责任；被告某高科技集团公司停止不正当竞争行为，在本案结束后，双方以新闻发布会形式，由被告某高科技集团公司向原告某集团公司赔礼道歉,消除影响;被告某高科技集团公司向原告某集团公司赔偿直接经济损失;被告某高科技集团公司向原告某集团公司补偿其他费用;原告某集团公司放弃其他诉讼请求。案件受理费用由被告某高科技集团公司负担。

案例精点:民事诉讼法规定,人民法院审理民事案件,根据当事人自愿的原则,在事实清楚的基础上,分清是非,进行调解。调解达成协议,必须双方自愿,不得强迫。调解协议的内容不得违反法律规定。调解达成协议,人民法院应当制作调解书。调解书应当写明诉讼请求、案件的事实和调解结果。调解书由审判人员、书记员署名,加盖人民法院印章,送达双方当事人。调解书经双方当事人签收后,即具有法律效力。本案中,原告某集团公司和被告某高科技集团公司达成的调解协议,系双方自愿达成,内容也不得违反法律,符合法律规定。

六、关于公示催告的案例

经典案例:丢了股票怎么办?——黎某股票灭失申请公示催告案

案情事实:黎某于某年从上海某证券公司购得某股份公司A股股票60股(每股票面价值人民币100元),股票号9115至9174。次年9月,黎某陪妻外出看病,窃贼乘虚入室,盗走全部股票。黎某发现家中被盗后,即向公安机关报案,并向证券交易所挂失。于是黎某向某股份公司领取股东灭失股票补发申请书,并向上海市某公证处办理了股票灭失声明书。1993年6月,黎某又向上海市静安区人民法院申请股票灭失公示催告。公示催告期满后,黎某向人民法院提起诉讼。

法院判决:宣告申请人黎某灭失的某股份公司A股股票60股(每股票面价值人民币100元,股票号9115至9174)无效;自本判决公告之日起,申请人黎某有权向股票发行公司某股份公司申请补发。

案例精点:民事诉讼法规定,按照规定可以背书转让的票据持有人,因票据被盗、遗失或者灭失,可以向票据支付地的基层人民法院申请公示催告。申请人应当向人民法院递交申请书,写明票面金额、发票人、持票人、背书人等票据主要内容和申请的理由、事实。人民法院决定受理申请,应当同时通知支付人停止支付,并在3日内发生公告,催促利害关系人申报权利。公示催告的期间,由人民法院根据情况决定,但不得少于60日。没有人申报的,人民法院应当根据申请人的申请,做出判决,宣告票据无效。判决应当公告,并通知支付人。自判决公告之日起,申请人有权向支付人请求支付。本案黎某因被盗灭失股票,并依法提出公示催告申请,人民法院应予受理并依法做出判决。

第三节　实务模拟

一、实务模拟目标

孙某某诉北京某园艺公司买卖合同纠纷案被告实务模拟。

二、案情背景

2000年6月28日,北京某花艺园业主孙某某与北京某园艺公司签订产品销售合同一份,期限为2000年7月1日起至2001年7月1日止,共一年时间。在合同履行过程中,双方发生争议,孙某某遂以北京某园艺公司为被告起诉到人民法院。

三、有关文件

1. 民事起诉状

民事起诉状

原告:孙某某,男,汉族,个体工商户

被告:北京某园艺公司

住址:某区关东店某号

法定代表人:某某　职务:经理

诉讼请求:

1. 判令被告继续履行合同;
2. 判令被告赔偿原告经济损失81400元;
3. 判令被告双倍返还保证金10000元,合计91400元;
4. 诉讼费由被告承担。

事实与理由:2000年6月28日,原告同被告签订产品销售合同,合同约定由被告分批供给原告A级蝴蝶兰花共5000株,期限为1年,原告交合同保证金5000元,签约后,2000年7月、8月双方如约履行合同,从2000年9月至今被告违约不供货,给原告造成经济损失,原告多次找被告协商,被告不理,特起诉于法院,请依法支持原告诉讼请求。

此致

某区人民法院

具状人:孙某某(签字)
2001年5月10日

2. 产品销售合同

产品销售合同

甲方：北京某花艺园　　　　　乙方：北京某园艺公司
地址：北京某花卉市场某号　　　地址：北京市某区关东店某号
电话：略　　　　　　　　　　电话：略
传真：略　　　　　　　　　　传真：略
邮编：略　　　　　　　　　　邮编：略
联系人：孙某某

按照《中华人民共和国经济合同法》的原则，就甲方向乙方购买蝴蝶兰开花株5000株达成以下协议：

一、双方共同确认产品采购计划共5000株（含特殊品种数量）

年	2000						2001					
月	7	8	9	10	11	12	1	2	3	4	5	6
甲方采购计划	100	200	500	400	300	1000	1500	300	200	200	200	100

二、合同时效：甲、乙双方合作自2000年7月1日起，至2001年7月1日，共1年时间。

三、供货品种及标准：双方共同确认蝴蝶兰开花株A级标准，每株开花数量为8朵以上（含8朵）根苗健康，花序良好。

四、供货品种：红花、红花线条、白花黄心、白花红心。

五、供货价格：经双方共同协商合作期间乙方供给甲方A级产品，淡季2000年3月～9月定价为65元/株；旺季2000年10月～2001年2月定价为70元/株（不含发票费用）。

六、甲乙双方贸易交货地点：乙方基地，北京顺义区三高农业示范区三益温室。（乙方有义务帮助甲方提供货运服务，且有甲方承担相关运费。甲方需要供货时应提前数小时通知乙方，乙方按协商时间按时送货，甲方如有特殊情况需乙方尽快送货，应及时通知乙方并与之协商。）

七、付款条件：甲、乙双方货物贸易为现金交易（或支票交易），甲方如需乙方开据发票需提交6%的发票费用。乙方货到甲方，双方按合同规定一次性确认货品质量及数量，符合双方合同的产品，甲方不得以任何理由拒付现款；不符合合同规定的产品甲方有权拒决验收，由乙方无偿收回。

八、甲方责任权益：

8—1．甲方应在合同签定的同时向乙方交纳采购保证金人民币伍仟元；￥5000元，在合同执行期满，如无违约事项，乙方应于合同期满一周内无息全额退还甲方。

8—2、甲方在双方共同确认的采购计划范围内，如年采购数量未达到合同规定5000株，或连续2个月未达到月采购计划，或半年内3次未达到月采购计划，则对甲方采购产品单价上调重新进行贸易金额计算。不足部分由采购保证金中扣除，甲方每月采购计划变化幅度20％为正常采购量。具体计算方式如下：

A．年采购数量不能达到合同规定情况：以1000株为单位，采购数量每少于合同规定1000株，采购单价上调1元。

B．月采购数量不能达到合同规定情况：采购不足数量占月采购数量比例每3.3％为单位，采购数量每减少1单位采购单价上调1元。

8—3．甲方享有乙方为其提供免费广告、宣传、设计三益园艺专买店的权利，优先享有乙方产品及数量供应权。并享有乙方组盆、设计等权利。

8—4．甲方在执行合同期间，应遵守双方协商销售价格。不得低于最低限价出售产品：批发70元/株，零售90元/株。（建议零售价格为100～120元/株）如出现违约现象，则视为甲方故意倾销，搅乱市场。

8—5．甲方享有乙方优惠价格同时，应协助乙方的工作，增进对市场的了解。

8—6．甲方每年实际采购数量超出合同采购数量，乙方应给予甲方特殊鼓励。

九、乙方责任权益：

9—1．乙方应根据甲方计划的订购量，合理安排好生产程序，确保甲方采购量的优先供应，甲方因乙方供货不足造成损失，乙方应负责赔偿。

9—2．乙方在产品供货价格有战略性调整时，应提前一个月内书面通知对方，并获取对方认可。

十、公约：

10—1．甲、乙双方在生产、经营上采取战略性转变时，应提前三个月以书面形式通知对方，与对方协商解决，以确保利益共享。

10—2．甲、乙双方在生产、经营上遇不可抗拒外力，造成对方损失，原则上对方不担负责任，但双方可协商解决。

10—3. 甲、乙双方单方违约给对方造成损失，违约方负担全部责任。

10—4. 本合同未尽事宜，双方协商解决。

10—5. 本合同由乙方起草，乙方对本合同文本拥有解释权。

10—6. 本合同一式两份，双方签字生效。

甲方(盖章)：　　　　　　　　乙方(盖章)：
代表人(签字)：　　　　　　　代表人(签字)：
签定日期：2000年6月28日　　签定日期：2000年6月28日

3. 证人王某某证言

证人证言

我叫王某某，是经营花卉买卖的个体工商户，在2000年与北京某园艺公司签订过购买A级蝴蝶兰花的买卖合同，但在2000年9月至12月，北京某园艺公司因为发生花卉短缺现象，只有B级蝴蝶兰花和C级蝴蝶兰花，不能向我供应A级蝴蝶兰花，导致合同不能履行。

王某某(签字)

(身份证号＊＊＊＊＊＊＊＊＊＊＊＊＊＊＊＊＊)

2001年4月30日

4. 署名"某园艺销售科"的公开函

公开函

尊敬的客户：

因我公司管理的原因，花卉培育工艺流程出现问题，致使八月及九月供货产品品质下降，给广大客户造成损失，深表歉意。公司正在努力解决这一问题，保证不耽误下个月花卉的正常供应，并给大家一个满意的结果。

希望我们合作愉快。

某园艺销售科
2000年10月14日

四、实务模拟题

作为被告北京某园艺公司，请书写民事答辩状。

第十章　世界贸易组织法

第一节　世界贸易组织(WTO)体制概述

一、世界贸易组织(WTO)简介

1. 世界贸易组织(WTO)的建立

世界贸易组织(World Trade Organization,缩写 WTO),是根据关税与贸易总协定(General Agreementon Tariff Trade,缩写 GATT)乌拉圭回合达成的《建立世界贸易组织协议》,于 1995 年 1 月 1 日成立的。截止目前,已经有 100 多个国家成为世界贸易组织(WTO)的成员,我国于 1986 年 7 月提出申请恢复在关贸总协定(GATT)中的原始缔约方地位与资格,并于 2001 年 11 月 10 日正式加入了世界贸易组织(WTO)。

第二次世界大战后各国认识到各国的贸易保护主义不仅会导致全球经济的衰退,也带来了国际性的战争;为促进经济繁荣和国际和平,各国应通过合作和协调来建立一个开放的国际贸易体系。

1946 年 2 月,美国拟定《国际贸易组织宪章草案》并提请联合国经济与社会理事会第一次会议讨论。在联合国主持下经过多次讨论,1948 年 3 月 53 个国家(包括中国)签署了在美国提案的基础上形成的《哈瓦那宪章》。由于美国国内贸易保护主义者的强烈反对,杜鲁门政府 1949 年决定不将《哈瓦那宪章》交由美国国会讨论。这样《哈瓦那宪章》便中途夭折。

1947 年 4 月至 10 月间,在《哈瓦那宪章》签署之前,23 个国家就关税减让的问题进行了谈判并签订了 100 多项双边关税减让协议。当时的"国际贸易宪章筹委会"将上述关税减让协议内容与"国际贸易组织宪章"草案中的商业政策部分加以合并,取名为"关税及贸易总协定"(简称"关贸总协定(GATT)")。1947 年 11 月 15 日,美国、英国、法国、比利时、荷兰、卢森堡、澳大利亚、加拿大八国签署了《关税及贸易总协定临时适用议定书》,从而使关贸总协定(GATT)作为"国际贸易组织宪章"实施之前的临时性条约于 1948 年 1 月 1 日起开始实施。

关贸总协定(GATT)是根据"临时适用议定书"生效的临时协议,是一个拥有众多参加者的契约,但不是一个正式的国际经贸组织。因此,在关贸总协定(GATT)实施的过程中,各缔约方政府非常关心成立国际贸易组织并提出一系列构想。1993年11月,关贸总协定(GATT)的第八轮多边贸易谈判(乌拉圭回合)决定成立"世界贸易组织(WTO)"。1994年4月,在关贸总协定(GATT)部长会议上,104个国家的代表签署了《建立世界贸易组织协定》。1995年1月1日,世界贸易组织(WTO)正式成立。

2. 世界贸易组织(WTO)的宗旨

世界贸易组织(WTO)根据《建立世界贸易组织协议》的规定,其宗旨如下:

在发展贸易和经济关系方面应当按照提高生活水平、保证充分就业、大幅度稳步提高实际收入和有效需求,并扩大生产和商品交易以及服务;

为持续发展的目的而扩大对世界资源的充分利用,寻求对环境的保护和维护,并根据各自需要和不同经济发展水平情况加强采取各种相应措施;

确保发展中国家尤其是最不发达国家,能获得与其经济贸易额增长需要相适应的经济发展;

有必要根据互惠和互利安排,切实降低关税和其他贸易壁垒,并在国际贸易关系上消除歧视性待遇,建立一个完整的、更具有活力的和永久性的多边贸易体系,巩固原来关税与贸易总协定以往为贸易自由化所做的努力和乌拉圭回合多边贸易谈判的所有成果。

3. 世界贸易组织(WTO)的功能

世界贸易组织(WTO)是处理国际贸易全球规则的惟一国际组织,其主要功能是保证国际贸易顺利、可预测和自由的进行。

4. 世界贸易组织(WTO)的目标

WTO的基本目标是国际贸易的可靠性,使消费者和生产者相信,他们能够可靠地得到他们需要的制成品、配件、原材料和服务越来越大的选择机会。使生产商和出口商相信,外国市场对他们开放。WTO的最终目标是一个繁荣、安全和负责任的经济世界。

5. 世界贸易组织(WTO)的法律地位

世界贸易组织(WTO)具有法人资格。各成员方承诺赋予世界贸易组织(WTO)享有执行其职能所必要的法律能力;为履行其职能所必要的优惠和豁免权;世界贸易组织(WTO)官员和各参加方代表应享有的其在执行世界贸易组织(WTO)有关职能时所必要的特权和豁免权。

二、世界贸易组织(WTO)的职能和世界贸易组织法的基本内容

1. 世界贸易组织(WTO)的职能

世界贸易组织(WTO)的职能主要有:(1)为《建立世界贸易组织协议》和

若干单项贸易协议的执行、管理、运作和进一步为实现目标而提供方便,并对若干单项贸易协议的执行、管理和运作提供共同机构的框架;(2)为各成员国的多边贸易关系谈判提供场所以及为部长级会议决定下的谈判结果的执行提供共同机构的框架;(3)对争议解决规则和程序谅解协议的执行予以管理;(4)对贸易政策评审机制予以管理;(5)同国际货币基金组织和复兴开发银行及其附属机构银行进行适当合作。

2. 世界贸易组织法的基本内容

世界贸易组织(WTO)的法律文件由以下两大部分组成:

第一部分:《建立世界贸易组织协议》以及附件1、附件2和附件3。该部分法律文件对所有成员都具有约束力。

附件1:(1)附件1A:货物贸易的多边协定;(2)附件1B:服务贸易协议及各附件;(3)附件1C:与贸易有关的知识产权协议。

附件2:争议解决规则和程序谅解协议。

附件3:贸易政策评审机制。

第二部分:附件4。附件4包括若干单项贸易协议,适用于接受这些单项贸易协议的成员并对其有约束力,对未接受的成员则不具有约束力。

三、世界贸易组织(WTO)的组织机构、决策方式和程序

1. 世界贸易组织(WTO)的组织机构

世界贸易组织(WTO)设:

(1)部长级会议。部长级会议每两年召开一次,由所有参加方的代表组成,有权对各多边贸易协议的事项做出决定。

(2)常务理事会。常务理事会由所有参加方的代表组成,在适当时候召开会议,主要负责在部长级会议休会期间执行部长级会议的各项职能以及《建立世界贸易组织协议》授予的职能。

(3)货物贸易理事会、服务贸易理事会、与贸易有关的知识产权理事会。这些理事会的成员从所有参加方代表中产生,在常务理事会的指导下进行工作,分别负责各相关协议的执行监督工作。

(4)贸易与发展委员会、国际收支限制委员会、预算和财务及管理委员会。这些委员会在部长会议下设立,从所有参加方代表中产生,分别负责世界贸易组织(WTO)法律文件中所赋予的职责。

(5)若干单项贸易下的工作组。这些工作组负责各单项贸易协议赋予的职责,并向常务理事会报告工作。

(6)秘书处。秘书处由部长级会议任命的总干事领导,总干事和秘书处

根据部长级会议的规定履行职责。

2. 世界贸易组织(WTO)的决策方式和程序

除另有规定外,如不能对某一议题达成一致,由参加方投票决定。在部长级会议和理事会会议上,多数票表决通过,并且每一参加方只有一票投票权。

部长级会议和常务理事会对《建立世界贸易组织协议》以及其他多边贸易决议有绝对的解释权,成员方四分之三多数通过即可做出解释。

在例外情况下,经成员方四分之三同意,部长级会议可以豁免某一协议成员方或参加任何单项贸易协议成员方的责任。

四、世界贸易组织(WTO)的成员方

世界贸易组织(WTO)的成员方分为原始成员和新成员。

凡在《建立世界贸易组织协议》生效之日起已是关贸总协定(GATT)的缔约方、欧共体等,以及被联合国列为最不发达国家但能按照其能力对世界贸易组织(WTO)的需要做出承诺和减让者,都是世界贸易组织(WTO)的原始成员方。

任何国家或在对外商务关系中保有完全自主权的单独关税区和具有《建立世界贸易组织协议》和若干单项贸易协议所规定的其他条件的,都可以申请加入世界贸易组织(WTO)。新成员加入由部长级会议做出决定,成员方的三分之二多数通过即可做出准许加入的决定。

五、世界贸易组织(WTO)的基本原则

世界贸易组织(WTO)的目标是建立一个完整的多边贸易体系。这个多边贸易体系包括货物贸易、服务贸易及与贸易有关的投资和知识产权等方面的内容。世界贸易组织(WTO)所确立的贸易规则,为其成员在处理相互之间的贸易关系时提供了一个统一的制度框架和纠纷解决程序。这些基本原则包括:

1. 最惠国待遇原则

世界贸易组织(WTO)要求所有成员都应相互给予对等的贸易条件、彼此之间应平等地进行贸易。这种禁止歧视性贸易的原则构成世界贸易组织(WTO)的基石。非歧视性贸易原则的表现之一是最惠国待遇原则,即如果世界贸易组织(WTO)某一成员给予原产于或运往另一成员的产品以利益、优惠、特权或豁免的话,则组织的所有其他成员应当立即无条件地享有同样的利益、优惠、特权或豁免。最惠国待遇原则要求世界贸易组织(WTO)成员间进行贸易时,进出口产品相同的成员享受的待遇也应该是相同的。

根据是否附加条件,可将最惠国待遇分为有条件的最惠国待遇和无条件的最惠国待遇。有条件的最惠国待遇是指缔约一方给予第三方的优惠必须由缔约另一方提供同样的补偿,才能享受这些待遇;无条件的最惠国待遇是指缔约一方给予第三方的优惠应该立即、无条件的、无补偿的、自动的适用于缔约方另一方。

最惠国待遇原则的采用旨在消除缔约方在贸易、关税、航运、公民法律地位等方面的歧视,使各方平等地进行竞争。

2. 国民待遇原则

国民待遇原则是最惠国待遇原则的补充,也是非歧视性贸易原则的体现。在所有世界贸易组织(WTO)成员平等待遇的基础上,进入某一成员领土的另一成员的产品或服务,也应享有与该领土的产品或服务相同的待遇。与最惠国待遇不同的是,国民待遇要求在国产商品和进口商品之间待遇平等,而最惠国待遇则要求对不同出口国的商品给予平等待遇。例如世界贸易组织(WTO)成员不得对来自其他成员的进口产品征收高于本国同类产品的税收或费用;或世界贸易组织(WTO)成员给予其他成员在其领土内的服务或服务提供者的待遇不得低于该成员给予本国服务或服务提供者的待遇。

3. 关税减让原则

关税减让原则主要是指进口关税减让,关税减让主要通过公式减让和有选择的、逐项产品谈判两种方式,在互惠基础上达成一致并汇总制成关税减让表,通过最惠国待遇原则无条件的、自动的适用于全体缔约方,以允许外国商品进入本国市场与本国产品进行竞争,世界贸易组织(WTO)成员不得把关税重新提高到超过其已受约束的水平。关税减让主要通过公式减让和有选择的、逐项产品谈判两种方式,在互惠基础上达成一致并汇总制成关税减让表,通过最惠国待遇原则无条件的、自动的适用于全体缔约方。

4. 一般地取消数量限制原则

数量限制是指限制进口数量的措施,其表现形式多种多样,例如配额制、进口许可证等。数量限制是非关税壁垒中最常见的方式,对贸易自由化的影响不小于关税,因此世界贸易组织(WTO)要求其成员一般地取消数量限制,最终实现贸易的自由化。

5. 互惠互利原则

互惠贸易原则是世界贸易组织(WTO)成员的共同规范,也是世界贸易组织(WTO)的基本准则。互惠互利原则具体体现在:关税或非关税壁垒的削减是以多边谈判的形式来进行的,在某一成员的产品或服务获准进入其他成员市场的同时,也应向其他成员开放本国产品或服务的市场;当新成员因加入世界贸易组织(WTO)而获得了过去所有老成员已达成的市场开放的优惠待遇时,新成员也应相应地开放本国市场。

6. 透明度原则

世界贸易组织(WTO)成员必须迅速公开其现行的贸易政策法规。包括海关、进出口管理、税收、商品检验、外汇管理、利用外资等方面的法规和规章。世界贸易组织(WTO)成员还应保证在其领土范围内贸易政策法规制度的一致性,即地方政府所颁布的政策法规不能与中央政府颁布的相关政策法规相抵触。

7. 促进公平竞争与贸易原则

世界贸易组织(WTO)要求其成员不应采取不公正的贸易手段进行竞争,尤其是不能以倾销和补贴的方式销售本国产品。所谓倾销是指以低于正常价格或不合理的低廉价格出口本国产品;补贴是指出口产品在生产、制造、加工、买卖、输出过程中所接受的直接或间接的奖金或补贴,不管这种奖金和补贴是不是来自于政府。

8. 鼓励发展和经济改革的原则

考虑到在贸易自由化的过程中发展中国家有一些特殊的需求,世界贸易组织(WTO)沿用了关贸总协定(GATT)中对发展中国家和最不发达国家的优惠待遇条款。例如经世界贸易组织(WTO)许可后,发展中国家可以暂时不对其他成员适用最惠国待遇原则;在某些条件下允许发展中国家对其国内产品进行补贴后出口等。

六、与货物贸易有关的法律规则

1. 贸易自由化原则和市场准入原则

世界贸易组织(WTO)成员应降低进口关税、取消进口数量限制以允许其他成员的产品进入本国市场与本国产品竞争。世界贸易组织(WTO)成员应尽量不使用许可证来管理贸易。各成员应逐步开放本国服务市场,以促进服务及服务提供者间的竞争。

2. 获得许可证程序要公开、透明和可预见性

世界贸易组织(WTO)要求成员的进口许可制度应是透明的并是可以预见的。为此,世界贸易组织(WTO)成员应提前公布有关进口许可程序的规章和为获得许可证应提交的资料。

3. 海关手续应规范和便利

世界贸易组织(WTO)要求其成员应为其海关估价制定一套公平、统一和中性的制度。

4. 装船前检验应由独立的专业公司来进行

装船前检验应雇佣独立的专业公司来检验货物装载状况、价格、数量和质量。

5. 原产地规则应透明

原产地规则可以影响多边贸易活动的许多方面,如配额关税优惠、反倾销和反补贴的实施等。世界贸易组织(WTO)要求其成员应保证原产地规则是客观、易懂并可以预测的。

6. 保障措施

世界贸易组织(WTO)的宗旨是要求成员取消各种贸易壁垒、开放本国市场,以促进国际贸易的自由化。但世界贸易组织(WTO)也充分认识到了贸易自由化的风险,为此也制定了一系列的货物贸易保障机制,使成员可以合理与适度地保护本国经济。

(1) 限制产品进口的紧急措施

当世界贸易组织(WTO)的某一成员由于不可预见的情况发生或由于承担关税减让义务,导致某一产品的进口大量增加从而对该成员造成严重损害或严重损害威胁时,该成员可以对该类产品的进口实行数量限制或撤销该类产品关税减让义务来为本国的同类产品提供临时性的保护。

(2) 发展中国家的政府援助措施

第一、对"幼稚工业"提供关税保护。发展中国家可对某一特定工业提供关税保护。这一保护措施就是我们通常所说的"对发展中国家幼稚工业的保护",这一类特定工业包括"某一新工业"或"现有工业的新分支",或"对现有工业进行重大改造"、或"对只能少量满足国内需求的工业进行扩建"、或"对遭受战争或自然灾害损害的工业进行重建"。

第二、为维护国际收支平衡而进行数量限制。当发展中国家在迅速发展其本国经济时,由于其国内贸易条件的不稳定会导致其国际收支发生困难。在这种情况下,发展中国家可以对进口的数量和价值进行限制以保证安全的货币储备量来促进其经济的进一步发展。

(3) 征收反倾销税和反补贴税

如果世界贸易组织(WTO)某一成员以低于产品正常成本的价格向其他成员大量出口或某一成员对其出口产品进行补贴时,受到损害或损害威胁的成员有权对上述产品征收反倾销税或反补贴税,以反对这种不公平的贸易。

(4) 修改关税减让义务

在新一轮关税减让谈判开始之前,或经世界贸易组织(WTO)授权的任何时候,世界贸易组织(WTO)成员都可以就关税减让进行重新谈判来修改或撤销已做出的减让。进行减让的成员应对此而受到影响的其他成员进行补偿。

(5) 为维护国际收支平衡而进行的进口数量限制

世界贸易组织(WTO)成员为维护其对外的金融地位和国际收支平衡,以预防本国货币储备的严重下降时,可以对进口商品的数量或价值进行限制。

(6) 普遍例外规则

世界贸易组织(WTO)成员为维护其公共道德的需要,或为保护本国人民和动植物生命或健康安全,或保护本国可能枯竭的自然资源时,可以不履行世界贸易组织(WTO)所规定的义务。

(7) 维护国家安全的例外

世界贸易组织(WTO)成员为保护其国家安全时,可以不履行关贸总协定(GATT)的义务。

七、世界贸易组织(WTO)争议解决机制

1. 世界贸易组织(WTO)所确立的争议解决机制概述

世界贸易组织(WTO)的争议解决机制是为了维护成员的权利、督促成员履行义务,在成员就贸易问题发生纠纷时促使成员友好协商解决、或在友好协商不能解决问题的情况下通过争议解决机制获得救济的一整套原则和程序。世界贸易组织(WTO)的争议解决机制是保障多边贸易体系可靠性和可预见性的核心因素。

世界贸易组织(WTO)现行的争议解决机制包括以下三个方面:

(1) 单一的争议解决体制

世界贸易组织(WTO)现行的争议解决机制是世界贸易组织(WTO)最后文件的组成部分,对各缔约方均有拘束力。世界贸易组织(WTO)的争议解决体制则将过去关贸总协定(GATT)的各项协议的争议解决统一起来,并设立了专门的争议解决机构(DisputeSettlementBody,缩写 DSB)。由世界贸易组织(WTO)解决的争议,不仅包括传统上的货物贸易,而且还包括知识产权保护和服务贸易而引起的争议。

(2) 专门设立的争议解决机构

根据世界贸易组织(WTO)协议设立的专门争议解决机构(DSB),是惟一有权设立解决争议的专家小组,是通过专家小组和上诉机构的报告和建议解决争议的权威机构,并负责监督对所通过的裁定和建议的实施。如果缔约方未能实施上述建议或裁定,可下令中止有关缔约方做出的减让。专门争议解决机构(DSB)的这些职能的发挥,主要是通过它所设立的专家小组和上诉机构实现的。

(3) 通过决议所采用的"全体一致否认"的方式

世界贸易组织(WTO)现行的争议解决程序采用了"全体一致否认"(negativeconsensus)的通过方式,即在通过专家小组的报告及有关的报复措施的决定时,只要不是全体一致反对,该特定的提案就算通过。

2. 世界贸易组织(WTO)所确立的解决争议的原则

世界贸易组织(WTO)所确立的解决争议的原则有:

(1) 多边原则

世界贸易组织(WTO)要求其成员在其认为有违反世界贸易组织(WTO)规则的事件发生时,不应采取单边行动,而是将纠纷交由世界贸易组织(WTO)的争议解决机构并遵守其规则与裁决。

(2) 统一程序原则

凡因世界贸易组织(WTO)权利和义务所发生的争议,均应适用统一的争议解决程序。

(3) 协商解决争议的原则

世界贸易组织(WTO)鼓励争议双方尽量采取友好协商的方法来解决问题。争议双方应首先通过双边磋商来就有争议的问题达成一致意见。

(4) 自由调解与仲裁原则

在争议成员同意的基础上。双方可将争议交由世界贸易组织(WTO)的一个委员会或调解机构进行调解,也可将争议付诸仲裁。

(5) 授权救济原则

如果世界贸易组织(WTO)的某一成员违反协议,或给另一方造成了损失、或阻碍了协议目标的实现,争议各方应首先通过协商的办法来解决争议。如果协商之后不能解决争议,当事方可通过争议解决机制来获得法律救济。

3. 世界贸易组织(WTO)所确立的争议解决程序

世界贸易组织(WTO)所确立的争议解决程序包括:

(1) 磋商程序

世界贸易组织(WTO)鼓励争议双方尽量采取友好协商的方法来解决问题。认为有违反世界贸易组织(WTO)规则的一方可首先向"违反方"提出磋商的请求,"违反方"应在10天内给与答复。如"违反方"同意磋商,申诉方和"违反方"应在此后的30天内进入磋商程序。

(2) 专家小组程序

如果磋商未能解决争议。申诉方可以要求世界贸易组织(WTO)的争议解决机构成立一个专家小组来审议申诉、进行调查并提出建议。专家小组必须在争议解决机构成立专家组决定的30天内组成,在6个月内将最后报告交给争议双方。如果是特殊情况,专家小组应在3个月内完成报告。

(3) 上诉程序

世界贸易组织(WTO)设立上诉制度,世界贸易组织(WTO)的上诉程序规定,只有申诉方和被诉方才有上诉的权利,有利害关系的第三方可就有关问题提出书面意见。上诉机构审理案件只就专家小组报告中适用的法律和法律的解释问题进行书面审理,不涉及案件事实的调查,审理过程完全保密。上诉机构可以维持、修改或推翻专家小组的结论。

上诉机构的审理期限为60天,特殊情况下可以延长,但无论如何也不能超过90天。一般情况下,争议解决机构应在上诉机构发布的30天内通过该报告。该报告一经争议解决机构通过,各当事方应无条件地接受该报告。

(4) 执行程序

专家小组或上诉机构的报告通过后30日内,有关缔约方必须向专门争议解决机构(DSB)通报其对所通过的报告中提出的建议和打算采取的措施。如不能立即实施,该缔约方应当在合理的期限内实施。如果未能在此期限内实施,则必须与申诉方进行如何予以补偿的谈判。如果通过谈判不能达成满意的结果,申诉方可以请求专门争议解决机构(DSB)授权其中止对对方所给予的减让或对其所承担的其他义务,也即采取交叉报复措施。

八、我国加入世贸组织(WTO)后的权利与义务

我国作为新成员,在加入世界贸易组织(WTO)时坚持了以下原则:以我国在发展中国家的地位为前提,以乌拉圭回合协议为基础,承担与自己经济发展水平相适应的义务。按照我国加入世界贸易组织(WTO)谈判的原则,我国加入世界贸易组织(WTO)后,可以享受如下的权利。

1. 我国可享受的权利

(1) 享有多边的、无条件的和稳定的最惠国待遇的权利

关贸总协定(GATT)规定,一成员方对来自或运往其他国家的产品所给予的利益、待遇、特权或豁免,应当立即无条件地给予来自或运往所有其他成员方的相同产品。过去我国只能通过双边贸易协定在某些国家获得最惠国待遇,而这种双边的最惠国待遇是非常不稳定的,容易遭到双边政治关系的影响。例如,美国虽与我国签订了互给最惠国待遇的双边协议,但总将是否延长对华最惠国待遇问题同人权、宗教、留学生政策、贸易逆差、知识产权保护等问题挂钩,这种双边最惠国待遇是不稳定的,而且是歧视性的、不平等的。我国加入世界贸易组织(WTO)后,就可以通过世界贸易组织(WTO)多边争端解决程序来解决贸易纠纷,如果美国再在最惠国待遇问题上发难就不仅仅是双

边问题,而是破坏多边贸易体制的问题。我国可以在世界贸易组织(WTO)所有的130多个成员方享受多边的、无条件的、稳定的最惠国待遇,这将使我国产品在最大范围内享受有利的竞争条件,从而促进出口的发展。

(2) 享有普惠制待遇及其他给予发展中国家的特殊照顾的权利

普惠制又称普遍优惠制,是根据关贸总协定(GATT)东京回合和乌拉圭回合有关规则对发展中国家出口的制成品和半制成品所给予的单方面减免关税的特殊优惠待遇。我国加入世界贸易组织(WTO)后,将在更大范围内和更大程度上享受到这些优惠,如一些给惠国给我国商品的受惠程度较低,而最大的给惠国美国曾因为我国不是关贸总协定(GATT)或世界贸易组织(WTO)成员不给予我国普惠制待遇。除普惠制这种最重要的优惠外,在世贸组织实施管理的多边协议中都规定了对发展中国家成员的某些特殊优惠,这些优惠是单方面给予的,发展中国家无需做出对等的回报。

(3) 充分利用争端解决机制的权利

随着我国对外开放程度的扩大,各种经济贸易上的纠纷也会逐渐增多。在过去的双边贸易中,发达国家往往利用国内的、单边主义的、甚至过时的法律条款对我国实行歧视待遇,如美国、欧盟、澳大利亚等均以我国为"非市场经济国家"为理由,在反倾销案的处理中对我国实行歧视性待遇,使我国劳动密集型产品成本低廉的优势得不到应有的发挥,阻碍了出口的发展。随着我国加入世界贸易组织(WTO),就可以通过世贸组织特设的贸易争端解决机构和程序,比较公平地解决贸易争端,维护我国的贸易利益。

(4) 获得在多边贸易体制中参政议政的权利

世贸组织是经济联合国,在我国加入世界贸易组织(WTO)前,虽然以观察员身份参加,但只有表态权,没有表决权。在加入世界贸易组织(WTO)后,我国可以参与各个议题的谈判和贸易规则的制定,充分表达我国的要求和关切,有利于维护我国在世界贸易中的地位和合法权益,并在建立和维护公正合理的国际经济秩序等方面发挥更大的作用。我国也可以利用世贸组织的讲台,宣传我国改革开放政策,积极发展和世界各国的经济合作、贸易和技术交流;还将得到世贸组织汇集的世界各国经济贸易的信息资料。我国还可利用世贸组织的基本原则,享有采取例外与保障措施的权利。

(5) 世界贸易组织(WTO)规定的其他权利

2. 我国应尽的义务

(1) 削减关税的义务

关贸总协定(GATT)规定,各成员方在互惠互利基础上进行谈判,以大幅度降低关税和进出口其他费用的一般水平,特别是降低那些使少量进口都受阻碍的高关税,目前发达成员方的加权平均进口税已从45年前的40%下降到3.8%左右,发展中成员方也下降到11%左右。而我国由于种种原因,在加入世界贸易组织(WTO)前,平均税率仍高于发展中国家的平均水平。所以,我国加入世界贸易组织(WTO)的首要义务就是要逐步将我国关税加权平均水平降到关贸总协定(GATT)要求的发展中国家水平,并将最高关税一般地约束在15%以下,这将使我国许多产业更直接地面临国外产品的竞争,同时国家财政收入有可能会相应减少,但最终可使广大国内消费者受益。

(2) 逐步取消非关税措施的义务

关贸总协定(GATT)规定,不得设立或维持配额、进出口许可证或其他措施,以限制或禁止其他缔约方领土的产品输入,或向其他缔约方领土输出或销售出口产品,从而为实现自由贸易创造条件。我国本来是实行贸易管制的国家,当然除关税外,也存在种种非关税措施,所以,在加入世界贸易组织(WTO)后,我国也必须逐步取消非关税措施。

(3) 取消被禁止的出口补贴的义务

关贸总协定(GATT)规定,一成员方对某一出口产品给予补贴,可能对其他的进口和出口成员方造成有害的影响,对他们的正常贸易造成不适当的干扰,并阻碍本协定目标的实现,因此,各成员方应力求避免对产品的输出实施补贴。我国在加入世界贸易组织(WTO)后,为加强我国商品的出口竞争力,应充分退足退净一切税款。

(4) 开放服务业市场的义务

乌拉圭回合谈成的服务贸易总协定(GATS),要求成员方对服务贸易执行与货物贸易同样的无歧视和无条件的最惠国待遇、国民待遇、透明度和逐步地降低贸易壁垒,开放银行、保险、运输、建筑、旅游、通讯、法律、会计、咨询、商业批发、零售等行业。世贸组织统计的服务行业多达150多种,都将属于开放范围。我国加入世界贸易组织(WTO)后,应逐步地、有选择地、有范围地开放一些服务业,引进竞争机制,提高我国服务业的质量,并带动服务业的出口。

(5) 扩大知识产权保护范围的义务

世界贸易组织(WTO)实施管理的与贸易有关的知识产权协定要求各成员方扩大对知识产权的保护范围。发达国家在先进科技工艺专利、名牌商标、科技文化著作及计算机软件等方面拥有很大优势和利益,扩大知识产权的保护无疑是符合他们的愿望的。我国作为发展中国家在知识产权管理方面和法规的执行、行政管理方面与世界贸易组织(WTO)的要求尚有一段距离。

(6) 放宽和完善外资政策的义务

世界贸易组织(WTO)实施管理的与贸易有关的投资措施协议与我国引

进外资工作有密切的关系。我国自改革开放以来已颁布了有关引进外资的各种条例和法律还不够完善,特别是在给予外国投资者国民待遇方面,一方面在税收等重要项目上给予外国投资者超国民待遇,使国内企业遭受不平等竞争,另一方面在若干国内收费上实行双重作价,造成外商很大抱怨,在加入世界贸易组织(WTO)后,必须修改相关的法律。

(7) 增加贸易政策的透明度的义务

关贸总协定(GATT)规定,成员方有效实施的关于海关对产品的分类或估价,关于税捐和其他费用的征收率,关于对进口货物及其支付转账的规定、限制和禁止,以及关于影响进出口货物的销售、分配、运输、保险、仓储、检验、展览、加工、混合或使用的法令、条例与法规和一般援用的司法判决及行政决定,都应迅速公布,以使各国政府及贸易商对它们熟悉。此外,世界贸易组织(WTO)还要求成员方经常提供国内经济贸易情况的报告,并定期接受审议,建立对各成员方贸易制度定期审查和通报的制度。我国在加入世界贸易组织(WTO)后,应不断增加贸易政策的透明度。

(8) 世界贸易组织(WTO)规定的其他义务

我国加入世界贸易组织(WTO)后的权利给经贸发展提供了机遇,应尽的义务又对我国经贸发展提出了挑战,机遇与挑战并存,但机遇大于挑战,加入世界贸易组织(WTO)意味着我国的经济环境将会有重大的实质性改善,具体表现在:加入世界贸易组织(WTO)可刺激经济活力,增加进出口,促进外资流入,创造更多的就业机会。

第二节 经典案例:欧美香蕉案

案情事实:自1963年以来,欧洲经济共同体(EEC)与向其出口香蕉的发展中国家经过谈判而列入关税减让表中的约束性关税为20%,从价征收。1993年,欧洲经济共同体(EEC)制订了新的从量征收的关税,使从拉美国家进口的香蕉的税率增加了20%至180%,并制订了复杂的香蕉进口许可证制度。拉美国家认为这些规则违反了关贸总协定(GATT)关税减让表中的规定。1993年和1994年,就有两个专家小组分别对欧盟的香蕉进口体制进行了审议并提出了报告,认为拉美国家的请求成立。按照关贸总协定(GATT),此项报告只有在全体一致同意的情况下才能通过,由于欧洲经济共同体(EEC)的反对,故此项报告未能在理事会上通过。

世界贸易组织(WTO)成立后,1996年5月8日,世界贸易组织(WTO)专门争议解决机构(DSB)根据拉美国家提出的关于欧盟香蕉进口制度与世界贸易组织(WTO)不符的请求,设立了专家小组,对欧盟的香蕉进口、销售和批发体制进行审查。1997年9月25日,专门争议解决机构(DSB)通过了专家小组和上诉机构的报告,认为欧盟的香蕉进口制度及在此制度下的香蕉进口许可证程序与关贸总协定(GATT)不符。

针对世界贸易组织(WTO)专门争议解决机构(DSB)的裁定和建议,欧盟表示将执行报告中的建议,在1998年11月25日,欧盟宣布了关于执行专门争议解决机构(DSB)建议的规则,这些新规则将于1999年1月1日起实施。对于这些措施,以美国为首的申诉各方认为欧盟这些新的关税配额的分配和进口许可证制度仍然与关贸总协定(GATT)不符,并要求欧盟同意就建立符合世界贸易组织(WTO)的香蕉进口制度进行紧急磋商。美国并提出了请求在专门争议解决机构(DSB)会议上讨论的要求中止其对欧盟所承担的价值5.2亿美元进口到美国的产品的关税减让,并要求专门争议解决机构(DSB)给予此项授权,因为此项金额即为由于欧盟未能执行专门争议解决机构(DSB)建议而给美国香蕉出口到欧盟所造成的损失。

对于美国提出的关于撤回减让的金额,欧盟则于1999年1月29日提出应当仲裁解决,由仲裁庭决定应当予以减让的金额。该仲裁庭的成员由原专家小组的成员担任。1999年4月,世界贸易组织(WTO)项下的由原专家小组成员组成的仲裁庭做出裁决,欧盟香蕉进口政策不符合世界贸易组织(WTO)贸易规则,给美国的香蕉出口代理商造成了1.914亿美元的损失。

对于上述裁决,美国立即表示欢迎,并希望帮助欧盟制订出符合国际贸易规则的香蕉进口政策。欧盟则表示对世界贸易组织(WTO)该裁决报告进行认真研究并保留上诉的权利。

案例精点:世界贸易组织(WTO)与关贸总协定(GATT)相比,设立了专门的争议解决机构(DSB),负责设立专家小组和上诉机构,并且,专家小组和上诉机构报告的通过采取了由专门争议解决机构(DSB)不一致否决的原则,与关贸总协定(GATT)的一票否决制度相比,促使争议更容易解决,如本案在关贸总协定(GATT)久拖不决的情况下在世界贸易组织(WTO)得到了解决。

另外,通过分析本案,我们也可以形成如下认识:

首先,即使是在世界贸易组织(WTO)争议解决体制下,发展中国家的利益在某种意义上说仍然得不到充分的保障。就本案而言,尽管申诉方和被申诉方都有发展中国家,但就争议的实质而言,欧美等发达国家具有更大的利益。美国的跨国公司控制着拉美国家的种植园,欧盟也掌握着一些国家的香蕉种植业,一旦取消了欧盟对这些国家实施的特殊的优惠,他们的香蕉种植业就会受到致命的打击,他们的利益在某种程度上很难得到真正的保护。

其次,由于各国的综合国力不同,它们在国际贸易中的利益各不相同。经济实力较强的国家在国际经济交往中占有支配地位。一些经济大国利用其在经济上的优势,绕过世界贸易组织(WTO)专门争议解决机构(DSB),试图采取单方面的措施。如在本案中,美国就单方面地提出了对欧盟进口到美国的产品采取措施的决定。而发展中国家尽管在某些方面具有资源和劳动力方面的优势,但其综合国力较弱,因此需要特别予以考虑。

　　第三、我国作为世界贸易组织(WTO)一名成员,也可利用该组织的争议解决机制,扬长避短。如可以利用其相对公平地解决我国与其他一些国家的争议,特别是近年来频频出现的反倾销等方面的问题,使之置于多边贸易体制内,而不是仅由进口国一国说了算,以便在平等互利原则基础上,进一步发展与其他国家的贸易和经济关系,增加对外贸易机会,不断地增强我国的综合国力。

附件　实务模拟参考思路

一、某公司诉北京某食品公司欠款纠纷案原告实务模拟参考思路

《公司法》第三条规定:"有限责任公司,股东以其出资额为限对公司承担责任,公司以其全部资产对公司的债务承担责任。"《担保法》第六条规定:"本法所称保证,是指保证人和债权人约定,当债务人不履行债务时,保证人按照约定履行债务或者承担责任的行为。"所以,本案应以北京某食品公司和陆甲为被告。理由如下:

1. 北京某食品公司系依法成立的有限责任公司,应对所欠债务承担责任。

2. 陆甲作为保证人,在北京某食品公司和陆乙不能承担责任的情况下,应承担保证责任,即连带还款责任。

3. 高某、陆乙、陆丙虽有内部"债权债务协议",但作为股东,只承担有限责任,而不对公司债务承担直接还款责任。

二、某大学文化中心与某工贸公司仲裁案仲裁员模拟参考思路

根据双方的材料,可以认定以下事实:

1. 双方签订的合同未进行公证,双方也未对合同由双方代表签字盖章公证后生效的约定进行变更,该合同尚未生效。

2. 双方未就新的协商达成书面协议。

3. 某工贸公司进行了部分施工。

相应的法律依据有:

《合同法》第三条:"合同当事人的法律地位平等,一方不得将自己的意志强加给另一方。"第四条:"当事人依法享有自愿订立合同的权利,任何单位和个人不得非法干预。"第五条:"当事人应当遵循公平原则确定各方的权利和义务。"第六条:"当事人行使权利、履行义务应当遵循诚实信用原则。"第三十六条:"法律、行政法规规定或者当事人约定采用书面形式订立合同,当事人未采用书面形式但一方已经履行主要义务,对方接受的,该合同成立。"第三十七

条:"采用合同书形式订立合同,在签字或者盖章之前,当事人一方已经履行主要义务,对方接受的,该合同成立。"第四十四条:"依法成立的合同,自成立时生效。法律、行政法规规定应当办理批准、登记等手续生效的,依照其规定。"第四十五条:"当事人对合同的效力可以约定附条件。附生效条件的合同,自条件成就时生效。"

综上,由于双方都有过错,应按照公平原则分别承担各自的过错责任。

三、某制药公司诉某医院、某保健品公司、李某商标侵权纠纷案被告代理人实务模拟参考思路

《商标法》第三条规定:"经商标局核准注册的商标为注册商标,商标注册人享有商标专用权,受法律保护。"第十一条规定:"下列标志不得作为商标注册:(一)仅有本商品的通用名称、图形、型号的;(二)仅仅直接表示商品的质量、主要原料、功能、用途、重量、数量及其他特点的;(三)缺乏显著特征的。"所以,处理本案最简单的办法就是申请撤销原告的注册商标。理由如下:

1."摩罗丹"仅是该商品的通用名称。根据国家卫生部的文件,凡编入卫生部医药大词典的药品名称,均为该类药品的通用名称,而"摩罗丹"已在成为注册商标前被编入卫生部医药大词典,成为该类药品的通用名称。

2."摩罗丹"仅直接表示商品的主要原料。"摩罗丹"的主要成分是百合,而根据《本草纲目》的记载,"摩罗"是百合的别称,也就是"摩罗丹"只表示商品的主要原料。

当然,从程序上讲,也可以向人民法院提出管辖权异议申请。

四、某制药公司诉李某、某医院、某保健品公司不正当竞争纠纷案被告代理人实务模拟参考思路

本案主要考虑以下几个焦点问题:

1. 原告是否具有主体资格

(1)原告某制药公司是否就是某制药厂。根据《公司法》第九十五条"公司营业执照签发日期,为公司成立日期",《企业法人登记条例》第四条"企业法人登记主管机关是国家工商行政管理局和地方各级工商行政管理局"和《合同法》第二条"本法所称合同是平等主体的自然人、法人、其他组织之间设立、变更、终止民事权利义务关系的协议"的规定,以及某制药厂和原告某制药公司的《基本情况证明》和《有偿转让协议书》,某制药厂和原告某制药公司在法律上是两个不同的企业。

(2)原告某制药公司要维护的是否是合法权益。根据《技术转让合同》第

二条"李某无保留地将'天地人'药品的配方及验方转让给某制药厂。双方对该药品的配方和验方以及与之相关的一切技术资料、图纸予以保密,不将上述技术秘密及有关资料泄密给任何第三方,同时还保证采取措施防止任何泄露情况发生"和第三条"双方同意只有某制药厂才能生产该药品,其他任何企业都不得生产该药品。李某和某制药厂未经对方允许,不得许可任何其他企业生产该药品"的规定,李某对"天地人"药品技术享有所有权,只有某制药厂才能生产"天地人"药品。按照《反不正当竞争法》第十条"经营者不得采用下列手段侵犯商业秘密:……(三)违反约定或者违反权利人有关保守商业秘密的要求,披露、使用或者允许他人使用其所掌握的商业秘密。第三人明知或者应知前款所列违法行为,获取、使用或披露他人的商业秘密,视为侵犯商业秘密。本条所称的商业秘密,是指不为公众所知悉、能为权利人带来经济利益、具有实用性并经权利人采取保密措施的技术信息和经营信息"的规定,某制药厂无权向原告某制药公司转让"天地人"药品的生产技术,那么原告某制药公司根据《有偿转让协议书》获得"天地人"药品生产技术的合法性就有瑕疵。(当然,这里有一个现实问题,就是政府能否做这种处分)

(3) 原告某制药公司的权益能否得到维护。根据《反不正当竞争法》第二条规定,"不正当竞争"是指"经营者违反本法规定,损害其他经营者的合法权益,扰乱社会经济秩序的行为",如果原告某制药公司主张的权益的合法性受到质疑,就不能依法得到维护。

2. 被告是否构成不正当竞争

(1) 被告李某、某医院、某保健品公司的行为是否共同构成不正当竞争。根据《反不正当竞争法》第二条规定,"不正当竞争"是指"经营者违反本法规定,损害其他经营者的合法权益,扰乱社会经济秩序的行为",如果某制药公司主张的权益的合法性受到质疑,被告李某、某医院、某保健品公司的行为是否构成不正当竞争。

(2) 被告李某是否构成不正当竞争。根据《合同法》第三百二十三条"订立技术合同,应当有利于科学技术的进步,加速科学技术成果的转化、应用和推广"和第三百四十三条"技术转让合同可以约定让与人和受让人实施专利或者使用技术秘密的范围,但不得限制技术竞争和技术发展"的规定,被告李某作为"天地人"药品技术的所有人,在"天地人"药品技术研制开发"天地"系列保健品符合法律规定。

(3) 被告某医院和某保健品公司是否构成不正当竞争。经被告李某授权,生产经国家有关部门批准的"天地"系列保健品,不构成对"天地人"药品的不正当竞争。

五、闫某诉某实业公司追索工资款纠纷案原告代理人实务模拟参考思路

本案表面上看是劳动纠纷,但实际上是债务纠纷,闫某应直接以某实业公司为被告向人民法院起诉。理由如下:

(1) 根据《合同法》第七十九条"债权人可以将合同的权利全部或者部分转让给第三人";第八十四条"债务人将合同的义务全部或者部分转移给第三人的,应当经债权人同意";第八十八条"当事人一方经对方同意,可以将自己在合同中的权利和义务一并转让给第三人"和《转账协议书》"经三方协议,乙方同意决定即日起把欠款计19000元整转到甲方,由闫某直接向甲方领取"的规定,闫某可以直接以某实业公司为被告向人民法院提起债权纠纷诉讼。

(2) 根据《劳动法》第七十七条"用人单位与劳动者发生劳动争议,当事人可以依法申请调解、仲裁、提起诉讼,也可以协商解决"和第七十九条"劳动争议发生后,当事人可以向本单位劳动争议调解委员会申请调解;调解不成,当事人一方要求仲裁的,可以向劳动争议仲裁委员会申请仲裁。当事人一方也可以直接向劳动争议仲裁委员会申请仲裁。对仲裁裁决不服的,可以向人民法院提起诉讼"的规定,劳动者要提起劳动争议,必须首先申请劳动仲裁,然后才能起诉,这对闫某显然会拖延不少时间。

六、YUECUI诉江苏某公司欠款纠纷案原告代理人实务模拟参考思路

本案的焦点问题是:在法律上,YUECUI的16万元是投资还是借款?

如果是投资,YUECUI无权要求江苏某公司归还,因为《公司法》第三十四条规定:"股东在公司登记后,不得抽回出资";如果是借款,YUECUI有权要求归还,《合同法》第二百零六条规定:"借款人应当按照约定的期限返还借款。对借款期限没有约定或者约定不明确,……借款人可以随时返还;贷款人可以催告借款人在合理期限内返还"。

我们认为,YUECUI的16万元属于借款。理由是:《公司法》第三十条规定:"有限责任公司成立后,应当向股东签发出资证明书。"第三十四条规定:"股东在公司登记后,不得抽回出资。"本案中,虽然江苏某公司向YUECUI签发了《投资协议书》,但没有签发出资证明书,并签发《收条》同意退还并支付利息,还由其韩国支社签发了保证书,属于名为投资实为借贷的情况,违反了有关金融法规,根据最高人民法院的司法解释违反了有关金融法规,应按无效借款合同处理。《合同法》第五十八条规定:"合同无效或者被撤销后,因该合同

取得的财产,应当予以返还;不能返还或者没有必要返还的,应当折价补偿。有过错的一方应当赔偿对方因此所受到的损失,双方都有过错的,应当各自承担相应的责任。"所以,YUECUI 有权要求江苏某公司归还欠款 16 万元。

七、某保健品公司诉某市工商局违法行政案法庭实务模拟参考思路

根据双方提供的证据,本案可以认定的事实是:2000 年 7 月 20 日下午,某市工商局下属执法大队工作人员白某、王某、张某、李某、司机任某会同公安部门民警赵某,在住所地物业消防科负责人陈某的带领下,对某保健公司进行检查,没有发现淫秽物品。白某当着赵某、陈某的面给住所地上了锁。后经陈某请求,白某找人锯开了锁。但这把锁是否是公司的锁,证人的证言不一致。

某保健品公司的法律依据有:《行政处罚法》第三条:"公民、法人或者其他经济组织违反行政管理秩序的行为,应当给予行政处罚的,依照本法由法律、法规或者规章规定,并由行政机关依照本法规定的程序实施。没有法定依据或者不遵守法定程序的,行政处罚无效。"第三十一条:"行政机关在做出行政处罚决定之前,应当告知当事人做出行政处罚决定的事实、理由及依据,并告知当事人依法享有的权利。"《行政诉讼法》第十一条:"人民法院受理公民、法人和其他经济组织对下列具体行政行为不服提起的诉讼:……(二)对限制人身自由或者对财产的查封、扣押、冻结等行政强制措施不服的;……(八)认为行政机关侵犯其他人身权、财产权的。"第三十二条:"被告对做出的具体行政行为负有举证责任,应当提供做出该具体行政行为的证据和所依据的规范性文件。"《最高人民法院关于执行〈中华人民共和国行政诉讼法〉若干问题的解释》第四十条:"行政机关做出具体行政行为时,没有制作或者没有送达法律文书,公民、法人或者其他经济组织不服向人民法院起诉的,只要能证明具体行政行为存在,人民法院应当依法受理。"

某市工商局的法律依据有:《行政处罚法》第三十六条:"行政机关发现公民、法人或者其他经济组织有依法应当给予行政处罚的行为的,必须全面、客观、公正地调查,收集有关证据;必要时,依照法律、法规的规定,可以进行检查。"第三十七条:"行政机关在调查或者进行检查时,执法人员不得少于两人,并应当向当事人或者有关人员出示证件。当事人或者有关人员应当如实回答询问,并协助调查或者检查,不得阻挠。询问或者检查应当制作笔录。"第三十八条:"调查终结,行政机关负责人应当对调查结果进行审查,根据不同情况,分别做出如下决定:……(三)违法事实不能成立的,不得给予行政处罚;……"。《公司法》第十四条:"公司从事经营活动,必须遵守法律,遵守职业道德,加强社会主义精神文

明建设,接受政府和社会公众的监督。公司的合法权益受法律保护,不受侵犯。"《企业法人法定代表人登记管理规定》第四条:"有下列情形之一的,不得担任企业法定代表人,企业登记机关不予核准登记:……(二)正在被执行刑罚或者正在被执行刑事强制措施的。……"第六条:"企业法定代表人任职期间出现本规定第四条所列情形之一的,该企业法人应当申请办理企业法定代表人变更登记。"《工商行政管理所条例》第三条:"工商所的基本任务是:依据法律、法规的规定,对辖区内的企业、个体工商户和市场经济活动进行监督管理,保护合法经营,取缔非法经营,维护正常的经济秩序。"

审判员的法律依据有:《行政诉讼法》第四条:"人民法院审理行政案件,以事实为根据,以法律为准绳。"第五十四条:"人民法院经过审理,根据不同情况,分别做出以下判决:(一)具体行政行为证据确凿,适用法律、法规正确,符合法定程序的,判决维持。(二)具体行政行为有下列情形之一的,判决撤销或者部分撤销,并可以判决被告重新做出具体行政行为:1.主要证据不足的;2.适用法律、法规错误的;3.违反法定程序的;4.超越职权的;5.滥用职权的。……"以及双方当事人提供的法律依据。

八、孙某某诉北京某园艺公司买卖合同纠纷案被告实务模拟参考思路

《民事诉讼法》第六十四条规定:"当事人对自己提出的主张,有责任提供证据。"所以,原告要主张权利,必须承担相应的举证责任,但研究原告提供的证据,可以发现其证据都存在着瑕疵,不能直接作为支持其诉讼请求的依据。理由如下:

1.《产品销售合同》很难证明被告违约。根据《产品销售合同》第六条"甲乙方双方贸易交货地点:乙方基地,北京顺义区三高农业示范区三益温室。乙方有义务帮助甲方提供货运服务,且由甲方承担相关运费。甲方需要供货时应提前数小时通知乙方,乙方按协商时间按时送货,甲方如有特殊情况需乙方尽快送货,应及时通知乙方并与之协商"的规定,该合同的履行地为被告处。由于原告没有相应的证据证明自己去被告处取货,就很难证明被告有违约行为。

2. 证人王某某的证言不能直接证明被告违约。证人王某某的证言只能证明被告没有向证人王某某供货,但不能直接证明被告不能向原告供货,也就不能直接证明被告对原告有违约行为。

3. 署名"某园艺销售科"的公开函本身存在缺陷。由于署名"某园艺销售科"的公开函没有加盖被告的公章,不能证明该公开函是被告所发,更不能证明被告存在缺货的情况以及由此可能造成的违约行为。

参考书目

1. 许崇德主编.全国律师资格考试指定用书《法学基础理论·宪法学》(修订本).北京:法律出版社
2. 刘家兴主编.全国律师资格考试指定用书《民事法学》(修订本).北京:法律出版社
3. 王保树主编.全国律师资格考试指定用书《商事法学·经济法学》(修订本).北京:法律出版社
4. 姜明安主编.全国律师资格考试指定用书《行政法学》(修订本).北京:法律出版社
5. 曹建明主编.全国律师资格考试指定用书《国际经济法学·国际私法学》(修订本).北京:法律出版社
6. 严军兴,官以德主编.《中华人民共和国合同法典型案例精析》.北京:中国法制出版社
7. 邓涛主编.《公司法新释与例解》.北京:同心出版社
8. 杨琼鹏,周晓主编.《行政处罚法新释与例解》.北京:同心出版社
9. 李英主编.《民事诉讼法新释与例解》.北京:同心出版社
10. 张强主编.《国际贸易纠纷与预防案例分析》.山西:山西经济出版社
11. 李萍主编.《行政诉讼法新释与例解》.北京:同心出版社
12. 谢良权主编.《合同法新释与例解》.北京:同心出版社
13. 张步洪,张吕好主编.《劳动法新类型案例精析》.北京:人民法院出版社
14. 张楚,王祥,欧奎编.《电子商务法案例分析》.北京:中国人民大学出版社
15. 马洪主编.《合同法案例精解》.上海:上海财经大学出版社
16. 程卫东,魏宏新,佘少峰编.《民事权利启动——民事纠纷例解》.中南工业大学出版社
17. 王建宁,武永贵主编.《著作权保护案例分析》.山西:山西经济出版社
18. 中国专利局专利工作管理部编.《中国专利纠纷案例选编》.北京:专利文献出版社
19. 刘兵,邓益志编.《反不正当竞争法案例精选精析》.北京:法律出版社
20. 刘勉义,杨伟东主编.《行政复议法释解与案例分析》.北京:法律出版社
21. 肖扬主编.《公民行为十万个怎么办》.北京:人民日报出版社
22. 文学国主编.《市场经济法律概论》.北京:中国社会科学出版社
23. 中国律师杂志社编.《雄辩之魅》.上海:复旦大学出版社
24. 高程德著.《经济法》.上海:上海人民出版社
25. 王保树主编.《经济法原理》.北京:社会科学文献出版社
26. 郑成思著.《知识产权法》.北京:法律出版社
27. 余劲松主编.《国际经济法》.北京:北京大学出版社高等教育出版社
28. 王保树,崔勤之著.《中国公司法原理》.北京:社会科学文献出版社
29. 李步云主编.《法理学》.北京:经济科学出版社